I0660400

BIBLIOTHÈQUE VARIÉE, 8e SÉRIE

GERMAINE

PAR

EDMOND ABOUT

SOIXANTE-SIXIÈME MILLE

PARIS
LIBRAIRIE HACHETTE ET Cie
79, BOULEVARD SAINT-GERMAIN, 79

PRIX : 2 FRANCS.

LIBRAIRIE HACHETTE ET Cie

ROMANS ET NOUVELLES

Format in-16 broché

SÉRIE A 3 FR. 50 LE VOLUME

About (Ed.) : *La Vaca*, 8e édit. 1 vol.
— *Madelon*. 11e édit. 1 vol.
— *Les Mariages de province*. 9e édit. 1 vol.
— *La Vieille roche* :
1re partie : *Le Mari imprévu*. 6e édit. 1 vol.
2e partie : *Les Vacances de la comtesse*. 5e édit. 1 vol.
3e partie : *Le Marquis de Lanrose*. 4e édit. 1 vol.
— *Le Fellah*. 7e édit. 1 vol.
— *L'Infâme*. 3e édit. 1 vol.
— *Le Roman d'un brave homme*. 56e mille. 1 vol.

Cherbuliez (V.) : *Le comte Kostia*. 15e édit. 1 vol.
— *Prosper Randoce*. 5e édit. 1 vol.
— *Paule Méré*. 7e édit. 1 vol.
— *Le Roman d'une honnête femme*. 13e édit. 1 vol.
— *Le Grand œuvre*. 4e édit. 1 vol.
— *L'Aventure de Ladislas Bolski*. 9e édit. 1 vol.
— *La Revanche de Joseph Noirel*. 5e édit. 1 vol.

Cherbuliez (V.) (suite) : *Meta Holdenis*. 7e édit. 1 vol.
— *Miss Rovel*. 12e édit. 1 vol.
— *La fiancé de Mlle Saint-Maur*. 6e édit. 1 vol.
— *Samuel Brohl et Cie*. 8e édit. 1 vol.
— *L'idée de Jean Têterol*. 9e édit. 1 v.
— *Amours fragiles*. 4e édit. 1 vol.
— *Noirs et Rouges*. 8e édit. 1 vol.
— *La ferme du Choquard*. 9e édit. 1 vol.
— *Olivier Maugant*. 7e édit. 1 vol.
— *La Bête*. 8e édit. 1 vol.
— *La vocation du comte Ghislain*. 6e édit. 1 vol.
— *Une Gageure*. 7e édit. 1 vol.
— *Le secret du précepteur*. 6e édit. 1 vol.
— *Après fortune faite*. 5e édit. 1 vol.
— *Jacquine Vanesse*. 3e édit. 1 vol.

Saintine (X.-B.) : *Picciola*. 53e édit. 1 vol.
— *Seul*. 6e édit. 1 vol.

SÉRIE A 3 FR. LE VOLUME

Erckmann-Chatrian : *L'ami Fritz*. 13e édit. 1 vol.

Galdos (P.) : *Miséricorde*. 1 vol.

Pereda (J.-M. de) : *Sotileza*. 1 vol.

Tolstoï (comte) : *La guerre et la paix* (1805-1820). Roman historique traduit du russe. 10e édit. 3 vol.
— *Anna Karénine*. 11e édit. 2 vol.
— *Souvenirs*. 3e édit. 1 vol.

SÉRIE A 2 FR. LE VOLUME

About (Ed) : *Trente et quarante*. — *Sans dot*. — *Les parents de Bernard*. 48e mille. 1 vol.
— *Maître Pierre*. 12e édit. 1 vol.
— *Tolla*. 56e mille. 1 vol.
— *Germaine*. 66e mille. 1 vol.
— *Le Roi des montagnes*. 83e mille. 1 vol.
— *Les Mariages de Paris*. 84e mille. 1 vol.

About (Ed.) : *L'Homme à l'oreille cassée*. 53e mille. 1 vol.

Enault (L.) : *Histoire d'amour*. 1 vol.

Gérard (J.) : *Le tueur de lions*. 1 vol.

Jollet (Ch.) : *Mille jeux d'esprit*. 1 vol.
— *Nouveaux jeux d'esprit*. 1 vol.

1263-02. — Coulommiers. Imp. Paul Brodard. — 12-02.

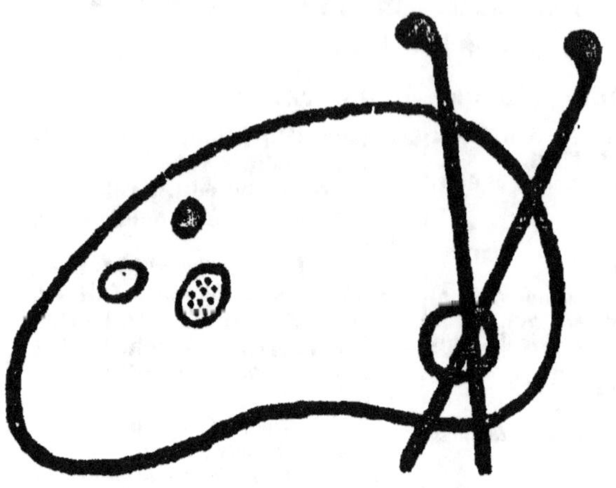

Fin d'une série de documents
en couleur

GERMAINE

OUVRAGES DU MÊME AUTEUR

PUBLIÉS PAR LA LIBRAIRIE HACHETTE ET Cie

BIBLIOTHÈQUE VARIÉE

ALSACE (1871-1872); 9e édition. Un vol.

LA GRÈCE CONTEMPORAINE; 11e édition. Un vol.
Le même ouvrage, édition illustrée, 4 fr.

LE TURCO. — LE BAL DES ARTISTES. — LE POIVRE. — L'OUVERTURE AU CHATEAU. — TOUT PARIS. — LA CHAMBRE D'AMI. — CHASSE ALLEMANDE. — L'INSPECTION GÉNÉRALE. — LES CINQ PERLES; 8e édition. Un vol.

MADELON; 11e édition. Un vol.

THÉATRE IMPOSSIBLE : Guillery. — L'Assassin. — L'Éducation d'un prince — Le Chapeau de sainte Catherine; 2e édition. Un vol.

L'A B C DU TRAVAILLEUR; 5e édition. Un vol.

LES MARIAGES DE PROVINCE; 9e édition. Un vol.

LA VIEILLE ROCHE. Trois parties qui se vendent séparément :
1re partie : *Le Mari imprévu*; 6e édition. Un vol.
2e partie : *Les Vacances de la Comtesse*; 5e édit. Un vol.
3e partie : *Le marquis de Lanrose*; 4e édition. Un vol.

LE FELLAH; 7e édition. Un vol.

L'INFAME; 3e édition. Un vol.

LE ROMAN D'UN BRAVE HOMME; 59e mille. Un vol.

Prix de chaque volume in-16, broché, 3 fr. 50.

GERMAINE; 66e mille. Un vol.
LE ROI DES MONTAGNES; 83e mille. Un vol.
LES MARIAGES DE PARIS; 84e mille. Un vol.
L'HOMME A L'OREILLE CASSÉE; 53e mille. Un vol.
TOLLA; 56e mille. Un vol.
MAITRE PIERRE; 12e édition. Un vol.
TRENTE ET QUARANTE. — SANS DOT. — LES PARENTS DE BERNARD 48e mille. Un vol.

Prix de chaque volume, broché, 2 francs.

FORMAT IN-8

LE ROMAN D'UN BRAVE HOMME. Un vol. illustré de 52 compositions par *Adrien Marie*; broché, 7 fr. ; — relié, 10 fr.

L'HOMME A L'OREILLE CASSÉE. Un vol. illustré de 61 compositions par *Eugène Courboin*; broché, 7 fr.; — relié, 10 fr.

TOLLA. Un volume petit in-4o, illustré de 10 planches hors texte, gravées sur bois d'après F. DE MYRBACH, d'un portrait de l'auteur d'après P. BAUDRY et de 35 ornements par A. GIRALDON, gravés sur bois et tirés en trois tons. Il a été tiré 900 exemplaires numérotés, dont 600 exemplaires sur papier vélin du Marais (301 à 900) avec deux planches hors texte. Prix, broché.......................... 30 fr.

TRENTE ET QUARANTE. Un vol. in-8 jésus, contenant des dessins de *H. Vogel* et des ornements de *A. Giraldon*, gravés à l'eau-forte typographique. Broché, 40 fr. — Relié.. 50 fr.

1263-02. — Coulommiers. Imp. PAUL BRODARD. — 1-03.

GERMAINE

PAR

EDMOND ABOUT

SOIXANTE-SIXIÈME MILLE

PARIS
LIBRAIRIE HACHETTE ET Cie
79, BOULEVARD SAINT-GERMAIN, 79

1903

A

MADAME LA PRINCESSE

SOPHIE SCHAHOFFSKOY

NÉE MODÈNE

HOMMAGE

DE TRÈS RESPECTUEUSE AMITIÉ

GERMAINE.

I

LES ÉTRENNES DE LA DUCHESSE.

Vers le milieu de la rue de l'Université, entre le numéro 51 et le 57, on voit quatre hôtels qui peuvent compter parmi les plus beaux de Paris. Le premier appartient à M. Pozzo di Borgo ; le second, au comte de Mailly ; le troisième, au duc de Choiseul ; le dernier au baron de Sanglié. C'est celui qui fait l'angle de la rue Bellechasse.

L'hôtel de Sanglié est une habitation de noble apparence. La porte cochère s'ouvre sur une cour d'honneur soigneusement sablée et tapissée de treilles centenaires. La loge du suisse est à gauche, cachée sous un lierre épais où les moineaux et les portiers babillent à l'unisson. Au fond de la cour à droite, un large perron, abrité sous une marquise, conduit au vestibule et au grand escalier. Le rez-de-chaussée et le premier sont occupés par le baron tout seul; il jouit sans partage d'un vaste jardin borné par d'autres jardins, peuplé de fauvettes, de merles et d'écureuils qui vont de l'un chez l'autre en pleine liberté, comme s'ils étaient habitants d'un bois, et non citoyens de Paris.

Les armes des Sanglié, peintes à la cire, se répètent sur tous les murs du vestibule. C'est un sanglier d'or sur champ de gueules. L'écusson est supporté par deux lévriers et surmonté d'un tortil de baron avec cette légende : SANG LIÉ AU ROY. Une demi-douzaine de lévriers vivants, groupés suivant leur fantaisie, s'agacent au pied de l'escalier, mordillent les véroniques en fleur dans les vases du Japon, ou s'aplatissent sur le tapis en allongeant leur tête serpentine. Les valets de pied, assis sur des banquettes de Beauvais, se croisent solennellement les bras, comme il convient à des gens de bonne maison.

Le 1er janvier 1853, vers les neuf heures du matin, tous les domestiques de l'hôtel tenaient sous le vestibule un congrès tumultueux. L'intendant du baron, M. Anatole, venait de leur distribuer leurs étrennes. Le maître d'hôtel avait reçu cinq cents francs, le valet de chambre deux cent cinquante. Le moins favorisé de tous, le marmiton, contemplait avec une tendresse inexprimable deux beaux louis d'or tout neufs. Il y avait des jaloux dans l'assemblée, mais pas un mécontent, et chacun disait en son langage que c'est plaisir de servir un maître riche et généreux.

Ces messieurs formaient un groupe assez pittoresque autour d'une des bouches du calorifère. Les plus matineux avaient déjà la grande livrée ; les autres portaient encore le gilet à manches, qui est la petite tenue des domestiques. Le valet de chambre était tout de noir habillé, avec des chaussons de lisière; le jardinier ressemblait à un villageois endimanché ; le cocher était en veste de tricot et en chapeau galonné ; le suisse, en baudrier d'or et en sabots. On apercevait çà et là, le long des murs, un fouet, une étrille, un bâton à cirer, une tête de loup, et des plumeaux dont je ne sais pas le nombre.

Le maître dormait jusqu'à midi, en homme qui a passé la nuit au club : on avait bien le temps de se mettre à l'ouvrage. Chacun faisait d'avance emploi de son argent, et les châteaux en Espagne allaient bon train. Tous les hommes, petits et grands, sont de la famille de Perrette qui portait un pot au lait.

« Avec ça et ce que j'ai de côté, disait le maître d'hôtel, j'arrondirai ma rente viagère. On a du pain sur la planche, Dieu merci ! et l'on ne se laissera manquer de rien sur ses vieux jours.

— Parbleu ! reprit le valet de chambre, vous êtes garçon ; vous n'avez que vous à penser. Mais, moi, j'ai de la famille. Aussi, je donnerai mon argent à ce petit jeune homme qui va à la Bourse. Il me tripotera quelque chose.

— C'est une idée, ça, monsieur Ferdinand, repartit le marmiton. Portez-lui donc mes quarante francs, quand vous irez. »

Le valet de chambre répondit d'un ton protecteur : « Est-il jeune ! Qu'est-ce qu'on peut faire à la Bourse avec quarante francs?

— Allons, dit le jeune homme en étouffant un soupir, je les mettrai à la caisse d'épargne ! »

Le cocher partit d'un gros éclat de rire. Il frappa sur son estomac en criant: « Ma caisse d'épargne, à moi, la voici. C'est là que j'ai toujours placé mes fonds, et je m'en suis bien trouvé. Pas vrai, père Altroff? »

Le père Altroff, suisse de profession, Alsacien de naissance, grand, vigoureux, ossu, pansu, large des épaules, énorme de la tête, et aussi rubicond qu'un jeune hippopotame, sourit du coin de l'œil et fit avec sa langue un petit bruit qui valait un long poëme.

Le jardinier, fine fleur de Normand, fit sonner son argent dans sa main, et répondit à l'honorable préopinant : « Allais, marchais ! ce qu'on a bu, on ne l'a plus. Il n'est tel plecement qu'une bonne cachette dans un vieux mur ou dans un arbre creux. Argent bien enfouie, les notaires ne la mangent point! »

L'assemblée se récria sur la naïveté du bonhomme qui enterrait ses écus tout vifs, au lieu de les faire travailler. Quinze ou seize exclamations s'élevèrent en même temps. Chacun dit son mot, trahit son secret, enfourcha son dada, secoua sa marotte. Chacun frappa sur sa poche et caressa bruyamment les espérances certaines, le bonheur clair et liquide qu'il avait emboursé le matin. L'or mêlait sa petite voix aiguë à ce concert de passions vulgaires; et le cliquetis des pièces de vingt francs, plus capiteux que la fumée du vin ou l'odeur de la poudre, enivrait ces pauvres cervelles et accélérait le battement de ces cœurs grossiers.

Au plus fort du tumulte, une petite porte s'ouvrit sur l'escalier, entre le rez-de-chaussée et le premier étage. Une femme, vêtue de haillons noirs, descendit vivement les degrés, traversa le vestibule, ouvrit la porte vitrée et disparut dans la cour

Ce fut l'affaire d'une minute, et pourtant cette sombre apparition éteignit la joie de tous ces valets en belle humeur. Ils se levèrent sur son passage avec les marques d'un profond respect. Les cris s'arrêtèrent dans leur gosier, et l'or ne sonna plus dans leurs poches. La pauvre femme avait laissé derrière elle comme une traînée de silence et de stupeur.

Le premier qui se remit fut le valet de chambre, un esprit fort.

« Sapristi! cria-t-il, j'ai cru voir passer la misère en personne. Voilà mon jour de l'an gâté dès le matin. Vous verrez que rien ne me réussira jusqu'à la Saint-Sylvestre. Brrr! j'ai froid dans le dos.

— Pauvre femme! dit le maître d'hôtel. Ça a eu des mille et des cents, et puis voilà! Qui est-ce qui croirait que c'est une duchesse?

— C'est son gueux de mari qui lui a tout mangé.

— Un joueur!

— Un homme sur sa bouche!

— Un coureur qui trotte du matin au soir, avec ses vieilles jambes, à la suite de tous les cotillons!

— C'est pas lui qui m'intéresse: il n'a que ce qu'il mérite.

— Sait-on comment va Mlle Germaine?

— Leur négresse m'a dit qu'elle était au plus bas. Elle crache le sang à plein mouchoir.

— Et pas de tapis dans sa chambre! Cette enfant-là ne guérirait que dans les pays chauds, à Florence ou en Italie.

— Ça fera un ange au ciel du bon Dieu.

— C'est ceux qui restent qui sont à plaindre!

— Je ne sais pas comment la duchesse sortira de là. Des comptes à n'en plus finir chez tous les fournisseurs! Le boulanger parle de leur refuser crédit.

— Combien ont-ils de loyer là-haut?

— Huit cents. Mais je m'étonne si monsieur a jamais vu la couleur de leur argent.

— Si j'étais de lui, j'aimerais mieux laisser le petit appartement vacant que de garder des personnes qui font tache dans l'hôtel.

— Es-tu bête! Pour qu'on ramasse sur le pavé le duc de La Tour d'Embleuse et sa famille? Ces misères-là, vois-tu, c'est comme les plaies du faubourg : nous avons tous intérêt à les cacher.

— Tiens! dit le marmiton, je m'en moque pas mal! Pourquoi qu'ils ne travaillent pas? Les ducs sont des hommes comme les autres.

— Garçon! reprit gravement le maître d'hôtel, tu dis des choses incohérentes. La preuve qu'ils ne sont pas des hommes comme les autres, c'est que moi, ton supérieur, je ne serai pas seulement baron pendant une heure de ma vie. D'ailleurs la duchesse est une femme sublime, et elle fait des choses dont ni toi ni moi ne serions capables. Mangerais-tu du bouilli pendant un an à tous tes repas?

— Dame! ça n'est pas amusant, le bouilli!

— Eh bien! la duchesse met le pot-au-feu tous les deux jours, parce que son mari n'aime pas la soupe maigre. Monsieur dîne d'un bon tapioca au gras, avec un bifteck ou une paire de côtelettes, et la pauvre sainte femme avale jusqu'au dernier morceau de gîte qui se bouillit dans la maison. Est-ce beau, cela? »

Le marmiton fut touché dans l'âme. « Mon bon monsieur Tournoy, dit-il au maître d'hôtel, c'est des gens bien intéressants. Est-ce qu'on ne pourrait pas leur faire passer quelques douceurs, en s'entendant avec leur négresse ?

— Ah bien oui ! elle est aussi fière qu'eux ; elle ne voudrait rien de nous. Et cependant m'est avis qu'elle ne déjeune pas tous les jours. »

Cette conversation aurait pu durer longtemps, si M. Anatole n'était venu l'interrompre. Il entra juste à point pour couper la parole au chasseur, qui ouvrait la bouche pour la première fois. L'assemblée se dispersa en toute hâte ; chaque orateur emporta ses instruments de travail, et il ne resta dans la salle des délibérations qu'un de ces balais gigantesques qu'on appelle tête de loup.

Cependant Marguerite de Bisson, duchesse de La Tour d'Embleuse, cheminait à pas pressés dans la direction de la rue Jacob. Les passants qui la frôlèrent du coude en courant donner ou recevoir des étrennes la trouvèrent semblable à ces Irlandaises désespérées qui piétinent sur le macadam des rues de Londres à la poursuite d'un penny. Fille des ducs de Bretagne, femme d'un ancien gouverneur du Sénégal, la duchesse était coiffée d'un chapeau de paille teinte en noir, dont les brides se tordaient comme des ficelles. Une voilette d'imitation, percée en cinq ou six endroits, cachait mal son visage et lui donnait une physionomie étrange. Cette belle tête, marquée de taches blanches d'inégale grandeur, semblait défigurée par la petite vérole. Un vieux crêpe de Chine, noirci par les soins du teinturier et roussi par les intempéries de l'air, laissait tomber tristement ses trois pointes, dont la frange effleurait la neige du trottoir. La robe qui se cachait là-dessous était si fatiguée que le tissu était méconnaissable. Il eût fallu l'examiner de bien près et à la loupe pour reconnaître une moire ancienne démoirée, limée, coupée dans les plis, effrangée par en bas, et dévorée par la boue corrosive du pavé de Paris. Les souliers qui supportaient ce lamentable édifice n'avaient plus ni forme ni couleur. Le linge ne se montrait nulle part, ni au col, ni aux manches. Quelquefois, au passage d'un ruisseau, la robe se relevait à droite et laissait voir un bas de laine grise, un simple jupon de futaine noire. Les mains de la duchesse, rougies par un froid piquant, se cachaient sous son châle. Elle traînait les pieds en marchant, non par une habitude de nonchalance, mais dans la peur de perdre ses souliers.

Par un contraste que vous avez pu observer quelquefois, la duchesse n'était ni maigre, ni pâle, ni enlaidie en aucune façon par la misère. Elle avait reçu de ses ancêtres une de ces beautés rebelles qui résistent à tout, même à la faim. On a vu des prisonniers qui engraissaient dans leur cachot jusqu'à l'heure de la mort. A l'âge de quarante-sept ans, Mme de La Tour d'Embleuse conservait de beaux restes de jeunesse. Ses cheveux étaient noirs, et elle avait trente-deux dents capables de broyer le pain le plus dur. Sa santé était moins florissante que sa figure, mais c'est un secret qui restait entre elle et son médecin. La duchesse touchait à cette heure dangereuse et quelquefois mortelle où la femme disparaît pour faire place à l'aïeule. Plus d'une fois elle avait été saisie par des suffocations étranges. Elle rêvait souvent que le sang la prenait à la gorge pour l'étouffer. Des chaleurs inexplicables lui montaient au cerveau par bouffées, et elle s'éveillait dans un bain de vapeur animale où elle s'étonnait de ne point mourir. Le docteur Le Bris, un jeune médecin et un vieil ami, lui recommandait un régime doux, sans fatigues et surtout sans émotions. Mais quelle âme stoïcienne aurait traversé sans s'émouvoir de si rudes épreuves?

Le duc César de La Tour d'Embleuse, fils d'un des émigrés les plus fidèles au roi et les plus acharnés contre le pays, fut récompensé magnifiquement des services de son père. En 1827, Charles X le nomma gouverneur général de nos possessions dans l'Afrique occidentale. Il était à peine âgé de quarante ans. Pendant vingt-huit mois de séjour dans la colonie, il tint tête aux Maures et à la fièvre jaune; puis il demanda un congé pour venir se marier à Paris. Il était riche, grâce au milliard d'indemnité; il doubla sa fortune en épousant la belle Marguerite de Bisson, qui possédait à Saint-Brieuc soixante mille livres de rente. Le roi signa son contrat le même jour que les ordonnances, et le duc se trouva marié et destitué tout d'un coup. Le nouveau pouvoir l'aurait accueilli volontiers dans la foule des transfuges; on dit même que le ministère de Casimir Périer lui fit quelques avances. Il dédaigna tous les emplois, par fierté d'abord, et autant par une invincible paresse. Soit qu'il eût dépensé en trois ans tout ce qu'il avait d'énergie, soit que la vie facile de Paris le retînt par un attrait irrésistible, son seul travail pendant dix ans fut de promener ses chevaux au Bois et de montrer ses gants jaunes au foyer de l'Opéra. Paris était un pays nouveau pour lui, car il avait vécu à la campagne sous la férule inflexible de son père, jusqu'au jour où il partit pour le Sénégal. Il goûta si tard à tous les plaisirs, qu'il n'eut pas le temps de se blaser.

Tout lui parut bon, les jouissances de la table, les satisfactions de la vanité, les émotions du jeu, et même les joies austères de la famille. Il montrait dans sa maison l'empressement d'un jeune mari, et dans le monde la fougue d'un fils de famille émancipé. Sa femme était la plus heureuse de France, mais elle n'était pas la seule dont il fît le bonheur. Il pleura de joie à la naissance de sa fille, vers l'été de 1835. Dans l'excès de son bonheur, il acheta une maison de campagne à une danseuse dont il était fou. Les dîners qu'il donnait chez lui n'avaient point de rivaux, si ce n'est les soupers qu'il donnait chez sa maîtresse. Le monde, qui est toujours indulgent pour les hommes, lui pardonna ce gaspillage de sa vie et de sa fortune. On trouva qu'il faisait galamment les choses, puisque ses plaisirs du dehors n'éveillaient pas un écho douloureux dans sa maison. En bonne justice, pouvait-on lui reprocher de répandre un peu partout le trop-plein de sa bourse et de son cœur? Aucune femme ne plaignit la duchesse; et, en effet, elle n'était pas à plaindre. Il évitait soigneusement de se compromettre, il ne se montrait en public qu'avec sa femme, et il aurait mieux aimé manquer une partie que de l'envoyer seule au bal.

Cette vie en partie double, et les ménagements dont un galant homme sait envelopper ses plaisirs, eurent bientôt entamé son capital. Rien ne coûte plus cher à Paris que l'ombre et la discrétion. Le duc était trop grand seigneur pour compter avec personne. Il ne sut jamais rien refuser à sa femme ni à la femme d'autrui. Ne croyez pas qu'il ignorât les brèches énormes qu'il faisait à sa fortune; mais il comptait sur le jeu pour tout réparer. Les hommes à qui le bien est venu en dormant s'habituent à une confiance illimitée dans le destin. M. de La Tour d'Embleuse était heureux comme celui qui prend les cartes pour la première fois. On estime que ses gains de l'année 1841 doublèrent son revenu et au delà. Mais rien ne dure en ce monde, pas même le bonheur au jeu : il en fit bientôt l'expérience. La liquidation de 1848, qui mit à nu tant de misères, lui apprit qu'il était ruiné sans ressource. Il s'aperçut sous ses pieds un abîme sans fond. Un autre aurait perdu l'esprit ; il ne perdit pas même l'espérance. Il alla droit à sa femme et lui dit gaiement : « Ma chère Marguerite, cette maudite révolution nous a tout pris. Nous n'avons pas mille francs à nous. »

La duchesse ne s'attendait pas à semblable nouvelle. Elle songea à sa fille, et pleura amèrement.

« Ne craignez rien, lui dit-il ; c'est un orage qui passe. Comptez sur moi ; je compte sur le hasard. On dit que je suis un homme léger ; tant mieux ! je reviendrai sur l'eau. »

La pauvre femme essuya ses larmes et lui dit :

« Bien, mon ami ! Vous travaillerez ?

— Moi ! Fi donc ! J'attendrai la Fortune : c'est une capricieuse ; elle est trop bien avec moi pour me quitter de but en blanc sans esprit de retour. »

Le duc attendit huit ans dans un petit appartement de l'hôtel de Sanglié, au-dessus des écuries. Ses anciens amis, dès qu'ils eurent le temps de se reconnaître, l'aidèrent de leur bourse et de leur crédit. Il emprunta sans scrupule, en homme qui avait beaucoup prêté sans billet. On lui offrit plusieurs emplois, tous honorables. Une compagnie industrielle voulut l'adjoindre à son conseil de surveillance, avec une allocation qui valait un traitement. Il refusa, de peur de déroger. « Je veux bien vendre mon temps, dit-il; mais je n'entends pas prêter mon nom. » C'est ainsi qu'il descendit un à un tous les échelons de la misère, décourageant ses amis, fatiguant ses créanciers, se fermant toutes les portes, usant son nom qu'il ne voulait pas compromettre, mais sans jamais prendre au sérieux l'habit râpé qu'il promenait dans les rues, et sa cheminée sans feu, faute de deux morceaux de bois.

Le 1er janvier 1853, la duchesse portait au mont-de-piété son anneau de mariage.

Il faut être bien destitué de tout secours humain pour engager un objet d'aussi mince valeur qu'un anneau de mariage. Mais la duchesse n'avait pas un centime à la maison, et l'on ne vit pas sans argent, quoique la confiance soit le grand ressort du commerce de Paris. On se procure bien des choses sans les payer, lorsqu'on peut jeter sur le comptoir du marchand un beau nom et une adresse imposante. Vous pouvez meubler votre maison, remplir votre cave et monter votre garde-robe sans faire voir aux fournisseurs la couleur de vos écus Mais il y a mille dépenses quotidiennes qui ne se font que la bourse à la main. Un habit se prend à crédit, mais le raccommodage se paye comptant. Il est quelquefois plus facile d'acheter une montre que d'acheter un chou. La duchesse avait chez quelques fournisseurs un restant de crédit qu'elle ménageait avec un soin religieux; mais quant à l'argent, elle ne savait où le prendre. Le duc de La Tour d'Embleuse ne possédait plus d'amis : il les avait dépensés comme le reste de sa fortune. Tel camarade de collége nous aime jusqu'à concurrence de mille francs; tel compagnon de plaisir est homme à nous prêter cent louis; tel voisin charitable représente une valeur de mille écus. Passé un certain chiffre, le prêteur est dégagé de tous les devoirs de l'amitié : il n'a rien à se reprocher; il a bien fait les choses; il ne vous doit plus rien; il a le droit de détourner les yeux lorsqu'il vous rencontre et de défendre sa porte quand vous entrez chez lui. Les amies de la duchesse s'étaient détachées d'elle l'une après l'autre. L'amitié des femmes est assurément plus chevaleresque que celle des hommes; mais dans l'un et l'autre sexe on n'a d'affection durable que pour ses égaux. On éprouve un plaisir délicat à gravir deux ou trois fois un escalier difficile et à s'asseoir en grande toilette auprès d'un grabat, mais il est peu d'âmes assez héroïques pour vivre familièrement avec le malheur d'autrui. Les plus chères amies de la pauvre femme, celles qui l'appelaient Marguerite, avaient senti leur cœur se refroidir dans cet appartement sans tapis et sans feu; elles n'y venaient plus. Lorsqu'on leur parlait de la duchesse, elles faisaient son éloge, elles la plaignaient sincèrement, elles disaient : « Nous nous aimons toujours, mais nous ne nous voyons presque jamais. C'est la faute de son mari! »

Dans ce délaissement lamentable, la duchesse avait eu recours au dernier ami des malheureux, au créancier qui prête à gros intérêt, mais sans objection et sans reproche. Le mont-de-piété gardait ses bijoux, ses fourrures, ses dentelles, le meilleur de son linge et de sa garde-robe, et l'avant-dernier matelas de son lit. Elle avait tout engagé sous les yeux du vieux duc, qui regardait partir une à une toutes les pièces de son mobilier, et leur souhaitait gaiement un bon voyage. Cet incompréhensible vieillard vivait dans sa maison comme Louis XV dans son royaume, sans souci de l'avenir, et disant : « Après moi le déluge! » Il se levait tard, déjeunait de bon appétit, passait une heure à sa toilette, teignait ses cheveux, plâtrait ses rides, mettait du rouge, polissait ses ongles, et promenait ses grâces dans Paris jusqu'à l'heure du dîner. Il ne s'étonnait point de voir un bon repas sur la table, et il était trop discret pour demander à sa femme où elle l'avait trouvé. Si la pitance était maigre, il en faisait son deuil, et souriait à la mauvaise fortune comme autrefois à la bonne. Lorsque Germaine commença à tousser, il la plaisanta agréablement sur cette mauvaise habitude. Il fut longtemps sans voir qu'elle dépérissait. Le jour où il s'en aperçut, il éprouva une vive contrariété.

Quand le docteur lui annonça que la pauvre enfant ne pouvait être sauvée que par miracle, il l'appela médecin Tant-Pis, et dit en se frottant les mains : « Allons, allons, cela ne sera rien! » Il ne savait pas bien lui-même s'il prenait ces airs dégagés pour rassurer sa famille, ou si sa légèreté naturelle l'empêchait de sentir la douleur. Sa femme et sa fille l'adoraient tel qu'il était. Il traitait la duchesse avec la même galanterie qu'au lendemain du mariage, et il faisait sauter Germaine sur ses genoux. La duchesse ne le soupçonna jamais d'être la cause de sa ruine; elle voyait en lui, depuis vingt-trois ans, un homme parfait; elle prenait son indifférence pour du courage et de la fermeté; elle espérait en lui, malgré tout, et le croyait capable de relever sa maison par un coup de fortune.

Germaine avait quatre mois à vivre, au sentiment du docteur Le Bris. Elle devait tomber aux premiers jours du printemps; les lilas blancs auraient le temps de fleurir sur sa tombe. Elle pressentait sa destinée et jugeait son état avec une clairvoyance bien rare chez les phthisiques. Peut-être même avait-elle soupçon du mal qui minait sa mère. Elle couchait à côté de la duchesse, et dans ses longues nuits d'insomnie elle s'effrayait quelquefois du sommeil haletant de sa chère garde-malade. « Quand je serai morte, pensait-elle, maman me suivra de près. Nous ne nous quitterons pas pour longtemps. Mais que deviendra mon père? »

Tous les soucis, toutes les privations, toutes les douleurs physiques et morales habitaient ce petit coin de l'hôtel Sanglié; et dans Paris où la misère abonde, il n'y avait peut-être pas une famille plus complétement misérable que celle de La Tour d'Embleuse, qui possédait pour dernière ressource un anneau de mariage.

La duchesse courut d'abord à la succursale du mont-de-piété qui est située dans la rue Bonaparte, auprès de l'École des Beaux-Arts. Elle trouva la maison fermée : n'était-ce pas jour de fête? L'idée lui vint que le commissionnaire de la rue de Condé aurait peut-être ouvert sa boutique. Elle remonta le faubourg jusqu'à la rue de Condé : porte close. Alors elle ne sut plus où s'adresser, car les établissements de ce genre ne sont pas communs au faubourg Saint-Germain. Cependant, comme il ne fallait pas que le duc commençât l'année par le jeûne, elle entra chez un petit bijoutier du carrefour de l'Odéon, et elle vendit sa bague pour onze francs.

Le marchand promit de la garder trois mois à sa disposition, dans le cas où elle voudrait la racheter.

Elle noua l'argent dans un coin de son mouchoir de poche, et marcha sans s'arrêter jusqu'à la rue des Lombards. Elle entra chez un droguiste, acheta un flacon d'huile de foie de morue pour Germaine, traversa la halle, choisit une langouste et un perdreau, et revint, crottée jusqu'aux genoux, à l'hôtel de Sanglié. Il lui restait quarante centimes.

L'appartement qu'elle occupait alors est une construction légère, ajoutée il y a quelque trente ans aux communs de l'hôtel. Les quatre pièces qui le composent sont séparées par des cloisons de bois. L'antichambre s'ouvre d'un côté sur le salon, de l'autre sur un long couloir qui mène à la chambre du duc. On passe du salon à la chambre de la duchesse, et de là dans la salle à manger, qui termine l'enfilade et relie la chambre de la duchesse à celle de son mari.

Mme de La Tour d'Embleuse trouva dans l'antichambre son unique servante, la vieille Sémiramis, qui pleurait silencieusement sur une feuille de papier.

« Qu'est-ce que tu tiens là? lui dit-elle.

— Madame, c'est tout ce que le boulanger a apporté. Nous n'aurons plus de pain si nous ne donnons pas d'argent. »

La duchesse prit le mémoire; il se montait à

plus de six cents francs : « Ne pleure pas, dit-elle. Voici un peu de monnaie; va chez le boulanger de la rue du Bac : tu prendras un petit pain viennois pour monsieur, et pour nous du pain à la livre. Emporte ceci dans ta cuisine, c'est le déjeuner de monsieur. Germaine est-elle éveillée?

— Oui, madame; le médecin l'a vue à dix heures. Il est encore dans la chambre de M. le duc. »

Sémiramis sortit, et Mme de La Tour d'Embleuse se dirigea vers la chambre de son mari. Comme elle ouvrait la porte, elle entendit la voix du duc, claire, joyeuse et brillante comme une fusée :

« Cinquante mille francs de rente! disait le vieillard. Je savais bien que la veine me reviendrait! »

II

LA DEMANDE EN MARIAGE

Le docteur Charles Le Bris est un des hommes les plus aimés de Paris. La grande ville a ses enfants gâtés dans tous les arts; je n'en sais pas un qu'elle choie avec plus de tendresse. Il est né dans une méchante petite ville de Champagne, mais il a fait ses études au collége Henri IV. Un sien parent, qui exerce la médecine au pays, l'a destiné de bonne heure à la médecine. Le jeune homme a suivi les cours, fréquenté les hôpitaux, concouru pour l'internat, pratiqué sous l'œil des maîtres, enlevé tous ses diplômes et gagné certaines médailles qui font l'ornement de son cabinet. Sa seule ambition était de succéder à son oncle et de finir les malades que le bonhomme avait commencés. Mais lorsqu'on le vit apparaître, armé de ses succès et docteur jusqu'aux dents, les officiers de santé du lieu, et son oncle qui n'était pas autre chose, lui demandèrent pourquoi il ne s'était pas fixé à Paris. Il joignait au talent des formes si séduisantes, et son grand paletot lui allait si bien, qu'on devina du premier jour que tous les malades seraient pour lui. Le parent vénérable se trouva beaucoup trop jeune pour songer à la retraite, et la rivalité de son neveu lui rendit des jambes qu'il n'avait plus. Bref, le pauvre garçon fut si mal reçu, et l'on mit tant de bâtons dans ses roues, que, de désespoir, il revint à Paris. Ses anciens maîtres l'avaient jugé : on lui fit une clientèle. Les grands hommes ont le moyen de n'être pas jaloux. Grâce à leur générosité, la réputation du docteur Le Bris s'est faite en cinq ou six années. On l'aime ici comme savant, là comme danseur, et partout comme un charmant homme de bien. Il ignore les premiers éléments du charlatanisme, parle fort peu de ses succès, et abandonne à ses malades le soin de dire qu'il les a guéris. Son appartement n'est pas un temple. Il loge au quatrième étage, dans un quartier perdu. Est-ce modestie ? est-ce coquetterie? On ne sait. Les pauvres gens de son quartier ne se plaignent pas d'un tel voisinage : il les soigne avec tant d'application qu'il oublie quelquefois sa bourse au chevet de leur lit.

M. Le Bris était depuis trois ans le médecin de Mlle de La Tour d'Embleuse. Il avait suivi les progrès de la maladie sans pouvoir rien faire pour les arrêter. Ce n'était pas que Germaine fût une de ces enfants condamnées dès leur naissance, qui portent en elles le germe d'une mort héréditaire. Sa constitution était robuste, sa poitrine large, et sa mère n'avait jamais toussé. Un rhume négligé, une chambre froide, la privation des choses nécessaires à la vie avaient causé tout le mal. Peu à peu, malgré les soins du docteur, la pauvre fille avait pâli comme une statue de cire ; ses forces s'en étaient allées; l'appétit, la gaieté, le souffle, la joie de respirer l'air liquide, tout lui manquait. Six mois avant le début de cette histoire, M. Le Bris avait réuni deux grands médecins auprès de la malade. Elle pouvait encore être sauvée : il lui restait un poumon, et la nature se contente à moins. Mais il fallait l'emmener sans retard en Égypte ou en Italie.

« Oui, dit le jeune docteur, la seule ordonnance à faire est celle-ci : une maison de campagne au bord de l'Arno, une vie calme et des rentes. Mais voyez! »

Il désigna du doigt les rideaux déchirés, les chaises de paille et le carreau rouge du salon.

« Voici qui la condamne à mort ! »

Au mois de janvier, le dernier poumon était entamé ; le sacrifice s'accomplissait. Le docteur avait reporté ses soins sur la duchesse. Son dernier espoir était d'endormir doucement la fille et de sauver la mère.

Il fit sa visite à Germaine, lui tâta le pouls pour la forme, lui offrit une boîte de bonbons, la baisa fraternellement au front, et passa chez M. de La Tour d'Embleuse.

Le duc était encore au lit. Sa figure n'était pas faite et il portait ses soixante-trois ans.

« Eh bien! beau docteur, dit-il en riant aux éclats, quelle année nous apportez-vous? La Fortune voudra-t-elle enfin de moi? Ah! friponne, si jamais je te tiens! Vous êtes témoin, docteur, que je l'attends dans mon lit.

— Monsieur le duc, répondit le docteur, puisque nous sommes seuls ensemble, nous pouvons causer de choses sérieuses. Je ne vous ai pas caché l'état de mademoiselle votre fille. »

Le duc fit une petite moue sentimentale et dit :

« Vraiment, docteur, il n'y a plus rien à espérer? Pas de fausse modestie : vous êtes capable d'un miracle! »

M. Le Bris hocha tristement la tête. « Tout ce qui est en mon pouvoir, reprit-il, est d'adoucir ses derniers jours.

— Pauvre petite! Figurez-vous, cher docteur, qu'elle tousse à me réveiller toutes les nuits. Elle doit souffrir cruellement, quoiqu'elle s'en défende. S'il n'y a plus aucun espoir, sa dernière heure sera une heure de délivrance.

— Ce n'est pas tout ce que j'avais à vous dire, et pardonnez-moi si je commence l'année par de tristes nouvelles. »

Le duc se leva sur son séant : « Quoi donc? Vous me faites peur!

— Mme la duchesse m'inquiète depuis quelques mois.

— Ah! pour le coup, docteur, vous abusez des mauvais augures. La duchesse, grâce à Dieu, est en bon point, et je voudrais me porter comme elle. »

Le docteur entra dans des détails qui abattirent l'insouciance et la légèreté du vieillard. Il se vit seul sur la terre, et un frisson le saisit. Sa voix baissa d'un ton ; il s'attacha à la main du docteur comme un noyé à la dernière branche. « Mon ami, lui dit-il, sauvez-moi! Je veux dire, sauvez la duchesse! Je n'ai plus qu'elle au monde. Qu'est-ce que je deviendrais? C'est un ange, mon ange gardien! Dites-moi ce qu'il faut faire pour la guérir. J'obéirai en esclave.

— Monsieur le duc, il faut à Mme la duchesse une vie calme et facile, sans émotions et surtout sans privations; un régime doux, des aliments choisis et variés, une maison confortable, une bonne voiture....

— Et la lune, n'est-ce pas? cria le duc avec impatience. Je vous croyais plus d'esprit, docteur, et de meilleurs yeux. Voiture! maison! une bonne nourriture! Allez me les chercher si vous voulez que je les lui donne! »

Le docteur répondit sans se troubler : « Je vous

les apporte, monsieur le duc, et vous n'avez qu'à prendre. »

Les yeux du vieillard s'écarquillèrent comme ceux d'un chat qui passe à l'ombre. « Parlez donc! cria-t-il. Vous me retournez sur le gril!

— Avant de rien vous dire, monsieur le duc, j'ai besoin de vous rappeler que je suis depuis trois ans le meilleur ami de votre maison.

— Vous pouvez dire le seul; personne au monde ne vous démentira.

— L'honneur de votre nom m'est aussi cher qu'à vous, et si....

— C'est bon! c'est bon!

— N'oubliez pas que la vie de Mme la duchesse est en danger; que je réponds de la sauver, pourvu que vous m'en fournissiez les moyens.

— Que diable! c'est à vous de me les fournir! Vous me parlez depuis une heure comme le péripatéticien du *Mariage forcé*. Au fait! docteur, au fait!

— M'y voici. Avez-vous jamais rencontré dans Paris le comte de Villanera?

— Les chevaux noirs?

— Précisément.

— Le plus bel attelage de Paris!

— Don Diego Gomez de Villanera est le dernier rejeton d'une grande famille napolitaine transplantée en Espagne sous le règne de Charles-Quint. Sa fortune est la plus grande de toute la Péninsule; s'il cultivait ses terres et s'il exploitait ses mines, il se ferait deux ou trois millions de revenu. En attendant, il a quatorze cent mille francs de rente, un peu moins que le prince Ysoupoff. Il a trente-deux ans, une jolie figure, une éducation exquise, un caractère honorable....

— Ajoutez : Et Mme Chermidy.

— Puisque vous savez cela, vous m'abrégez le chemin. Le comte, pour des raisons qui seraient trop longues à déduire, veut quitter Mme Chermidy et se marier, suivant son rang, dans une des familles les plus illustres du faubourg. Il recherche si peu la fortune, qu'il assurera à son beau-père cinquante mille francs de rente. Le beau-père qu'il désire, c'est vous; il m'a chargé de sonder vos dispositions. Si vous dites oui, il viendra aujourd'hui même vous demander la main de mademoiselle votre fille, et le mariage sera fait dans quinze jours. »

Pour le coup, le duc sauta à bas du lit et regarda le docteur entre les deux yeux :

« Vous n'êtes pas fou? lui dit-il; vous ne vous moquez pas de moi? Vous ne pouvez pas oublier que je suis le duc de La Tour d'Embleuse et que j'ai le double de votre âge? est-ce bien vrai ce que vous m'avez dit?

— La vérité toute pure.

— Mais il ne sait donc pas que Germaine est malade?

— Il le sait.

— Mourante?

— Il le sait.

— Condamnée?

— Il le sait. »

Un nuage passa sur la figure du vieux duc. Il s'assit au coin de la cheminée froide sans s'apercevoir qu'il était presque nu; il appuya les coudes sur ses genoux et serra sa tête entre ses mains.

« Cela n'est pas naturel, reprit-il. Vous ne m'avez pas tout dit, et M. de Villanera doit avoir quelque motif secret pour demander la main d'une morte.

— En effet, répondit le docteur. Mais veuillez vous remettre au lit. C'est toute une histoire à raconter. »

Le duc revint se pelotonner sous la couverture. Ses dents claquaient de froid et d'impatience, et il attachait ses petits yeux sur le docteur avec la curiosité inquiète d'un enfant qui regarde ouvrir une boîte de bonbons. M. Le Bris ne le fit pas attendre.

« Vous savez, lui dit-il, quelle est la position de Mme Chermidy?

— Veuve consolable d'un mari qu'on n'a jamais vu!

— J'ai rencontré M. Chermidy il y a trois ans, et je vous réponds que sa femme n'est pas veuve.

— Tant mieux pour lui! Peste! mari de Mme Chermidy! c'est une sinécure qui doit rapporter de beaux appointements!

— Voilà comme on fait des jugements téméraires! M. Chermidy est un honnête homme, et même un officier de quelque mérite. Je ne crois pas qu'il soit parti de bien haut; à trente-cinq ans, il était dans la marine marchande, capitaine au long cours. Il obtint d'être embarqué sur un navire de l'État, comme enseigne auxiliaire, et, après deux ans de services, le ministre lui signa un brevet d'officier. C'est en 1838 qu'il mit son cœur et son épaulette aux pieds d'Honorine Lavenaze. Elle avait pour tout bien ses dix-huit ans, les grands yeux que vous savez, un bonnet d'Arlésienne qui la coiffait à ravir et une ambition sans limites. Elle n'était pas, à beaucoup près, aussi belle qu'aujourd'hui. Je sais de sa propre bouche qu'elle était sèche comme un coup de bâton et noire comme un petit corbeau. Mais elle était en vue, et partant souhaitée. Elle régnait au comptoir d'un bureau de tabac, et, depuis le préfet maritime jusqu'aux élèves de deuxième classe, toute l'aristocratie nautique de Toulon venait fumer et soupirer autour d'elle. Mais rien ne put faire tourner cette forte tête, ni la vapeur de l'encens, ni la fumée du cigare. Elle s'était juré d'être sage jusqu'à ce qu'elle eût trouvé un mari, et nulle séduction ne la fit démordre de sa vertu. Les officiers l'avaient surnommée *Croquet* pour sa dureté; les bourgeois l'appelaient *Ulloa*, parce qu'elle était assiégée par la marine française.

Les épouseurs sérieux ne lui manquaient pas; on en trouve abondamment dans les ports de mer. Au retour des longues traversées, l'officier de marine a plus d'illusions, plus de naïveté, plus de jeunesse qu'il n'en avait le jour du départ; la première femme qui se présente à ses yeux lui apparaît aussi belle et aussi sainte que la France retrouvée : c'est la patrie en robe de soie ! Le bonhomme Chermidy, simple comme un loup de mer, fut préféré pour sa candeur ; il croqua cette brebis récalcitrante à la barbe de ses rivaux.

Cette bonne fortune, qui aurait pu lui faire des ennemis, ne nuisit en rien à son avenir. Quoiqu'il vécût à l'écart, seul avec sa femme, dans une bastide isolée, il obtint un fort joli commandement sans l'avoir demandé. Depuis cette époque, il n'a vu la France qu'à très-rares intervalles; toujours en mer, il a fait des économies pour sa femme, qui, de son côté, économisait pour lui. Honorine, embellie par la toilette, par l'aisance et par l'embonpoint, cette richesse du corps, a régné dix ans sur le département du Var. Les seuls événements qui aient signalé son règne sont la faillite d'un fournisseur de charbon et la destitution de deux officiers payeurs. A la suite d'un procès scandaleux où son nom ne fut pas prononcé, elle jugea à propos de se montrer sur une plus vaste scène, et elle prit l'appartement qu'elle occupe encore dans la rue du Cirque. Son mari naviguait vers les bancs de Terre-Neuve tandis qu'elle roulait sur Paris. Vous avez assisté à ses débuts, monsieur le duc?

— Oui, morbleu! et j'ose dire que peu de femmes ont mieux fait leur chemin. Ce n'est rien d'être jolie et d'avoir de l'esprit; le grand art consiste à se poser en millionnaire, et c'est ainsi qu'on se fait offrir des millions.

—Elle est arrivée ici avec deux ou trois cent mille francs grappillés discrètement dans les bureaux. Elle a fait au Bois une telle poussière, que vous auriez dit que la reine de Saba venait de débarquer à Paris. En moins d'une année, elle a fait parler de ses chevaux, de ses toilettes et de son mobilier, sans qu'on pût rien dire de positif sur sa conduite. Moi qui vous parle, je lui ai donné des soins pendant dix-huit mois avant d'apercevoir le bout de l'oreille. J'aurais gardé longtemps mes illusions, si le hasard ne m'avait mis en présence de son mari. Il tomba chez elle, avec sa malle, un jour que j'y étais en visite. C'était dans les premiers jours de 1850, il y a trois ans, ou peu s'en faut. Le pauvre diable arrivait de Terre-Neuve, avec un pied de hâle sur la figure. Il repartait à la fin du mois pour une station de cinq ans dans les mers de la Chine, et il trouvait naturel d'embrasser sa femme entre les deux voyages. La livrée de *ses* gens lui fit cligner les yeux, et il fut ébloui des splendeurs de *son* mobilier. Mais, lorsqu'il vit apparaître sa chère Honorine dans une petite toilette du matin qui représentait deux ou trois années de sa solde, il oublia de tomber dans ses bras, vira de bord sans dire un mot, et fit porter ses bagages au chemin de fer de Lyon. C'est ainsi que M. Chermidy m'a fait entrer dans la confidence de madame. J'en ai bien appris d'autres par le comte de Villanera.

— Arrivons-nous? demanda le duc.

— Un instant de patience. Mme Chermidy avait distingué don Diego quelque temps avant l'arrivée du mari. Elle était sa voisine au balcon des Italiens, loge à loge, et elle sut le regarder avec de tels yeux qu'il se fit présenter chez elle. Tous les hommes vous diront que son salon est un des plus agréables de Paris, quoiqu'on n'y rencontre jamais une autre femme que la maîtresse de la maison. Mais elle se multiplie. Le comte se passionna pour elle, par le même esprit d'émulation qui avait perdu le malheureux Chermidy. Il l'aima d'autant plus aveuglément qu'elle lui laissa tous les honneurs de la guerre et parut céder à un penchant irrésistible qui la jetait dans ses bras. L'homme le plus spirituel se laisse prendre à cette amorce, et il n'y a point de scepticisme qui tienne contre la comédie de l'amour vrai. Don Diego n'est pas un étourdi sans expérience. S'il avait deviné un motif d'intérêt, surpris un mouvement calculé, il se mettait en garde, et tout était perdu. Mais la fine mouche poussa l'habileté jusqu'à l'héroïsme. Elle épuisa toutes les ressources de son budget et employa son dernier sou à faire croire au comte qu'elle l'aimait pour lui. Elle exposa même sa réputation, dont elle avait pris tant de soin, et elle se serait compromise follement, s'il n'y eût mis bon ordre. La comtesse douairière de Villanera, une sainte femme, belle de vieillesse et de roideur, et semblable à un portrait de Vélasquez échappé du cadre, eut connaissance des amours de son fils, et n'y trouva rien à redire. Elle aimait mieux le voir lié à une femme du monde que perdu dans les plaisirs faciles où l'on se ruine et l'on s'avilit.

La délicatesse de Mme Chermidy était si chatouilleuse, que don Diego ne put jamais lui donner une bagatelle. La première chose qu'elle accepta de lui, après un an d'intimité, fut une inscription de quarante mille francs de rente. Elle était grosse d'un fils qui naquit en novembre 1850. Maintenant, monsieur le duc, nous sommes au cœur de la question.

Mme Chermidy a fait ses couches au village de la Bretèche-Saint-Nom, derrière Saint-Germain. J'étais là. Don Diego, ignorant nos lois et croyant que tout est permis aux personnes de sa condition, voulait reconnaître l'enfant. Les aînés de la famille Villanera sont marquis de los Montes de Hierro. Je lui expliquai l'axiome de droit : *Is pater est*, et je lui prouvai que son fils devait s'appeler Chermidy ou ne pas s'appeler du tout. Le commandant avait traversé Paris au mois de janvier, juste à point pour sauver les apparences. Nous délibérions auprès du lit de l'accouchée. Elle s'écria que son mari la tuerait infailliblement si elle essayait de lui imposer cette paternité légale. Le comte ajouta que le marquis de los Montes de Hierro ne consentirait jamais à signer Chermidy. Bref, je déclarai l'enfant à la mairie sous le nom de Gomez, né de parents inconnus.

Le jeune père, heureux et malheureux à la fois, a fait part de cet événement à la vénérable comtesse. Elle a voulu voir l'enfant, elle se l'est fait apporter, et on l'élève auprès d'elle, dans son hôtel du faubourg Saint-Honoré. Il a deux ans ; il vient bien, et il ressemble déjà aux vingt-quatre générations des Villanera. Don Diego adore son fils ; il ne se console pas de voir en lui un enfant sans nom, et, qui pis est, adultérin. Mme Chermidy serait femme à remuer des montagnes pour assurer à son héritier le nom et la fortune des Villanera. Mais la plus à plaindre est la pauvre douairière. Elle prévoit que don Diego ne se mariera pas, de peur de déshériter son fils bien-aimé ; qu'il dénaturera sa fortune pour la lui rendre en main propre ; qu'il vendra les terres de la famille, et que de ce beau nom et de ces grands domaines, il ne restera rien au bout de cinquante ans.

Dans cette extrémité, Mme Chermidy a trouvé un trait de génie. Elle a dit à don Diego : « Mariez-vous. Cherchez une femme dans la première noblesse de France, et obtenez que, par l'acte du mariage, elle reconnaisse votre enfant comme sien. A cette condition, le petit Gomez sera votre fils légitime, noble de père et de mère, héritier de tous vos biens d'Espagne. Ne songez pas à moi : je m'immole. »

Le comte a soumis ce projet à sa mère; elle signera des deux mains. La noble femme a perdu ses illusions sur Mme Chermidy, qui coûte plus de quatre millions à don Diego, et qui parle de se retirer dans une chaumière pour pleurer son bonheur en pensant à son fils! M. de Villanera est dupe de cette fausse résignation. Il croirait commettre un crime en abandonnant une héroïne de l'amour maternel. Enfin, pour imposer silence à ses scrupules, Mme Chermidy lui a soufflé quatre mots à l'oreille : « Mariez-vous pour quelque temps. Le docteur vous cherchera une femme parmi ses malades. » J'ai pensé à Mlle de La Tour d'Embleuse, et je me suis ouvert à vous, monsieur le duc. Ce mariage, si étrange qu'il paraisse à première vue, et quoiqu'il vous donne un petit-fils qui n'est pas de votre sang, assure à Mlle Germaine une fin douce et une prolongation d'existence; il sauve la vie à Mme la duchesse, et enfin....

— Il me donne cinquante mille livres de rente, n'est-ce pas? Eh bien, cher docteur, je vous remercie. Dites à M. de Villanera que je suis son serviteur. Ma fille est peut-être à enterrer, mais elle n'est pas à vendre.

— Monsieur le duc, c'est un marché que je vous propose, mais si je le croyais indigne d'un galant homme, je ne m'en mêlerais pas, croyez-le bien.

— Parbleu! docteur, chacun entend l'honneur à sa manière. Nous avons l'honneur du soldat, l'honneur du boutiquier, et l'honneur du gentilhomme, qui ne me permet pas d'être le grand-père du petit Chermidy. Ah! M. de Villanera prétend légitimer ses bâtards! C'est du Louis XIV tout pur; mais nous sommes alliés à la famille de Saint-Simon! Cinquante mille francs de rente! j'en ai eu cent vingt mille, monsieur, sans avoir jamais rien fait, ni bien, ni mal. Je ne me dérangerai pas des traditions de mes ancêtres pour en gagner cinquante!

— Veuillez remarquer, monsieur le duc, que la famille de Villanera est digne de s'allier à la vôtre. Le monde n'aura rien à dire.

— Il ne manquerait plus que de m'offrir un gendre roturier! J'avoue qu'en toute autre circonstance don Diego Gomez de Villanera serait bien mon fait.

Il est né, et j'ai entendu louer sa famille et sa personne. Mais que diable ! je ne veux pas qu'on dise : Mlle de La Tour d'Embleuse avait un fils de deux ans le jour de son mariage!

— On ne dira rien ; on ne saura rien. La reconnaissance sera secrète; et quand on en parlerait? Ni la loi, ni la société ne font de différence entre un enfant légitimé et un enfant légitime.

— Voyez-vous Germaine à Saint-Thomas d'Aquin, devant le maître autel, sous le poêle, avec M. de Villanera à sa droite, Mme Chermidy à sa gauche, un bambin de deux ans sur les bras, et le croquemort par derrière? C'est tout simplement abominable, mon pauvre docteur. N'en parlons plus. Est-ce bien compliqué ces cérémonies de reconnaissance?

— Il n'y a point de cérémonie. Une phrase dans l'acte de mariage, et l'état de l'enfant est en règle.

— Cette phrase-là est de trop. N'en parlons plus. Pas un mot à la duchesse; vous me le promettez?

— Je vous le promets.

— Quoi! vraiment, elle est si mal, cette pauvre duchesse? Mais elle trotte comme à quinze ans!

— L'état de Mme la duchesse est sérieux.

— Et vous croyez, en bonne foi, qu'on la guérirait avec des rentes?

— Je répondrais de sa vie, si j'obtenais de vous....

— Vous n'obtiendrez rien du tout. Ah! je suis de

la vieille roche, moi ! Et voyez si j'ai du mérite à vous refuser! nous n'avons peut-être pas dix louis à la maison. Foi de gentilhomme, si quelqu'un mourait ici, je ne sais pas où l'on trouverait de quoi l'enterrer. Tant pis! tant pis! noblesse oblige! Le duc de La Tour d'Embleuse ne prend pas les petits garçons en sevrage; et surtout le petit garçon de Mme Chermidy! Je finirai plutôt sur la paille. Docteur, je suis content que vous m'ayez mis à l'épreuve, et je ne vous en veux pas. On ne se connaît jamais bien soi-même, et je n'étais pas trop sûr de la figure que je ferais en présence de cinquante mille francs de rente. Vous avez tâté le pouls à mon honneur, et il se porte bien, Dieu merci!... M. de Villanera offrait-il le capital, ou seulement la rente?

— A votre choix, monsieur le duc.

— Et j'ai choisi la misère, ô gué! Mais quand je vous disais que la Fortune était une capricieuse! Je la connais de longue date; nous avons été tantôt bien, tantôt mal ensemble. La voilà qui me fait des avances, mais nenni! Adieu, cher docteur! »

M. Le Bris se leva de sa chaise. Le duc le retint par la main. « Remarquez, lui dit-il, que je fais une chose héroïque. Vous n'êtes pas joueur? Connaissez-vous les cartes?

— Je joue le whist.

— Alors, vous n'êtes pas joueur. Apprenez, mon

mi, que lorsqu'on a une seule fois laissé passer la veine, elle ne revient jamais. En refusant vos propositions, je renonce à toute espèce d'avenir, je me condamne à perpétuité.

— Acceptez donc, monsieur le duc, et ne défiez pas la fortune contraire. Quoi! je vous apporte dans mes mains la santé pour Mme la duchesse, l'aisance pour vous, une fin douce et tranquille pour la pauvre enfant qui s'éteint dans des privations de toute sorte; je relève votre maison qui croulait dans la poussière; je vous donne un petit-fils tout fait, un enfant magnifique qui pourra joindre votre nom à celui de son père, et tout cela, à quel prix? Moyennant une phrase de deux lignes insérée dans un acte de mariage; et vous me repoussez comme un marchand de honte et un donneur de mauvais conseils! Vous aimez mieux condamner votre fille, votre femme et vous-même, que de prêter votre nom à un enfant étranger! Vous croiriez commettre un crime de lèse-noblesse! Mais ne savez-vous pas à quel prix la noblesse s'est conservée en France et partout depuis les croisades? Il faut admettre la raison d'État. Combien de noms sauvés par miracle ou par adresse! Combien d'arbres généalogiques rajeunis par une greffe plébéienne!

— Mais presque tous, cher docteur. Je vous en citerai plus de vingt sans sortir de la rue. D'ailleurs les Villanera sont plus que bons : on peut s'allier à ces gens-là. A une condition cependant : c'est que l'affaire se fasse au grand jour, sans hypocrisie. Ma fille peut reconnaître un enfant étranger, dans l'intérêt de deux grandes maisons de France et d'Espagne. Si quelqu'un demande pourquoi, on lui répondra par la raison d'État. Et vous sauverez la duchesse ?

— J'en réponds.

— Vous sauverez ma fille aussi ? »

Le docteur hocha lentement la tête. Le vieillard reprit d'une voix résignée :

« Allons ! on ne peut pas avoir tout à la fois. Pauvre enfant ! Nous aurions bien voulu partager notre aisance avec elle ! Cinquante mille francs de rente ! Je savais bien que la veine me reviendrait ! »

La duchesse entra là-dessus, et son mari lui résuma avec une admiration enfantine les offres de M. Le Bris. Le docteur s'était levé pour donner sa chaise à la pauvre femme qui courait sans repos depuis le matin. Elle s'accouda sur le lit face à face avec le duc, et elle écouta les yeux fermés tout ce qu'il voulut lui dire. Le vieillard, mobile comme un homme dont la raison est mal assise, avait oublié ses propres objections. Il ne voyait plus qu'une chose au monde : cinquante mille francs de rente. Il poussa l'étourderie jusqu'à parler à la duchesse des dangers qu'elle courait et de sa vie à sauver.

Mais cette révélation glissa sur son cœur sans l'entamer.

Elle rouvrit les yeux et les tourna tristement vers le docteur. « Hé bien ! lui dit-elle, Germaine est donc condamnée sans ressource, puisque cette femme veut la faire épouser à son amant ? »

Le docteur essaya de lui persuader que toute espérance n'était pas perdue. Elle l'arrêta du geste, et lui dit : « Ne mentez pas, mon pauvre ami. Ces gens-là ont mis leur confiance en vous. Ils vous ont demandé une fille assez malade et assez désespérée pour qu'on n'eût pas à craindre de la voir guérir. Si elle vivait par quelque accident, si un jour elle venait se placer entre eux deux pour réclamer ses droits et chasser la maîtresse, M. de Villanera vous reprocherait de l'avoir trompé. Vous ne vous êtes pas exposé à cela. »

M. Le Bris ne put s'empêcher de rougir, car la duchesse disait vrai. Mais il se tira de ce mauvais pas en faisant l'éloge de don Diego. Il le dépeignit comme un noble cœur, un chevalier d'autrefois égaré dans notre siècle. « Croyez, madame, dit-il à la duchesse, que si notre chère malade peut être sauvée, elle le sera par son mari. Il ne la connaît pas; il ne l'a jamais vue; il en aime une autre, et c'est dans un espoir bien triste qu'il se décide à placer une femme légitime entre sa maîtresse et lui. Mais plus il a d'intérêt à attendre le jour de son veuvage, plus il se fera un devoir de le retarder. Non-seulement il environnera sa femme de tous les soins que son état réclame, mais il est homme à s'établir garde-malade auprès d'elle et à la veiller nuit et jour. Je garantis qu'il prendra le mariage au sérieux, comme tous les devoirs de la vie. Il est Espagnol, et incapable de jouer avec les sacrements; il a un culte pour sa mère et une tendresse passionnée pour son enfant. Soyez sûre que, du jour où vous lui accorderez la main de mademoiselle votre fille, il n'aura plus rien de commun avec Mme Chermidy. Il emmènera sa femme en Italie; je serai du voyage, vous aussi, et, s'il plaît à Dieu de faire un miracle, nous serons trois pour l'aider, madame la duchesse.

— Parbleu! ajouta le duc. Tout est possible; tout arrive : qui est-ce qui m'aurait dit ce matin que j'hériterais de cinquante mille livres de rente? »

A ce mot d'héritage, la duchesse refoula un flot de larmes qui lui montait aux yeux. « Mon ami, reprit-elle, c'est une triste chose quand les parents héritent de leurs enfants. S'il plaît à Dieu de rappeler à lui ma pauvre Germaine, je bénirai dans les pleurs sa main rigoureuse et j'attendrai auprès de vous l'instant qui doit nous réunir. Mais je veux que la mémoire de mon cher ange aimé soit aussi pure que sa vie. Je conserve depuis plus de vingt ans un vieux bouquet de fleurs d'oranger, flétri comme mon bonheur et ma jeunesse : je veux pouvoir l'attacher sur son cercueil.

— Ta! ta! ta! cria le duc; voilà bien les femmes! Vous êtes malade, madame, et ce n'est pas la fleur d'oranger qui vous guérira.

— Quant à moi!... » dit-elle. Son regard acheva la phrase, et le duc lui-même la comprit.

« C'est ça! dit-il; à votre aise! mourez tous ensemble! Et qu'est-ce que je deviendrai, moi?

— Vous deviendrez riche, mon bon père, » dit Germaine en ouvrant la porte de la salle à manger.

La duchesse se leva comme par ressort et courut à sa fille. Mais Germaine n'avait pas besoin d'être soutenue. Elle embrassa sa mère et s'avança jusqu'au lit d'un pas ferme et résolu, le pas des martyrs.

Elle était vêtue de blanc, comme Pauline au cinquième acte de *Polyeucte*. Un pâle rayon du soleil de janvier tombait sur son front et lui faisait une auréole. Sa figure sans couleur était comme une page effacée, où l'on ne voyait briller que deux grands yeux noirs. Une masse de cheveux d'or, fins et touffus, s'entassait sur sa tête. Les beaux cheveux sont la dernière parure des phthisiques; ils la gardent jusqu'à la fin, et on l'enterre avec eux. Ses mains transparentes tombaient le long du corps avec les plis de la draperie. Telle était la maigreur de toute sa personne, qu'elle ressemblait à ces créatures célestes qui n'ont aucune des beautés ni des imperfections de la femme.

Elle s'assit familièrement au bord du lit, passa le bras droit autour du cou de son père, tendit sa main gauche à la duchesse et l'attira doucement auprès d'elle. Puis elle montra la chaise à M. Le Bris, et lui dit : « Mettez-vous là, docteur, pour que la famille soit au complet. Je ne me repens pas d'avoir écouté aux portes. J'avais bien peur de n'être plus bonne à grand'chose : votre discussion m'a appris que je pouvais faire un peu de bien ici-bas. Vous êtes témoins que je ne regrettais point la vie, et que j'en avais fait mon deuil depuis plus de six mois. Aussi bien ce monde est une triste demeure pour ceux qui ne peuvent pas respirer sans souffrir. Mon seul regret était de léguer à mes parents un avenir de douleurs et de misères : me voilà tranquille à présent. J'épouserai le comte de Villanera, et j'adopterai l'enfant de cette dame. Merci, cher docteur ; c'est vous qui nous sauvez. Grâce à vous, l'inconduite de ces gens-là rendra l'aisance à mon excellent père, et la vie à la noble femme que voici. Moi, je ne mourrai pas inutile. Il me restait pour tout bien le souvenir d'une vie pure ; un pauvre petit nom sans tache, comme le voile d'une communiante. Je donne cela à mes parents. Maman, je vous prie de ne point hocher la tête. On ne désobéit pas aux malades. N'est-ce pas, docteur ?

— Mademoiselle, répondit-il en lui tendant la main, vous êtes une sainte.

— Oui; l'on m'attend là-haut; ma niche est toute prête. Je prierai Dieu pour vous, mon digne ami, qui ne priez guère. »

En parlant ainsi, sa voix avait je ne sais quoi d'ailé, d'aérien, de surnaturel; quelque chose qui rappelait la sérénité des cieux. La duchesse tressaillit en l'écoutant : il lui semblait que l'âme de sa fille allait s'envoler comme un oiseau dont on a laissé la cage ouverte. Elle serra Germaine dans ses bras, et lui dit :

« Non, tu ne nous quitteras point! Nous irons tous en Italie, et le soleil te guérira. M. de Villanera est un homme de cœur. »

La malade haussa légèrement les épaules, et répondit : « L'homme dont vous parlez ferait bien mieux de rester à Paris, puisqu'il y trouve son plaisir, et de me laisser tranquillement payer ma dette. Je sais à quoi je m'engage en prenant son nom. Que dirait-on, grand Dieu! si je leur jouais le tour de guérir? Mme Chermidy me ferait expulser de ce monde par autorité de justice. Docteur, est-ce que je serai forcée de voir M. de Villanera? »

M. Le Bris répondit par un petit signe affirmatif.

« Allons, dit-elle, je lui ferai bon visage. Quant à l'enfant, je l'embrasserai bien volontiers : j'ai toujours aimé les enfants. »

La duchesse regarda le ciel comme un naufragé regarde le rivage : « Si Dieu est juste, dit-elle, il ne nous séparera pas ; il nous prendra tous ensemble.

— Non, chère maman ; vous vivrez pour mon père. Vous, papa, vivez pour vous-même !

— Je te le promets, » repartit naïvement le vieillard. Ni la duchesse ni sa fille ne soupçonnèrent l'égoïsme monstrueux qui se cachait sous cette réponse. Elles en furent émues jusqu'aux larmes, et le médecin fut le seul qui sourit.

Sémiramis vint annoncer que le déjeuner de M. le duc était sur la table : « Adieu, mesdames, dit le docteur ; je vais porter de grandes nouvelles au comte de Villanera. Il est à croire que vous recevrez sa visite aujourd'hui même.

— Sitôt ? demanda la duchesse.

— Nous n'avons pas de temps à perdre, dit Germaine.

— En attendant, reprit le duc, il faut aller au plus pressé : déjeunons. »

III

LA NOCE.

M. Le Bris avait un coupé à la porte. Il se fit conduire chez un grand confiseur du boulevard, acheta un coffret en bois de violette, le fit remplir de bonbons, remonta en voiture, et débarqua bientôt à la porte de Mme Chermidy. La belle Arlésienne était propriétaire de sa maison, quoiqu'elle n'occupât que le premier étage. Le concierge était un de ses domestiques, et l'on sonnait deux coups sur un timbre pour lui annoncer chaque visite.

Les portes s'ouvrirent d'elles-mêmes devant le jeune docteur. Un valet de pied lui cueillit son paletot sur les épaules avec tant d'adresse qu'il en sentit à peine le vent. Un autre l'introduisit sans l'annoncer dans la salle à manger. Le comte et Mme Chermidy se mettaient à table. La maîtresse de la maison lui tendit les deux joues, et le comte lui serra cordialement la main.

Le couvert était mis sans nappe sur une table

ovale en chêne sculpté. La salle était revêtue de boiseries anciennes et de peintures modernes : un célèbre banquier de la Chaussée-d'Antin, qui maniait la brosse à ses moments perdus, avait offert à Mme Chermidy quatre grands panneaux de nature morte. Le plafond était une copie du *Banquet des dieux* exécutée à la Farnésine. Le tapis venait de Smyrne, et les jardinières de Macao. Un grand lustre flamand au ventre arrondi, aux bras maigres, s'accrochait impitoyablement au milieu du plafond, sans respect pour l'assemblée des dieux. Deux dressoirs sculptés par Knecht étalaient une profusion de vaisselle, de cristaux et d'argenterie. Sur la table, les réchauds étaient d'argent, le samavar de vermeil, les assiettes de vieux Chine, les flacons de Bohême et les verres de Venise. Les manches des couteaux provenaient d'un service de Saxe commandé par Louis XV.

Si M. Le Bris avait aimé les antithèses, il pouvait faire une comparaison assez intéressante entre le mobilier de la femme Chermidy et celui de Mme de La Tour d'Embleuse. Mais les médecins de Paris sont des philosophes imperturbables qui voyagent entre le luxe et la misère, sans s'étonner de rien, comme ils passent du chaud au froid sans jamais s'enrhumer.

Mme Chermidy était emmaillottée dans une douillette de satin blanc. Dans ce costume, elle ressemblait à une chatte sur un édredon, à un bijou dans un écrin. Vous n'avez rien vu de plus brillant que sa personne, rien de plus moelleux que son enveloppe. Elle avait trente-trois ans, un bel âge pour les femmes qui ont su se conserver. La beauté, le plus périssable de tous les biens d'ici-bas, est celui dont la gestion est la plus difficile. C'est la nature qui la donne; l'art y ajoute peu de chose, mais il faut savoir la conserver. Les prodigues qui la gaspillent et les avares qui n'en font rien arrivent en quelques années au même résultat; la femme de génie est celle qui se gouverne avec une sage économie. Mme Chermidy, née sans passions et sans vertus, sobre de tous plaisirs, toujours calme au fond du cœur avec les apparences d'une vivacité méridionale, avait pris soin de sa beauté comme de sa fortune. Elle ménageait sa fraîcheur autant qu'un ténor ménage sa voix. Elle était de ces femmes qui disent des folies à tout propos et qui n'en font qu'à bon escient; fort capable de jeter un million par la fenêtre pour en faire entrer deux par la porte; mais trop prudente pour casser une noisette avec les dents. Ses anciens admirateurs de Toulon auraient eu de la peine à la reconnaître, tant elle avait changé à son avantage. Sans être aussi blanche qu'une Flamande, elle avait trouvé je ne sais où certains reflets nacrés. La santé lui montait aux joues en petits nuages roses;

sa bouche mignonne, ronde, épaisse, ressemblait à une grosse cerise que les moineaux ont coupée en la becquetant. Ses yeux petillaient dans leurs orbites brunes, comme un feu de sarment dans l'âtre de la cheminée. L'insouciance et la bonhomie formaient sur son visage un masque délicieux. Ses cheveux, d'un noir bleuâtre, plantés tout près des sourcils, se découpaient sur un front pur, comme les ailes d'un corbeau sur la neige de décembre. Tout en elle était jeune, frais et souriant; il eût fallu de bons yeux pour remarquer aux deux coins de cette jolie bouche deux rides imperceptibles, fines comme le cheveu blond d'un nouveau-né, et qui cachaient une ambition insatiable, une volonté de fer, une persévérance chinoise et une énergie capable de tous les crimes.

Ses mains étaient peut-être un peu courtes, mais blanches comme l'ivoire, avec des doigts ronds, onduleux, potelés, aiguisés, et bonne griffe au bout. Son pied était le pied court des Andalouses, arrondi en fer à repasser. Elle le montrait tel qu'il était, et ne faisait pas la sottise de porter des bottines longues. Tout son petit corps était court et rondelet, comme ses pieds et ses mains; la taille un peu épaisse, les bras un peu charnus, les fossettes un peu profondes; trop d'embonpoint, si vous voulez, mais l'embonpoint mignon d'une caille, la rondeur savoureuse d'un beau fruit.

Don Diego la couvait des yeux avec une admiration enfantine. Les amoureux de tout âge ne sont-ils pas des enfants? Suivant les théogonies antiques, l'Amour est un *baby* de cinq ans et demi, et cependant Hésiode assure qu'il est plus vieux que le Temps.

Le comte de Villanera descend en droite ligne de ces Espagnols chevaleresques jusqu'au ridicule, que le divin Cervantes a raillés, non sans les admirer un peu. Rien en lui ne trahit son origine napolitaine, et l'on dirait que ses ancêtres ont emménagé avec armes et bagages dans la vieille vertu de l'Espagne héroïque. C'est un jeune homme sérieux, roide, froid, un peu guindé, avec un cœur de feu et une âme passionnée. Il parle peu, jamais sans réfléchir, et de sa vie il n'a menti. Il n'aime pas à discuter; partant, il cause mal. Il rit bien rarement, mais son sourire est plein d'une certaine grâce affable qui ne manque pas de grandeur. La gaieté, j'en conviens, siérait mal à sa figure. Essayez de vous représenter don Quichotte jeune et en habit noir. Au premier coup d'œil on ne remarque que ses longues moustaches noires, pointues, cirées, luisantes. Son long nez se recourbe vigoureusement comme le bec d'un aigle; il a les yeux noirs, les sourcils noirs, les cheveux noirs, le teint uniforme d'une orange de Portugal. Ses dents seraient belles si elles étaient moins longues, et s'il ne fumait pas. Elles sont revêtues d'un émail un peu jaune, mais si solide qu'on en ferait des meules de moulin. Le blanc de ses yeux aussi tire un peu sur le jaune; cependant on ne peut pas nier qu'il n'ait de beaux yeux. Quant à sa bouche, elle est excellente : on aperçoit sous sa moustache deux lèvres roses comme celles d'un enfant. Ses bras et ses jambes, ses mains et ses pieds sont d'une longueur aristocratique. Il a la taille d'un grenadier et la tournure d'un prince.

Que si vous demandez pourquoi un homme ainsi bâti avait pu tomber dans les mains de Mme Chermidy, je répondrai que la dame était plus attrayante et plus habile que Dulcinée du Toboso. Les gens de la trempe de don Diego ne sont pas les plus difficiles à prendre, et le lion se jette au piége plus étourdiment qu'un renard. La simplicité, la droiture et toutes les qualités généreuses sont autant de défauts à notre cuirasse. Un cœur honnête ne se défie pas aisément des calculs et des roueries dont il est incapable, et chacun fait le monde à son image. Si l'on était venu dire à M. Villanera que Mme Chermidy l'aimait par intérêt, il aurait haussé les épaules. Elle ne lui avait rien demandé, et il lui avait tout offert. En acceptant quatre millions, elle lui avait fait une grâce. Il était son obligé pour ces quatre millions.

Au demeurant, à voir les regards qu'il lui lançait

par intervalles, il était facile de deviner que toute la fortune des Villanera pouvait changer de mains dans l'espace de huit jours. Un chien couché aux pieds de son maître n'est ni plus attentif, ni plus respectueux qu'il ne l'était. On lisait dans ses grands yeux noirs la reconnaissance passionnée que tout galant homme voue à la femme qui l'a choisi ; l'admiration religieuse d'un jeune père pour celle qui lui a donné son enfant. On y voyait enfin comme un désir inassouvi, une humble soumission de la force au caprice, la crainte des refus, une sollicitation inquiète qui prouvait que Mme Chermidy était une femme d'esprit.

Le petit docteur, assis en face du comte, formait avec lui un singulier contraste. M. Le Bris est ce qu'on appelle en France un gentil garçon. Peut-être lui manque-t-il un centimètre ou deux pour atteindre à la taille moyenne, mais il est bien fait et bien pris. Sa figure n'est point sotte, mais je n'ai jamais remarqué s'il avait le nez fait comme ceci ou comme cela. Sa physionomie dit bien des choses, son signalement ne vous apprendrait rien. Il s'habille avec une propreté voisine de l'élégance ; ses favoris châtains sont bien taillés, et la raie de ses cheveux se continue derrière la tête. Il n'est pas commun, tant s'en faut, et pourtant il ne ressort pas du commun. Aucune fille à marier ne le refuserait pour son physique, mais je serai bien étonné si l'on se jette à l'eau pour lui. Il prendra du ventre à l'âge de quarante ans.

Je ne connais pas de médecin mieux fait pour la clientèle. Il court matin et soir, du haut en bas de la société, et il est à sa place partout. C'est un Alcibiade bourgeois qui se façonne sans travail aux mœurs de tout pays. On l'aime au faubourg Saint-Germain pour sa réserve, à la Chaussée-d'Antin pour son esprit, et rue Vivienne pour sa rondeur. Les femmes de tout rang ont travaillé activement à sa renommée, et savez-vous pourquoi? C'est qu'auprès d'une malade jeune ou vieille, laide ou jolie, il témoigne un empressement aimable, une sorte de galanterie mitoyenne qui participe du respect et de l'amour. Il ne s'est jamais expliqué sur la nature de ce sentiment; peut-être aussi ne se l'explique-t-il pas bien à lui-même. Mais toutes les femmes ont pour lui une compassion bienveillante qui peut le mener assez loin.

Ses anciens camarades d'hôpital l'ont surnommé, pour ce motif, *la Clef des cœurs*. Je sais une maison où on l'appelle, et non sans cause, *le Tombeau des secrets*. Ses jeunes clients du faubourg Saint-Germain lui reprochent d'entrer tous les soirs dans les coulisses de l'Académie impériale de musique, et l'appellent *la Mort aux rats*. Mais au foyer de la danse, sa sagesse l'a fait surnommer *le Nouveau continent*.

« Hé bien, Tombeau des secrets, dit Mme Chermidy avec son petit accent provençal, avez-vous trouvé mon affaire?

— Oui, madame.

— Est-ce la poitrinaire en question?

— Mlle de La Tour d'Embleuse.

— Bon! nous ne nous encanaillons pas. J'avais toujours pris intérêt aux poitrinaires. Des femmes qui toussent! Hé bien, vous voyez, le ciel me récompense.

— Docteur, demanda le comte, avez-vous parlé des conditions?

— Oui, cher comte; on acceptera tout. »

Mme Chermidy poussa un cri de joie : « Affaire bâclée! Vive Paris, où l'on achète les duchesses au comptant! »

Le comte fronça le sourcil. Le docteur reprit vivement :

« Si vous aviez pu venir avec moi, madame, je connais votre cœur : vous auriez pleuré.

— C'est donc bien touchant, une duchesse qui vend sa fille? Un épisode du marché aux esclaves?

— Je dirais plutôt un épisode de la vie des martyrs.

— Vous êtes gentil pour don Diego! »

Le docteur raconta la scène où il avait joué son rôle. Le comte fut ému. Mme Chermidy prit son mouchoir et essuya deux beaux yeux qui n'en avaient pas besoin.

« Je suis bien aise, dit le comte, que cette résolution vienne d'elle. Si les parents avaient accepté d'eux-mêmes, je les aurais peut-être mal jugés.

— Pardon. Avant de les juger, il faudrait savoir s'ils avaient ce matin du pain à la maison.

— Du pain!

— Du pain, sans métaphore.

— Adieu, dit le comte. Je vais souhaiter la bonne année à ma mère. Elle dormait ce matin quand je suis sorti de l'hôtel. Je lui apprendrai l'effet de votre démarche, et je lui demanderai ce qu'il faut faire. Comment, docteur, il y a des gens qui manquent de pain!

— J'en ai rencontré quelques-uns dans ma vie. Malheureusement je n'avais pas un million à leur offrir comme aujourd'hui. »

Le comte baisa la main de Mme Chermidy et courut à l'hôtel de sa mère. La jolie femme resta en tête-à-tête avec le docteur.

« Puisqu'il y a des gens qui manquent de pain, dit-elle, allons, docteur, une tasse de café!... Comment pourrai-je bien la voir, cette martyre de la poitrine? Car enfin il faut que je sache à qui je prête mon enfant.

— Mais, par exemple, à l'église, le jour du mariage.

— A l'église! Elle peut donc sortir?

— Sans doute...., en voiture.

— Je la croyais plus avancée que cela.

— Vous vouliez donc un mariage *in extremis*?

— Non, mais je veux être sûre. Bonté divine! docteur, si elle s'avisait de guérir!

— La Faculté de médecine serait bien étonnée.

— Et don Diego serait bien marié! et je vous tuerais, la Clef des cœurs!

— Hélas! madame, je ne me sens pas en danger.

— Comment, hélas!

— Pardonnez-moi; c'est le médecin qui parlait, et non l'ami.

— Une fois mariée, vous allez encore la soigner?

— Faut-il la laisser mourir sans secours?

— Dame! pourquoi l'épouse-t-on? Ce n'est pas pour qu'elle soit éternelle? »

Le docteur réprima un mouvement de dégoût, et répondit, du ton le plus naturel, en homme dont la vertu n'est pas pédante:

« Mon Dieu! madame, c'est une habitude prise, et je suis trop vieux pour me corriger. Nous autres médecins, nous soignons nos malades comme le chien de Terre-Neuve repêche les noyés. Affair d'instinct. Un chien sauve aveuglément l'ennemi de son maître. Moi, je soignerai la pauvre créature comme si nous avions tous intérêt à la guérir. »

Après le départ du docteur, Mme Chermidy passa dans son cabinet de toilette et se livra aux mains de sa femme de chambre. Pour la première fois depuis longtemps elle se laissa habiller sans y prendre garde : elle avait bien d'autres soucis ! Ce mariage qu'elle avait préparé, cette combinaison savante dont elle s'applaudissait comme d'un trait de génie, pouvait tourner à sa confusion et à sa ruine. Il ne fallait qu'un caprice de la nature ou la stupide honnêteté d'un médecin pour déjouer ses calculs les plus savants et frauder ses plus chères espérances. Elle se prit à douter de tout, de son amant et de son étoile.

Vers trois heures, le défilé des visites commença dans son salon. Elle dut sourire à toutes les paires de favoris qui s'approchèrent de sa jolie figure et s'extasier sur quarante boîtes de bonbons qui sortaient toutes de la même boutique. Elle maudit de bon cœur les aimables importunités du jour de l'an, mais elle ne laissa rien percer du souci qui la rongeait. Tous ceux qui sortirent ensemble de chez elle firent son éloge dans l'escalier.

Elle avait un talent bien précieux chez une maîtresse de maison : elle savait faire causer tout le monde. Elle parlait à chacun de ce qui l'intéressait le plus ; elle amenait les gens sur leur terrain. Cette femme sans éducation, trop paresseuse et trop fiévreuse pour garder un livre à la main, se faisait un fonds de connaissances utiles en feuilletant tous ses amis. Ils lui en savaient tous le meilleur gré du monde. Nous sommes ainsi bâtis ; nous remercions intérieurement celui qui nous force à débiter notre tirade favorite ou à raconter l'histoire que nous disons bien. Celui qui nous fait montrer notre esprit n'est jamais une bête, et lorsqu'on est content de soi, on n'est mécontent de personne. Les hommes les plus intelligents travaillaient à la réputation de Mme Chermidy, tantôt en lui fournissant des idées, tantôt en disant avec une secrète complaisance : « C'est une femme supérieure, elle m'a compris. »

Dans le cours de cette après-dînée, elle mit la main sur un homœopathe en renom, qui soigne les santés les plus illustres de Paris. Elle trouva moyen de le questionner devant sept ou huit personnes sur le point qui la préoccupait.

« Docteur, lui dit-elle, vous qui savez tout, apprenez-moi si l'on guérit les phthisiques ? »

L'homœopathe lui répondit galamment qu'elle n'aurait jamais rien à démêler avec cette maladie-là.

« Il ne s'agit pas de moi, reprit-elle. Je m'intéresse de tout mon cœur à une pauvre enfant dont les poumons sont dans un triste état.

— Envoyez-moi chez elle, madame. Il n'y a pas de guérison impossible à l'homœopathie.

— Vous êtes bien bon. Mais son médecin, un simple allopathe, assure qu'elle n'a plus qu'un poumon. Encore est-il attaqué.

— On peut le guérir.

— Le poumon, soit. Mais la malade?

— La malade peut vivre avec un seul poumon. Cela s'est vu. Je ne vous promets pas qu'elle sera capable de gravir le mont Blanc au pas de course, mais elle vivra tout doucement, pendant plusieurs années, à force de ménagements et de globules.

— C'est un avenir, cela! Je n'aurais jamais cru qu'on pût vivre avec un seul poumon.

— Nous avons des exemples assez nombreux. L'autopsie a démontré....

— L'autopsie! mais on ne fait l'autopsie que des morts!

— Vous avez raison, madame, et j'ai l'air d'avoir dit une sottise. Cependant, écoutez bien ceci. En Algérie, le bétail des Arabes est généralement phthisique. Les troupeaux sont mal soignés, ils passent la nuit dans les champs, et prennent des maladies de poitrine. Nos sujets musulmans ne vont pas chez le vétérinaire : ils laissent à Mahomet le soin de guérir leurs vaches et leurs bœufs. Ils en perdent beaucoup par cette négligence, mais ils ne perdent pas tout. Les animaux guérissent quelquefois, sans le secours de l'art et malgré tous les ravages que la maladie a pu faire dans leur corps. Un de nos confrères de l'armée d'Afrique a vu tuer dans les abattoirs de Blidah des vaches guéries de la phthisie pulmonaire, et qui vivaient depuis plusieurs années avec un seul poumon en très-mauvais état. Voilà l'autopsie dont je voulais parler.

— Je comprends, dit Mme Chermidy. Alors, si l'on tuait toutes les personnes qui vivent dans notre monde, on en trouverait quelques-unes qui n'ont pas les poumons au complet ?

— Et qui ne s'en portent pas beaucoup plus mal. Précisément, madame. »

Une heure plus tard, le cercle s'était renouvelé autour de la cheminée du salon. Mme Chermidy vit entrer un vieil allopathe endurci, qui ne croyait pas aux miracles, qui mettait volontiers les choses au pis, et s'étonnait qu'un animal aussi fragile que l'homme pût arriver sans accident jusqu'à la soixantaine.

« Docteur, lui dit-elle, vous auriez dû arriver un instant plus tôt, vous avez perdu un beau panégyrique de l'homœopathie. M. P., qui sort d'ici, se vantait de nous faire vivre tous sans un seul poumon. Est-ce que vous l'auriez laissé dire ? »

Le vieux médecin haussa les sourcils avec un imperceptible mouvement d'épaule. « Madame, reprit-il, le poumon est à la fois le plus délicat et le plus indispensable de tous nos organes ; il renouvelle la vie à chaque seconde par un prodige de combustion que Spallanzani et les plus grands physiologistes n'ont ni expliqué ni décrit. Sa contexture est d'une fragilité effrayante ; sa fonction l'expose à des dangers sans cesse renaissants. C'est dans le poumon que notre sang vient se mettre en contact immédiat avec l'air extérieur. Si l'on songeait que l'air est presque toujours ou trop froid, ou trop chaud, ou mélangé de gaz délétères, on ne respirerait pas une fois sans faire son testament. Un philosophe allemand qui a prolongé sa vie à force de prudence, le célèbre Kant, lorsqu'il faisait sa promenade hygiénique de tous les jours, avait soin de fermer la bouche et de respirer exclusivement par les narines, tant il craignait l'action directe de l'atmosphère ambiante sur ses poumons!

— Mais alors, cher docteur, nous sommes tous condamnés à mourir de la poitrine?

— On en meurt beaucoup, madame, et les homœopathes n'y changent rien.

— Mais on guérit aussi! Voyons : je suppose qu'un homme jeune et bien portant épouse une jeune et belle phthisique. Il l'emporte en Italie, il se dévoue à la guérir, il l'entoure des soins d'un homme comme vous. Est-ce qu'on ne pourrait pas en deux ou trois ans....

— Sauver le mari? c'est possible. Encore n'en répondrais-je pas.

— Le mari! le mari! mais quel danger?

— Danger de contagion, madame. Qui sait si les tubercules qui naissent dans les poumons d'un phthisique ne répandent pas dans l'air environnant des semences de mort? Mais pardon, ce n'est ni le lieu ni le moment de développer une théorie nouvelle dont je suis l'inventeur et que je compte soumettre un de ces jours à l'Académie de médecine. Je veux seulement vous raconter un fait que j'ai observé.

— Parlez, cher docteur : c'est plaisir et profit d'écouter un savant tel que vous.

— Il y a cinq ans, madame, j'ai donné des soins à la femme d'un tailleur de la rue Richelieu, une pauvre petite créature abominablement phthisique. Son mari était un grand Allemand, solide, bien bâti et rouge comme une pomme. Ces gens-là s'adoraient. Ils ont eu, en 1849, un enfant qui n'a pas vécu. La femme est morte en 1850 : j'avais fait tout ce que j'avais pu pour la sauver. On m'a demandé le compte de mes visites, et j'ai passé deux ans sans retourner dans la maison. Le tailleur m'a fait chercher l'année dernière : je l'ai trouvé dans son lit, tellement changé, que je ne voulais pas le reconnaître. Il était phthisique au troisième degré. J'avisai une petite boulotte qui pleurait à son chevet. C'était sa nouvelle femme : il avait fait la sottise de se remarier. Le malade mourut, conformément au programme. La veuve a hérité de sa maladie. Je lui ai fait une visite hier, et quoique le mal ait été pris à temps, je ne réponds de rien. »

Mme Chermidy consigna sa porte à cinq heures

et s'enfonça dans une méditation fort mélancolique.

Elle n'avait jamais désespéré de devenir comtesse de Villanera. Toute femme qui trompe son mari aspire nécessairement au veuvage ; à plus forte raison lorsqu'elle a un amant riche et garçon. Elle avait tout lieu de croire que Chermidy ne serait pas éternel. Un homme qui vit entre le ciel et l'eau est un malade en danger de mort.

Ses espérances avaient pris un corps depuis la naissance du petit Gomez. Elle tenait le comte par un lien tout-puissant sur les âmes honnêtes, l'amour paternel. En mariant M. de Villanera à une mourante, elle assurait l'avenir de son fils et le sien. Mais à la veille d'accomplir ce projet triomphant, elle découvrait deux dangers qu'elle n'avait pas prévus. Germaine pouvait guérir. Si elle succombait, elle pouvait entraîner le comte avec elle et lui léguer un germe de mort. Dans le premier cas, Mme Chermidy perdait tout, jusqu'à son enfant. De quel droit irait-elle réclamer le fils légitime de don Diego et de Mlle de La Tour d'Embleuse ? D'un autre côté, si le comte devait mourir après sa femme, elle ne se souciait pas de l'épouser. Elle se sentait trop belle et trop jeune pour jouer le rôle de la seconde femme du tailleur.

Heureusement, pensait-elle, rien n'est encore fait. On peut chercher un autre expédient. Le comte est amoureux, il est père; j'en ferai tout ce qu'il me plaira. S'il faut absolument qu'il se marie pour adopter son fils, nous trouverons une autre malade dont la mort soit plus sûre et dont le mal ne soit pas contagieux. Elle se disait, pour se rassurer, que le vieil allopathe était un original capable d'inventer les théories les plus absurdes. Elle avait entendu soutenir que la pulmonie se transmettait quelquefois de père en fils; mais elle trouvait naturel que Germaine gardât pour elle la maladie et la mort, comme biens paraphernaux. Ce qui l'inquiétait sérieusement, c'était la possibilité d'une de ces guérisons merveilleuses qui déjouent tous les calculs de la prudence humaine. Elle se mit à haïr le docteur Le Bris, autant pour ses scrupules que pour son talent. Elle se promit enfin d'arrêter toutes les démarches de don Diego, jusqu'à ce qu'elle eût pris toutes ses sûretés.

Mais les événements avaient fait un grand pas dans la journée, et le comte vint lui apprendre à dix heures du soir que ses plans avaient été suivis de point en point.

Don Diego, en sortant de table, avait couru chez sa mère. La vieille comtesse est une femme de la même étoffe que son fils, haute, sèche, osseuse, modelée comme une planche, campée majestueusement sur deux grands pieds, noire à faire peur aux petits enfants, et grimaçant un sourire aristocratique entre deux bandeaux de cheveux gris. Elle écouta le récit de don Diego avec la condescendance roide et dédaigneuse des grandes vertus d'autrefois pour les petitesses d'aujourd'hui. De son côté, le comte ne fit rien pour atténuer ce qu'il y avait de répréhensible dans les calculs de son mariage. Ces deux personnes honnêtes, mais entraînées par la force des choses dans un de ces marchés scabreux qui se signent quelquefois à Paris, n'étaient préoccupées que des moyens de faire dignement une chose que leurs ancêtres n'auraient pas faite. La douairière n'assaisonna la conversation d'aucun reproche, même muet ; le temps des remontrances était passé : il ne s'agissait plus que d'assurer l'avenir de la maison en sauvant le nom des Villanera.

Lorsque toutes choses furent convenues, la comtesse monta dans son carrosse et se fit mener à l'hôtel de Sanglié. Les valets de pied du baron la conduisirent jusqu'à l'appartement de la duchesse. Sémiramis lui ouvrit la porte et l'introduisit au salon. M. et Mme de La Tour d'Embleuse la reçurent auprès d'un petit feu flambant, fait de matériaux étranges : deux planches de la cuisine, une chaise de paille et quelques champignons de portemanteau. La duchesse avait fait autant de toilette qu'elle avait pu. Sa robe de velours noir était bleue à tous les plis. Le duc portait le ruban de ses ordres sur un habit plus râpé que celui d'un maître d'écriture.

L'entrevue fut froide et solennelle. Mme de La Tour d'Embleuse ne pouvait vouloir aucun bien à des gens qui spéculaient sur la mort prochaine de sa fille. Le duc était plus à l'aise; il essaya d'être charmant. Mais la roideur de la douairière paralysa toutes ses grâces, et il se sentit froid jusque dans le dos. Mme de Villanera, par une erreur qui se commet souvent aux premières rencontres, enveloppa dans un même jugement le duc et la duchesse. Elle les soupçonna d'empressement, et elle crut lire en eux une joie sordide. Cependant elle n'oublia pas les intérêts pressants qui l'amenaient, et elle exposa froidement le motif de sa démarche. Elle débattit, en notaire, toutes les conditions du mariage, et lorsqu'on fut d'accord sur tous les points, elle se leva de son fauteuil et dit d'une voix métallique :

« Monsieur le duc, madame la duchesse, j'ai l'honneur de vous demander la main de Mlle Germaine de La Tour d'Embleuse, votre fille, pour le comte Diego Gomez de Villanera, mon fils. »

Le duc répondit que sa fille était très-honorée du choix de M. de Villanera.

On fixa d'un commun accord le jour du mariage, et la duchesse alla chercher Germaine pour la présenter à la douairière. La pauvre enfant pensa mourir de frayeur en comparaissant devant ce grand spectre de femme. La comtesse la trouva bien, lui parla maternellement, la baisa au front, et se dit en elle-même : « Pourquoi faut-il qu'elle soit condamnée à mort? c'était peut-être la bru qui me convenait. »

En rentrant à l'hôtel, Mme de Villaucra trouva don Diego qui jouait avec l'enfant dans un salon pavé de joujoux. Le père et le fils formaient un groupe assez plaisant; un étranger en eût souri. Le comte maniait cette frêle créature avec une tendresse craintive : il tremblait qu'un mouvement de ses grands bras ne mît sa progéniture en morceaux. Le petit garçon était fort pour son âge, mais laid, disgracieux et farouche à l'excès. Depuis un an qu'on l'avait séparé de sa nourrice, il n'avait vu que deux êtres humains, son père et sa grand'-mère, et il vivait entre ces deux colosses comme Gulliver dans l'île des Géants. La douairière s'était séquestrée auprès de lui; elle faisait et recevait fort peu de visites, de peur qu'une parole imprudente ne trahît le secret de la maison. Les seuls complices de cette éducation clandestine étaient cinq ou six vieux serviteurs blanchis sous la livrée, gens d'un autre âge et d'un autre pays. Vous auriez dit des débris de l'armée de Gonzalve ou des naufragés de *l'Invincible Armada*. A l'ombre de cette étrange famille, l'enfant grandissait tristement. Il n'avait pas la compagnie des petits êtres de son âge, et l'on prenait une peine inutile pour lui apprendre à jouer. On voit des enfants de deux ans qui savent tout dire; qu'il prononçait à grand'peine cinq ou six mots de deux syllabes. Don Diego l'adorait tel quel : un père est toujours père; mais il avait peur de don Diego. Il disait *maman* à la vieille comtesse, mais il ne l'embrassait pas souvent sans pleurer. Quant à sa mère, il a connaissait de vue; il la rencontrait de temps en temps au Bois, dans un carrefour écarté, loin des allées où la foule se promène. Mme Chermidy laissait son coupé à distance et venait à pied jusqu'à la voiture du comte; elle embrassait l'enfant à la dérobée, lui donnait des bonbons, et lui disait avec une tendresse sincère : « Mon pauvre chien, tu ne seras donc jamais à moi! » Il n'eût pas été prudent de le conduire chez elle, quand même la douairière l'aurait permis. Mme Chermidy sauvait les apparences. Tout Paris soupçonnait sa position. Mais le monde fait une grande différence entre une femme convaincue et une femme soupçonnée. Il se trouvait par ci par là quelques âmes assez naïves pour répondre de sa vertu.

Mme de Villanera annonça à son fils que la demande était faite et agréée. Elle fit l'éloge de Germaine sans rien dire de la famille; elle dépeignit la misère où vivaient les La Tour d'Embleuse. Don Diego avisa aux moyens d'envoyer un prompt secours sans humilier personne. La comtesse voulait tout simplement ouvrir sa bourse au vieux duc, bien sûre qu'il ne refuserait pas d'y puiser ; mais le comte trouva plus décent d'acheter immédiatement la corbeille et de glisser dans un des tiroirs mille louis pour la mariée. Cette aumône cachée sous les fleurs servirait à payer les dettes criardes et à nourrir la famille pendant quinze jours. Aussitôt fait que dit. La mère et le fils coururent aux emplettes. Avant de sortir, Mme de Villanera baisa les joues orangées de son petit-fils en disant : « Va, mon pauvre bâtard, tu auras un nom pour tes étrennes ! »

Rien n'est impossible à Paris : la corbeille fut improvisée en quelques heures. Tous les marchands envoyèrent dans la soirée des étoffes, des dentelles, des cachemires et des bijoux. La comtesse prit soin de tout ranger elle-même et de placer les rouleaux d'or dans le tiroir aux épingles. A dix heures, la corbeille partit pour l'hôtel de Sanglié, et le comte pour l'hôtel Chermidy.

Germaine et la duchesse étalèrent avec une froide curiosité les trésors qu'on leur envoyait. Mme de La Tour d'Embleuse admirait les parures de sa fille comme Clytemnestre admira les bandelettes funèbres destinées au front d'Iphigénie. Germaine rappela à ses parents le chapitre de Bernardin de Saint-Pierre où Virginie dépense l'argent de sa tante en menus présents pour sa famille et ses amis. « Que ferons-nous de tout ceci, dit-elle, nous qui n'avons plus d'amis et plus de famille? Voilà beaucoup de bien perdu. » Le duc ouvrit les tiroirs avec un noble dédain, en homme à qui *toutes* les splendeurs *ont été* familières; mais son indifférence ne tint pas en présence de l'or. Ses yeux s'allumèrent. Ces mains aristocratiques, qui s'étaient ouvertes si souvent pour donner, se crispèrent avidement comme les serres d'un avare. Il prit plaisir à éventrer tous les rouleaux, à faire scintiller l'or fauve sous la lueur d'une lampe fumeuse; il fit tinter à son oreille ces disques frémissants, qui sonnaient joyeusement les funérailles de Germaine.

La passion est un niveau brutal qui égalise tous les hommes. M. le duc de La Tour d'Embleuse aurait pu faire sa partie à neuf heures du matin, sous le vestibule de l'hôtel, dans le concert des domestiques. Cependant, l'éducation reprit le dessus. Le duc serra l'argent dans le tiroir et dit avec une froideur bien jouée : « C'est à Germaine; garde-le bien, ma fille. Tu nous en prêteras un peu pour faire bouillir la marmite. Nous avons dîné sommairement aujourd'hui. Si j'étais riche comme je le serai dans un mois, je vous mènerais souper au cabaret. » La malade et la mourante devinèrent la secrète convoitise du vieillard. Vous ne sauriez croire avec quel tendre compressement, avec quelle pitié respectueuse Germaine le força de puiser dans sa caisse, et de la duchesse lui fit sa toilette pour qu'il s'en allât souper à Paris. Il rentra vers deux heures du matin. Sa femme et sa fille entendirent un pas inégal dans le corridor qui longeait leur chambre. Mais ni l'une ni l'autre n'ouvrit la bouche, et chacune régla le bruit de sa respiration pour faire croire à l'autre qu'elle dormait.

Don Diego et Mme Chermidy passèrent une soirée orageuse. La belle Arlésienne commença par débiter à son amant toutes ses objections contre le mariage. Le comte, qui ne discutait jamais, lui répondit par deux raisons sans réplique : L'affaire est faite, et c'est vous qui l'avez voulu. Elle changea de note, et essaya l'effet des menaces. Elle jura de rompre avec lui, de le quitter, de reprendre son enfant, de faire un éclat, de mourir. La petite dame était belle dans son courroux : elle avait des airs de mésange effarouchée, auxquels un amoureux ne pouvait rester insensible. Le comte demanda grâce, mais sans rien rabattre de sa résolution. Il pliait comme ces bons ressorts d'acier qu'on fléchit à grand effort, et qui se redressent avec la promptitude de l'éclair. Alors elle ouvrit l'écluse de ses larmes; elle épuisa l'arsenal de ses tendresses. Elle fut pendant trois quarts d'heure la plus malheureuse et la plus aimante des femmes. Vous auriez cru, à l'entendre, qu'elle était la victime, et Germaine le bourreau. Don Diego pleura avec elle : les larmes coulaient sur sa figure mâle comme la pluie sur une statue de bronze. Il fit toutes les lâchetés que l'amour commande. Il parla de la future comtesse avec une froideur qui frisait le mépris ; il jura sur son honneur qu'elle ne vivrait pas longtemps. Il offrit à Mme Chermidy de lui montrer Germaine avant le mariage. Mais sa parole était donnée, et les Villanera ne reviennent jamais sur ce qu'ils ont dit. Tout ce que la dame put obtenir, c'est qu'il viendrait la voir jusqu'au jour de la cérémonie, clandestinement, à l'insu de tout le monde, et surtout de sa mère.

Le lendemain, Mme de Villanera le conduisit à l'hôtel de Sanglié, et le présenta à sa nouvelle famille. Visite de cérémonie, qui dura un quart d'heure au plus. Germaine faillit s'évanouir en sa présence. Elle a dit plus tard que cette physionomie dure l'avait épouvantée, qu'elle avait cru voir entrer l'homme qui devait la mettre en terre. Quant à lui, il se sentait mal à l'aise. Cependant il trouva quelques paroles de politesse et de reconnaissance dont la duchesse fut touchée.

Il revint tous les jours, sans sa mère, tandis que les bans se publiaient. Il apportait un bouquet, suivant la coutume établie. Germaine le pria de choisir des fleurs sans parfum. Elle supportait difficilement les odeurs. Ces entrevues quotidiennes le gênaient beaucoup et fatiguaient Germaine; mais il fallait se conformer à l'usage. M. Le Bris craignit un moment que la malade ne succombât avant le jour fixé. Les craintes du docteur gagnèrent Mme Chermidy. Lorsqu'elle vit que Germaine était bien condamnée, elle eut peur de la voir finir trop tôt, et elle s'intéressa à sa vie. Quelquefois elle conduisait le comte jusqu'à la rue de Poitiers, et l'attendait dans sa voiture.

La duchesse avait compris qu'elle ne pouvait marier sa fille dans le galetas de l'hôtel de Sanglié. Elle loua pour mille francs par mois un bel appartement meublé dans une maison voisine. Germaine y fut portée sans accident, par un jour de soleil. C'est là que don Diego vint faire sa cour; la vieille comtesse y venait aussi souvent que lui, et elle y restait plus longtemps. Elle ne tarda pas à juger Mme de La Tour d'Embleuse, et la glace fut bientôt rompue. Elle admira les vertus de cette noble femme, qui avait cheminé pendant huit ans sous des portes basses sans courber la tête une seule fois. De son côté, la duchesse reconnut dans Mme de Villanera une de ces âmes d'élite que le monde n'apprécie point, parce qu'il s'arrête à l'enveloppe. Le lit de Germaine servit de trait d'union à ces deux mères. La vieille comtesse disputa plus d'une fois à Mme de La Tour d'Embleuse les fatigues et les dégoûts de l'état de garde-malade. C'était à qui se chargerait des soins les plus pénibles et de ces corvées où éclate le dévouement du sexe sublime.

Le vieux duc donnait à sa femme un supplément de soucis dont elle se fût bien passée. L'argent lui avait rendu une troisième jeunesse. Jeunesse sans excuse, dont les folies froides et refrognées n'intéressent plus personne. Il vivait hors de chez lui, et la sollicitude discrète de la duchesse n'osait s'enquérir de ses actions. Il cherchait, disait-il, à se distraire de ses chagrins domestiques. L'or de sa fille glissait entre ses doigts, et Dieu sait quelles sont les mains qui le ramassaient! Il avait perdu, en huit années de misère, ce besoin d'élégance qui ennoblit jusqu'aux sottises d'un homme bien né. Tous les plaisirs lui étaient bons, et il lui arriva d'apporter au chevet de Germaine les odeurs nauséabondes de l'estaminet. La duchesse tremblait à l'idée d'abandonner ce vieil enfant à Paris, avec plus d'argent qu'il n'en faut pour tuer dix hommes. De l'emmener en Italie, il n'y fallait pas songer. Paris était le seul endroit où il eût connu la vie, et son cœur était enchaîné au bitume des boulevards. La pauvre femme se sentait tirailler par deux devoirs contraires. Elle aurait voulu se déchirer en deux, pour adoucir les derniers moments de sa fille et pour ramener la vieillesse égarée de son incorrigible mari. Germaine assistait de son lit aux combats intérieurs qui bouleversaient la duchesse. A force de souffrir ensemble, la mère et la fille étaient arrivées à s'entendre sans rien dire et à n'avoir qu'une âme pour deux. Un jour, la malade déclara nettement qu'elle ne quitterait pas la France : « Ne suis-je pas bien ici? dit-elle. A quoi bon agiter sur les grands chemins un flambeau qui va s'éteindre? »

Mme de Villanera entra là-dessus avec le comte et M. Le Bris. « Chère comtesse, dit Germaine, tenez-vous absolument à m'envoyer en Italie? Je suis bien mieux ici pour ce que j'ai à faire, et je ne voudrais pas que ma mère s'éloignât de Paris.

— Eh! qu'elle y reste! dit la comtesse avec sa vivacité espagnole. Nous n'avons pas besoin d'elle, et je vous soignerai, moi, mieux que personne. Vous êtes ma fille, entendez-vous? et nous vous le prouverons. »

Le comte insista sur la nécessité du voyage, et le docteur fit chorus avec lui. « D'ailleurs, ajouta M. Le Bris, Mme la duchesse ne nous serait pas précisément utile. Deux malades dans une voiture n'avancent pas les affaires. Le voyage vous est bon, il fatiguerait Mme la duchesse. »

Au fond de l'âme, l'honnête garçon voulait épargner à la duchesse le spectacle de l'agonie de sa fille. Il fut convenu que Mme de La Tour d'Embleuse resterait à Paris. Germaine partirait avec son mari, sa belle-mère, son fils et le docteur.

M. Le Bris s'était engagé un peu étourdiment à quitter sa clientèle. Ce voyage pouvait lui coûter cher, s'il durait longtemps. Le difficile n'était pas de trouver un confrère qui prît soin de la duchesse et de ses autres malades; mais Paris est une ville où les absents ont tort, et celui qui ne s'y montre pas tous les jours y est bientôt oublié. Le jeune docteur avait pour Germaine une amitié solide, mais l'amitié ne nous emporte jamais jusqu'à l'oubli de nous-mêmes : c'est un des priviléges de l'amour.

De son côté, don Diego avait à cœur de faire grandement son devoir, et il voulait emmener Germaine avec son médecin légitime. Il demanda à M. Le Bris ce qu'il gagnait par année :

« Vingt mille francs, dit le docteur. Là-dessus, j'en touche cinq ou six mille.

— Et le reste?

— On me le doit. Nous autres médecins, nous n'avons pas recours aux huissiers.

— Feriez-vous le voyage d'Italie pour vingt mille francs par an?

— Mon pauvre comte, ne parlons pas d'années. Le reste de ses jours doit se compter par mois, peut-être par semaines.

— Mettons donc deux mille francs par mois et soyez à nous ! »

M. Le Bris frappa dans la main du comte. L'intérêt se mêle à toutes les affections humaines. Il joue son rôle dans la comédie aussi bien que dans le drame. L'amour et la haine, le crime et la vertu, la vie et la mort ne s'entre-choquent jamais sans coudoyer un personnage brillant et sonore qui s'appelle l'argent.

C'est le docteur qui fut chargé de remettre à M. le duc de La Tour d'Embleuse le prix de sa fille. Don Diego n'aurait jamais su donner un million à un gentilhomme. M. Le Bris, qui connaissait le duc, s'acquitta facilement de la commission. Il lui porta une inscription de cinquante mille francs de rente et lui dit :

« Monsieur le duc, voici la santé de Mme la duchesse.

— Et la mienne ! ajouta le vieillard. Vous nous avez rendu service, docteur, et je veux vous attacher à ma maison. »

Le jeune homme reprit finement :

« C'est chose faite, monsieur le duc. »

Il les soignait tous pour rien depuis trois ans.

Le matin du mariage on vint essayer la robe de Germaine. Elle se prêta doucement à cette triste plaisanterie. La couturière s'aperçut qu'un point du corsage s'était décousu.

« Je réparerai cela, dit-elle.

— A quoi bon? répondit la malade. Je ne l'userai pas. »

On lui apporta son voile et sa coiffure. Elle remarqua l'absence des fleurs d'oranger. « C'est bien, dit-elle; je craignais qu'on eût oublié quelque chose. »

Ces apprêts étaient d'une tristesse funèbre. « Maman, dit Germaine, vous rappelez-vous ces vers du poëte Jasmin, dont vous m'avez lu la traduction dans la *Revue des Deux Mondes?*

Tous les chemins devraient fleurir,
Car belle épousée va sortir;
Devraient fleurir, devraient grener,
Car belle épousée va passer!

Comment donc la pièce finissait-elle? Je ne me le rappelle plus. Ah! m'y voici!

Tous les chemins devraient gémir,
Car belle morte va sortir;
Devraient gémir, devraient pleurer,
Car belle morte va passer.

La duchesse fondit en larmes. Germaine lui demanda pardon de sa lâcheté. « Attendez, dit-elle, vous me verrez devant l'ennemi! Je dois porter dignement votre nom. Ne suis-je pas le dernier des La Tour d'Embleuse? »

Les témoins de don Diego furent l'ambassadeur

d'Espagne et le secrétaire de la légation des Deux-Siciles. Ceux de Germaine étaient le baron de Sanglié et le docteur Le Bris. Tout le faubourg fut invité à la messe de mariage. M. de Villanera connaissait l'élite de Paris, et le vieux duc n'était pas fâché de ressusciter publiquement en millionnaire. Les trois quarts des invités furent exacts au rendez-vous; malgré la discrétion de toutes les parties intéressées, le public se doutait de quelque chose. Dans tous les cas, c'est un spectacle rare et curieux que le mariage d'une mourante. Minuit sonnant, deux ou trois cents voitures, qui venaient du bal ou du théâtre, ouvrirent leurs portières sur la petite place de Saint-Thomas-d'Aquin.

La mariée descendit le marchepied dans les bras du docteur Le Bris. On la trouva moins pâle qu'on n'avait espéré. Elle avait prié sa mère de lui mettre du rouge pour jouer cette comédie.

Elle s'avança d'un pas ferme jusqu'au prie-Dieu qui lui était destiné. Son père lui donnait la main et marchait triomphalement à sa gauche en lorgnant l'assistance. Le singulier vieillard ne put retenir une exclamation en apercevant dans la foule un charmant visage à demi voilé. Il s'écria comme sur le boulevard : « Jolie femme ! »

C'était Mme Chermidy qui venait juger par ses yeux combien la mariée avait encore à vivre.

Après la cérémonie, une chaise attelée de quatre

chevaux de poste emporta les voyageurs vers la barrière Fontainebleau. Mais elle tourna bride au boulevard extérieur et revint à l'hôtel de Villanera. Il fallait prendre le petit Gomez et donner à Germaine quelques heures de repos. C'est le docteur Le Bris qui coucha la mariée.

IV

VOYAGE EN ITALIE.

Germaine dormit peu la première nuit de ses noces. Elle était couchée dans un grand lit à baldaquin, au milieu d'une chambre inconnue. Une veilleuse d'albâtre pendue au plafond éclairait mal les tapisseries. Mille figures grimaçantes se détachaient de la muraille et semblaient danser autour du lit. Pour la première fois depuis vingt ans, la duchesse, qui ne s'était jamais éloignée de sa fille, lui manquait. Elle était remplacée par Mme de Villanera, grande ombre attentive, mais disgracieuse à faire peur. Dans un milieu si peu rassurant, la pauvre fille n'osait ni veiller ni dormir. Elle fermait les yeux pour ne pas voir les tapisseries, mais elle les rouvrait aussitôt. D'autres images plus effrayantes se glissaient jusque sous ses paupières. Elle croyait voir la Mort en personne, comme les imagiers du moyen âge l'ont représentée sur les missels. « Si je m'endors, pensait-elle, personne ne viendra me réveiller : ils m'ont mise ici pour mourir. » Une grande pendule de Boule marquait les heures sur la cheminée. Les coups secs du balancier, la régularité inflexible du mouvement, lui donnèrent sur les nerfs : elle pria la comtesse d'arrêter sa pendule. Mais bientôt le silence lui parut plus redoutable que le bruit : elle fit rendre la vie à l'innocente machine.

Vers le matin, la fatigue fut plus forte que tous les soucis. Germaine laissa tomber ses paupières appesanties. Elle se réveilla presque aussitôt, et vit avec terreur que ses mains étaient croisées sur sa poitrine. Elle savait que c'est dans cette posture qu'on ensevelit les morts. Elle jeta hors des couvertures ses petits bras décharnés, et se cramponna au bois de lit comme à la vie. La comtesse s'empara de sa main droite, la baisa doucement et la garda sur ses genoux. Alors seulement la malade entra dans son repos et sommeilla jusqu'au jour. Elle rêva que la comtesse se tenait à sa droite avec des ailes blanches et une figure angélique. Elle voyait à sa gauche une autre femme dont il lui fut impossible de reconnaître la figure. Tout ce qu'elle en distingua, c'est un voile de guipure noire, deux grandes ailes de cachemire et des griffes de diamants. Le comte marchait d'un pas agité ; il allait d'une femme à l'autre, et chacune des deux lui parlait à l'oreille. Enfin le ciel s'ouvrit ; il en descendit un bel enfant joufflu, semblable à ces petits chérubins qui gardent le tabernacle des églises. Il vola en souriant vers la *malade* ; elle étendit les bras pour le recevoir, et le mouvement qu'elle fit la réveilla.

Comme elle ouvrait les yeux, une portière s'écarta sans bruit; elle vit entrer la vieille comtesse en costume de voyage, et le jeune Gomez trottant à ses côtés. L'enfant sourit par instinct à cette belle petite femme blanche qui avait des cheveux en or, et il fit mine de grimper sur le lit. Germaine essaya de le prendre, mais elle n'était pas assez forte. Mme de Villanera l'enleva comme une plume et le jeta doucement parmi les oreillers de sa nouvelle mère.

« Ma fille, dit-elle avec une émotion mal contenue, je vous présente le marquis de los Montes de Hierro. »

Germaine prit l'enfant par la tête et l'embrassa deux ou trois fois. Le petit Gomez se laissa faire de bonne grâce; je crois même qu'il lui rendit un baiser. Elle le regarda longtemps et sentit son cœur s'émouvoir. Je ne sais quel travail se fit au fond de sa pensée; mais, après un effort invisible, elle dit à demi-voix : « Mon fils! »

La douairière l'embrassa pour cette bonne parole.
« Marquis, dit-elle, voici ta petite mère. »

L'enfant répéta en souriant : Mère!

« Veux-tu, demanda Germaine, que je sois ta mère?

— Oui, dit-il.

— Pauvre petit, ce n'est pas pour longtemps; non!

— Non! » fit l'enfant sans comprendre ce qu'il disait.

Dès ce moment le fils et la mère furent deux amis. Le petit Gomez ne voulut plus sortir de la chambre, et il assista d'autorité à la toilette de Germaine. Elle le tenait sur ses genoux quand le comte de Villanera vint souhaiter le bonjour à sa femme et lui baiser la main. Elle éprouva une sorte de honte de se voir ainsi surprise, et elle laissa glisser l'enfant sur le tapis.

Germaine n'avait encore aimé que sa mère et son père. Elle n'avait pas été en pension; elle n'avait pas eu d'amies; elle n'avait pas aperçu dans un parloir les grands frères de ses amies. Le gaspillage d'amour et d'amitié qui se fait dans les pensionnats, et qui use avant le temps le cœur des jeunes filles, n'avait pas entamé les richesses de son âme. Elle aima donc sa belle-mère et son fils en prodigue qui ne craint pas de se ruiner; elle voua au docteur Le Bris une tendresse fraternelle, mais il lui semblait impossible d'aimer son mari : cela seul était au-dessus de ses forces; il valait mieux y renoncer. Non que le comte fût un homme désagréable ; une autre que Germaine l'aurait trouvé parfait. De tous ses compagnons de voyage, il fut assurément le plus patient, le plus attentif et le plus délicat ; un chevalier d'honneur chargé d'escorter une jeune reine n'aurait pas mieux fait son devoir. C'était lui qui disposait toutes choses pour la marche et pour le repos, réglait le pas des chevaux, choisissait les gîtes et préparait les logements. On marchait à petites journées, de manière à faire dix lieues en deux étapes.

Cette façon de courir pourrait user la patience d'un homme jeune et bien portant : don Diego ne craignait que d'aller trop vite et de fatiguer Germaine. Il était fumeur, je crois vous l'avoir dit. Dès le premier jour du voyage, il se réduisit à fumer deux cigares par jour, un le matin avant de partir, l'autre le soir avant de se coucher. Mais un matin la malade lui dit :

« N'avez-vous pas fumé ? Je le sens à l'odeur de vos habits. »

Il laissa ses cigares à la première auberge, et ne fuma plus.

La malade acceptait tout de son mari sans lui savoir gré de rien. Ne lui avait-elle pas donné plus qu'il ne pourrait jamais rendre ? Elle se répétait à tout propos que don Diego la soignait par devoir, ou plutôt par acquit de conscience ; que l'amitié n'entrait pour rien dans toutes ses attentions ; qu'il jouait froidement le rôle d'un bon mari ; qu'il aimait une autre femme; qu'il ne s'appartenait pas; qu'il avait laissé son cœur en France. Elle songeait enfin que cet homme, si soigneux de la faire vivre longtemps, l'avait épousée dans l'espérance qu'elle mourrait bientôt, et elle s'indignait de le voir retarder de tous ses efforts l'événement qu'il hâtait de tous ses vœux.

Elle fut aussi dure pour lui qu'elle était douce pour tout le monde. Elle occupait le fond de la voiture avec la vieille comtesse. Don Diego, le docteur et l'enfant tournaient le dos aux chevaux. Si parfois l'enfant grimpait sur ses genoux, si la douairière, endormie par un mouvement monotone, laissait tomber sa tête sur cette épaule amaigrie, elle jouait avec l'enfant, elle berçait la douairière. Mais il ne fallait pas même que son mari lui demandât comment elle se trouvait.

Elle lui répondit un jour avec une cruauté sanglante : « Cela va bien; je souffre beaucoup. » Don Diego regarda le paysage, et pleura sur les roues de la voiture.

Le voyage dura trois mois, sans changer ni la santé ni l'humeur de Germaine. Elle n'allait ni mieux ni plus mal; elle traînait. Elle avait toujours son mari en grippe, mais elle s'accoutumait à lui. L'Italie entière passa le long de sa voiture sans qu'elle s'intéressât à rien, ni qu'elle voulût se fixer quelque part. Il est vrai qu'en hiver l'Italie ressemble beaucoup à la France. Il y gèle un peu moins, mais il y pleut beaucoup plus.

Le climat de Nice lui aurait fait grand bien. Don Diego avait déjà loué, sur la promenade des Anglais, une jolie villa peinte en rose, avec un jardin d'orangers en plein rapport. Mais elle s'ennuya de voir défiler au long du jour toute une population de poitrinaires. Les condamnés qu'on exile à Nice se font peur les uns aux autres, et chacun d'eux lit sa destinée dans la pâleur de son voisin. « Allons à Florence! » dit-elle. Don Diego fit atteler pour Florence.

Elle trouva que la ville avait un air de fête qui semblait narguer son malheur. La première fois qu'on la conduisit à la promenade, qu'elle entendit la musique des régiments autrichiens, et que les bouquetières joufflues lancèrent des fleurs dans sa voiture, elle reprocha durement à son mari de l'avoir exposée à un contraste si cruel. Restait Pise; on l'y porta. Elle voulut voir le *Campo santo* et le chef-d'œuvre épouvantable d'Orcagna. Ces peintures funèbres, ces tableaux de la Mort, maîtresse de la vie, frappèrent son imagination. Elle sortit de là plus morte que vive.

Elle exprima le désir d'aller jusqu'à Rome. Le climat de la grande ville ne pouvait pas lui faire grand bien, mais elle semblait arrivée à ce point où le médecin ne refuse plus rien à son malade. Elle vit Rome, et crut entrer dans une vaste nécropole. Ces rues désertes, ces palais vides, ces grandes églises où l'on voit d'espace en espace un fidèle agenouillé, prirent à ses yeux une physionomie sépulcrale.

Elle partit pour Naples, et ne s'y trouva pas mieux. On l'avait logée à Sainte-Lucie. Le plus beau golfe de l'univers roulait et déroulait ses eaux bleues devant elle; le Vésuve fumait sous ses fenêtres ; la place était bien choisie pour vivre et mourir. Mais elle supportait impatiemment les bruits de la rue, le cri aigu des cochers, le pas sonore des patrouilles suisses, et la chanson des pêcheurs. Elle maudit cette ville criarde et remuante où il n'est pas même permis de souffrir en paix. On offrit de lui trouver dans le voisinage une retraite plus tranquille; elle voulut chercher elle-même, et fit une débauche de mouvement qui l'épuisa en quelques jours. Le docteur admirait qu'elle eût résisté à tant de fatigues. Il fallait que la nature eût construit son corps avec des matériaux solides, ou qu'une âme bien vigoureuse retardât la ruine de cet édifice croulant.

On lui montra Sorrente et Castellamare; on la promena pendant huit jours de village en village sans la décider à faire un choix. Un soir, elle eut la fantaisie de visiter Pompeï au clair de lune.

« C'est une ville dans mon genre, dit-elle avec un sourire amer. Il est juste que les débris se consolent entre eux. » Il fallut la traîner pendant deux heures sur le pavé inégal de la ville morte. C'est une promenade délicieuse pour un esprit qui se porte bien. La journée avait été belle ; la nuit était presque tiède. La lune éclairait les objets comme un soleil d'hiver. Le silence ajoutait au spectacle un charme doux et solennel. Les ruines de Pompeï n'ont pas la grandeur écrasante de ces monuments romains qui inspirèrent de si longues phrases à Mme de Staël. C'est le reste d'une ville de dix mille âmes ; les édifices privés et publics y ont une petite physionomie provinciale. En entrant dans ces rues étroites, en ouvrant ces maisonnettes, on pénètre dans la vie intime de l'antiquité ; on est reçu en ami chez un peuple qui n'est plus.

Vous trouvez là dedans un singulier mélange du sentiment artistique qui distinguait les anciens et du mauvais goût qui appartient aux petits bourgeois de tous les temps. Rien n'est plus plaisant que de découvrir sous la poussière de vingt siècles des jardinets pareils à ceux des Invalides, avec le jet d'eau microscopique, les petits canards de marbre et la statuette d'Apollon au milieu. Voilà le domaine d'un citoyen romain qui vivait de ses rentes en l'an 79 de l'ère chrétienne ! La gaieté champenoise du docteur s'ébattait doucement au milieu de ces curieux débris. Don Diego traduisait à sa femme les récits interminables du gardien. Mais l'impatience fébrile de la malade brûlait tout le plaisir du voyage. La pauvre fille ne s'appartenait plus; elle était à son mal et à la mort prochaine. Elle ne marchait que pour se sentir vivre, et ne parlait que pour entendre le bruit de sa voix. Elle allait en avant, revenait sur ses pas, demandait à revoir ce qu'elle avait vu, s'arrêtait en chemin et s'ingéniait à chercher des caprices que personne ne pût satisfaire. Sur les neuf heures, le froid la prit, et elle proposa de retourner à l'auberge. « Décidément, dit-elle, je veux mourir ici; j'y serai tranquille. » Mais elle s'avisa que le Vésuve n'avait peut-être pas dit son dernier mot, et qu'il pourrait verser une nappe de feu sur sa tombe. Elle parla de retourner à Paris, et se mit au lit avec un frisson de mauvais augure.

La douairière soupa auprès d'elle. L'enfant était couché depuis longtemps. L'aubergiste de *la Couronne de fer* invita les hommes à descendre à la salle à manger : ils y seraient mieux que dans une chambre de malade, et ils auraient de la compagnie. Le docteur accepta la proposition, et don Diego le suivit.

La compagnie se réduisait à deux personnes : un gros peintre français, gaillard de bonne humeur, et un jeune Anglais rose comme une crevette. Ils avaient vu rentrer Germaine, et ils avaient deviné sans peine de quel mal elle mourait. Le peintre professait une philosophie gaie, comme tout homme qui digère bien. « Moi, monsieur, disait-il à son voisin, si jamais je suis pris de la poitrine, ce qui n'est pas probable, je ne me dérangerai pas d'une semelle. On guérit partout, on meurt partout. L'air de Paris est peut-être celui qui convient le mieux aux poitrinaires. On parle du Nil : c'est les aubergistes du Caire qui font courir ce bruit-là. Sans doute la vapeur du fleuve est bonne à quelque chose ; mais le sable du désert, on ne le compte donc pas? Il vous entre dans les poumons, il s'y loge, il s'y amasse, et bonsoir !... Vous me direz : mourir pour mourir, on a bien le droit de choisir la place. C'est une idée que je comprends. Avez-vous voyagé dans la régence de Tunis?

— Oui.

— Vous n'avez vu couper le cou à personne?

— Non.

— Eh bien, vous avez perdu. Voilà des gens qui tiennent à choisir leur place ! Lorsqu'un Tunisien est condamné à mort, on lui donne jusqu'au coucher du soleil pour choisir l'endroit où il lui plaît d'avoir la tête coupée. De grand matin, deux bourreaux le prennent bras dessus, bras dessous, et l'emmènent dans la campagne. Chaque fois qu'ils arrivent à quelque joli coin de paysage, une fontaine, deux palmiers, les exécuteurs disent au patient : « Comment te trouves-tu ici ? Il serait inutile de chercher mieux. — Allons plus loin, dit l'autre ; il y a des mouches. » On le promène ainsi jusqu'à ce qu'il ait trouvé un endroit à sa convenance, et il se décide généralement au coucher du soleil. Il se met à genoux, les deux voisins tirent leurs couteaux et lui coupent familièrement la tête. Mais il a la consolation de mourir sur un terrain de son choix.

« J'ai connu à Paris une danseuse, fort bien portante du reste, qui était férue de la même idée. Elle s'était offert un terrain au Père-Lachaise. Elle allait le voir de temps en temps, et toujours avec un nouveau plaisir. Ses six mètres étaient situés dans un des plus beaux quartiers du cimetière ; tous monuments bourgeois aux environs, et la vue sur la grande rue. Mais c'est surtout vous autres Anglais qui donnez dans ce travers-là. J'en ai rencontré un qui voulait se faire enterrer à Étretat, parce que l'air y est pur, qu'on y voit la mer, et qu'on n'y a jamais eu le choléra. On m'a parlé d'un autre qui achetait des terrains dans tous les pays où il passait, pour n'être pas pris au dépourvu. Malheureusement, il est mort dans la traversée de Liverpool à New-York, et le capitaine l'a fait jeter à l'eau. »

Don Diego et le docteur se seraient bien passés d'entendre ce discours, et ils allaient prier leur voisin de changer de conversation, quand le jeune Anglais prit la parole.

« Moi, monsieur, dit-il, j'étais malade, il y a deux ans, comme la jeune dame que nous avons vue passer. Les médecins de Londres et de Paris m'avaient signé mon passe-port, et je cherchais un terrain. Je l'ai choisi aux îles Ioniennes, dans la partie méridionale de Corfou. Je m'y suis installé en attendant mon heure, et je m'y suis trouvé si bien que l'heure a passé. »

Le docteur prit la parole avec ce sans façon qui règne dans les tables d'hôte d'Italie : « Vous avez été phthisique, monsieur?

— Au troisième degré, si toutefois la Faculté ne s'est pas moquée de moi. » Il cita les noms des médecins qui l'avaient traité et condamné. Il raconta comment il avait fini par se soigner lui-même, sans remèdes nouveaux, à la campagne, loin du bruit, dans l'attente de la mort, et sous le ciel de Corfou.

M. Le Bris lui demanda la permission de l'ausculter. Il s'y refusa avec une terreur comique. On lui avait conté l'histoire du médecin qui tua son malade pour savoir comment il avait guéri.

Une heure après, le comte était assis au chevet de Germaine. La malade avait la figure rouge, la parole haletante. « Venez ici, dit-elle à son mari. J'ai à vous parler sérieusement. Remarquez-vous que je vais mieux ce soir? Je suis peut-être en voie de guérison. Voilà votre avenir compromis. Si j'allais vivre! Je vous ai déjà fait perdre trois mois; personne ne s'y attendait. Nous avons la vie dure dans ma famille: il faudra me tuer. Vous en auriez le droit, je le sais; vous avez payé pour cela. Mais laissez-moi encore quelques jours : la lumière est si belle! Il me semble que l'air devient plus doux à respirer. »

Don Diego lui prit la main : elle était brûlante. « Germaine, lui dit-il, je viens de dîner avec un jeune Anglais que je vous montrerai demain. Il était plus malade que vous, à ce qu'il assure; le ciel de Corfou l'a guéri. Voulez-vous que nous allions à Corfou? »

Elle se leva sur son séant, le regarda dans les yeux, et lui dit avec une émotion qui tenait du délire :

« Dis-tu vrai?... Je pourrais vivre?... Je reverrais ma mère? Ah! si tu me sauvais, toute ma vie serait trop peu pour payer tant de reconnaissance. Je te servirais en esclave; j'élèverais ton fils; j'en ferais un grand homme!... Malheureuse! ce n'est pas pour cela que tu m'as choisie. Tu aimes cette femme, tu la regrettes, tu lui écris, tu aspires au moment de la revoir, et toutes les heures de ma vie sont des vols que je te fais! »

Elle fut au plus mal pendant deux jours, dans

cette chambre d'auberge, et l'on crut qu'elle mourrait sur les ruines de Pompeï. Cependant elle put se lever dans la première semaine d'avril. On la conduisit à Naples; on l'embarqua sur un paquebot qui partait pour Malte, et de là un vapeur du Lloyd autrichien la transporta jusqu'au port de Corfou.

V

LE DUC.

M. et Mme de La Tour d'Embleuse avaient dit adieu à leur fille dans la sacristie de Saint-Thomas d'Aquin. La duchesse avait beaucoup pleuré; le duc avait pris la séparation plus gaiement, pour rassurer sa femme et sa fille; peut-être aussi parce qu'il n'avait pas trouvé de larmes dans ses yeux. Au fond du cœur, il ne s'attendait pas à la mort de Germaine. Lui seul, avec la vieille comtesse de Villanera, croyait au miracle de la guérison. Ce chevalier servant de la fortune était fermement convaincu qu'un bonheur ne vient jamais seul. Tout lui semblait possible, depuis qu'il avait repris le dessus et que la veine lui était revenue. Il commença par prédire le rétablissement de sa femme, et l'événement lui donna raison.

La duchesse était d'une constitution robuste, comme toute sa famille. Les fatigues, les veilles et les privations avaient eu grande part à la maladie critique que l'âge lui avait apportée. Ajoutez les angoisses quotidiennes d'une mère qui attend le dernier soupir de sa fille. Mme de La Tour d'Embleuse souffrait autant et plus des douleurs de Germaine que des siennes. Lorsqu'elle fut séparée de sa chère malade, elle se remit peu à peu, et elle partagea moins péniblement des maux qu'elle ne voyait plus. L'imagination nous fait souffrir aussi bien que les sens, mais un malheur éloigné de nos yeux perd quelque chose de sa crudité. Si nous voyons écraser un homme dans la rue, nous éprouvons une douleur physique, comme si la voiture nous avait blessés nous-mêmes; le récit de cet événement dans les *Faits divers* d'un journal nous effleure assez légèrement. La duchesse ne pouvait être ni heureuse ni tranquille, mais du moins elle échappa à l'action directe du danger sur son système nerveux. Elle ne fut jamais rassurée, mais elle ne vécut pas dans l'attente du dernier soupir de sa fille. Elle n'ouvrit jamais sans trembler une lettre d'Italie; mais, dans l'intervalle de chaque courrier, elle eut des instants de répit. Aux vives angoisses qui la torturaient, succéda une douleur sourde, que l'accoutumance lui rendit familière. Elle éprouva le triste soulagement d'un malade qui est passé de l'état aigu à l'état chronique.

Un ami du jeune docteur lui donnait ses soins deux ou trois fois par semaine; mais son vrai médecin était toujours M. Le Bris. Il lui écrivait régulièrement, ainsi qu'à Mme Chermidy, et, quoiqu'il s'étudiât à ne jamais mentir, les deux correspondances ne se ressemblaient guère. Il répétait à la pauvre mère que Germaine vivait, que la maladie s'était arrêtée en chemin, et que cette heureuse suspension d'une marche fatale pouvait faire espérer un miracle. Il ne se vantait pas de la guérir, et il disait à Mme Chermidy que Dieu seul pouvait ajourner indéfiniment le veuvage de don Diego. La science était impuissante à sauver la jeune comtesse de Villanera. Elle vivait encore, et la maladie semblait s'être arrêtée en route, mais comme un voyageur se repose dans une auberge, pour mieux marcher le lendemain. Germaine était toujours faible pendant le jour, fiévreuse et agitée aux approches de la nuit. Le sommeil lui refusait ses consolations; l'appétit lui venait par caprices, et elle repoussait les mets avec dégoût dès qu'elle les avait effleurés. Sa maigreur était effrayante, et Mme Chermidy aurait eu plaisir à la voir. Cette peau limpide et transparente accusait chaque saillie osseuse et chaque pli musculaire; les pommettes des joues semblaient sortir de la figure. Il fallait, en vérité, que Mme Chermidy fût bien impatiente pour demander quelque chose de mieux!

Le duc n'en savait pas si long, et il célébrait déjà

par des réjouissances variées la guérison de sa fille. Dans l'âge de la sagesse, ce vieillard, dont on eût respecté les cheveux blancs s'il n'avait pris soin de les teindre, résistait mieux qu'un jeune homme à toutes les fatigues du plaisir. On devinait aisément qu'il serait plus tôt au bout de ses écus qu'au bout de ses besoins et de ses forces. Les hommes qui sont entrés tard dans la vie trouvent des réserves extraordinaires pour leurs dernières années.

Il avait peu d'argent comptant, tout millionnaire qu'il était. Le premier semestre de ses rentes devait échoir au 22 juillet; en attendant, il fallait vivre sur les 20 000 fr. de la corbeille. C'était assez pour le ménage et pour les petites dettes, qui attendent moins patiemment que les grosses. Si la duchesse avait eu la disposition de cette modeste fortune, elle aurait mis la maison sur un pied honorable; mais le duc avait toujours tenu l'argent sous sa clef, lorsqu'il y avait eu de l'argent au logis. Il satisfit peu de créanciers; il refusa poliment d'acheter des meubles, et garda, en dépit de la duchesse et de la raison, un appartement de 12 000 francs, où il n'était presque jamais. De temps en temps il donnait un louis à Sémiramis pour les dépenses de la cuisine, mais il ne songea pas à demander combien on lui devait pour ses gages. Il acheta deux ou trois robes magnifiques à la duchesse, qui manquait du linge le plus nécessaire. Ce qu'il employait chaque jour à ses dépenses personnelles était un secret entre son tiroir et lui.

Ne croyez pas cependant qu'il affichât l'égoïsme odieux de certains maris qui jettent l'argent sans compter et veulent connaître à un centime près les déboursés de leurs femmes. Il accordait à la duchesse autant de liberté pour les petites dépenses qu'il s'en réservait pour les grandes. Il était toujours cet homme poli, prévenant et tendre que la pauvre femme adorait jusque dans ses fautes. Il s'informait de sa santé avec une attention presque filiale. Il lui répétait au moins une fois par jour : « Vous êtes mon ange gardien. » Il lui donnait des noms si doux que, sans le témoignage des miroirs, elle aurait pu se croire à vingt ans. C'est quelque chose, cela; et le plus mauvais mari n'est méprisable qu'à moitié lorsqu'il laisse une douce illusion à sa victime. Un grand artiste qui a vu notre société avec les yeux de Balzac, et qui l'a mieux dessinée, M. Gavarni, a mis ce singulier jugement dans la bouche d'une femme du peuple : « Mon homme, un chien fini; mais le roi des hommes! » Traduisez la phrase en style noble, et vous comprendrez l'amour obstiné de la duchesse pour son mari.

Cependant le vieillard descendait rapidement tous les échelons qu'un homme bien né peut descendre. Lorsque le bruit de sa nouvelle fortune se fut répandu dans Paris, il retrouva au Bois un certain nombre d'anciennes connaissances qui avaient pris l'habitude de détourner la tête à sa rencontre. On l'invita dans quelques-uns de ces salons du faubourg Montmartre, où les hommes les plus élégants et les plus honorables vont quelquefois porter la bonne compagnie et chercher la mauvaise. Il retrouva çà et là des meubles qu'il avait achetés de son argent; il regarda l'heure à des pendules dont il avait payé la facture. La rage du jeu, qui sommeillait en lui depuis plusieurs années, se réveilla plus ardente qu'autrefois; mais il joua en dupe, autour de ces tapis suspects où la police vient de temps en temps balayer les enjeux. Ce monde dangereux, qui excelle à flatter tous les vices dont il vit, ménagea une rentrée triomphale au duc de La Tour d'Embleuse. On applaudit en lui cette jeunesse posthume qui sortait de la misère comme Lazare de son tombeau. On lui prouva qu'il avait vingt ans; il essaya de se le prouver à lui-même. Il se remit à souper, au grand détriment de son estomac; il but du vin de Champagne, fuma des cigares et cassa des bouteilles. Dans ces sortes de réunions, la dignité reste au vestiaire. Cependant les nouveaux débarqués de la province, les étrangers égarés à Paris ou les fils de famille échappés de tutelle, admirèrent les grandes façons et la tournure aristocratique de ce gentilhomme déchu. Les hommes le respectaient plus qu'il ne se respectait lui-même;

les femmes contemplaient en lui une ruine qu'elles avaient faite et qui tenait bon, malgré tout. Dans un certain recoin de la société, on fait plus de cas d'un vétéran qui a mangé cent vingt mille livres de rente que d'un soldat qui a perdu deux bras sur le champ de bataille.

Il suivit cette société sur tous les terrains où elle se transporte. Il fut assidu aux premières représentations des petits théâtres; on le remarqua aux avant-scènes des Folies-Dramatiques. Le respect de son nom, qui l'avait accompagné dans la première moitié de sa carrière, parut l'abandonner sans retour. Il devint en deux mois le vieillard le plus affiché de Paris. Peut-être aurait-il mis plus de retenue dans sa conduite si le bruit de ses actions avait pu arriver jusqu'à sa famille. Mais Germaine était en Italie; la duchesse était cloîtrée au faubourg; il n'avait rien à ménager.

Le contraste de son nom et de sa conduite lui fit en peu de temps une popularité de bas étage dont il se laissa enivrer. On le vit, à la sortie du spectacle, dans un café du boulevard du Temple, entouré de figurants au menton bleu et de comédiens infimes qui buvaient du punch en son honneur, le contemplaient de tous leurs yeux éraillés, et se disputaient la gloire de serrer la main à un duc qui n'était pas fier. Il tomba plus bas encore, s'il est possible. Dans un temps où les Porcherons sont bien passés de mode, il franchit les barrières avec sa compagnie, et s'assit plus d'une fois devant un saladier de vin rouge, à la table d'un cabaret. Il est bien difficile, au XIXe siècle, de s'encanailler avec élégance. C'est un tour de force que la cour de Louis XV a tenté avec quelque succès. Deux ou trois grands seigneurs français et étrangers ont essayé de faire revivre ces traditions du *bon* temps, mais en pure perte. L'âme la plus hautaine croule avec une rapidité incroyable dans les divertissements malsains et les fêtes nauséabondes des faubourgs. Les seules débauches auxquelles on résiste quelque temps sont celles qui coûtent fort cher. Le contentement de peu, qui est une vertu chez les hommes de travail, est le dernier degré de l'abaissement chez les hommes de plaisir.

Le pauvre duc était au plus bas quand deux personnes lui tendirent la main par des motifs bien différents. Ses sauveurs furent le baron de Sanglié et Mme Chermidy.

M. de Sanglié venait de temps en temps sonner chez les La Tour d'Embleuse. Il était leur ancien propriétaire, le témoin du mariage de Germaine, et l'ami de la famille. Il trouvait toujours la duchesse, jamais le duc; mais tout Paris lui donnait des nouvelles de son déplorable ami. Il résolut de le sauver comme il l'avait logé autrefois, pour l'honneur du faubourg.

Le baron est ce qu'on appelle encore aujourd'hui un parfait gentilhomme. Il n'est pas beau, et il a quelque peu la physionomie de son nom. Sa grosse figure colorée se cache dans un buisson de barbe rousse. Il est robuste comme un chasseur, avec une pointe de ventre, et vous ne lui donneriez pas plus de quarante ans, quoiqu'il en ait cinquante. Les barons de Sanglié datent d'une époque où l'on bâtissait solidement. Assez riche pour mener grand train sans rien faire, il se traite en ami, prend soin de sa personne, et vit pour vivre bien. Son costume et sa tournure sont également aristocratiques. On le rencontre le matin dans des vêtements larges, solides, confortables et d'une élégance coquettement négligée. Le soir, il est irréprochable sans avoir l'air habillé. Il est de ces hommes fort rares dont la tenue ne frappe jamais les yeux : on dirait que leurs habits ont poussé sur eux et sont le feuillage naturel de leur personne. Ses redingotes se font à Londres et ses habits à Paris. Il a soin de son corps, cet autre vêtement de l'homme. Il monte à cheval tous les jours et fréquente le jeu de paume; le soir il est abonné aux deux opéras, et il fait le whist à son club. Beau joueur, bon convive et buveur magnifique; grand connaisseur en cigares, grand amateur de tableaux, assez bon cavalier pour gagner un steeple-chase, trop sage pour faire courir et jeter sa fortune dans une écurie d'entraînement; indifférent aux livres nouveaux, insouciant des choses politiques, prêteur facile à ceux qui peuvent rendre, généreux à l'occasion pour ceux qui n'ont rien, très-rond avec les hommes, d'une politesse cavalière avec les femmes, il est aimable et bon comme tous les égoïstes intelligents. Faire le bien sans s'incommoder, c'est encore de l'égoïsme.

Le sauvetage du pauvre duc n'était pas une opération facile. Le baron n'en serait jamais venu à bout sans un auxiliaire puissant, la vanité. Elle surnageait encore un peu, dans ce triste naufrage de toutes les vertus aristocratiques; M. de Sanglié le prit par là, comme on arrête un noyé par les cheveux.

Il s'en alla le chercher jusque dans les bouges où il traînait son nom et sa caste. Il lui frappa rudement sur l'épaule et lui dit, avec cette franchise qui cache si bien la flatterie : « Que faites-vous ici, mon cher duc? Vous n'êtes pas à votre place. Tout le monde vous désire au faubourg, hommes et femmes; m'entendez-vous bien? Tous les La Tour d'Embleuse y ont tenu leur rang depuis Charlemagne : je ne vous reconnais pas le droit de faire banqueroute à vos ancêtres. Nous avons tous besoin de vous. Eh, morbleu! si vous vous enterrez ici, à la fleur de l'âge mûr, qui est-ce qui nous donnera des leçons d'élégance? qui est-ce qui nous apprendra la grande vie, l'art de manger proprement une fortune et l'art de plaire aux femmes, qui va se perdant tous les jours? »

Le duc répondit en grommelant, comme un buveur réveillé mal à propos. Il cuvait en paix sa nouvelle fortune ; il ne se souciait pas de reprendre les habitudes gênantes que le monde impose à ses esclaves; une paresse invincible l'enchaînait aux plaisirs faciles qui n'exigent aucuns frais de toilette, de décence ou d'intelligence. Il prétendit qu'il était bien, qu'il ne voulait rien de mieux, et que chacun prend son plaisir où il le trouve.

« Venez avec moi, reprit le baron, et je jure de vous faire trouver des divertissements plus dignes de vous. Ne craignez pas de perdre au change : on vit bien dans notre monde, et vous le savez mieux que personne. Vous ne supposez pas que je sois venu ici pour vous ramener dans votre ménage : je vous aurais envoyé un missionnaire. Que diable! je suis un peu de votre école. Je ne méprise ni le vin, ni le jeu, ni l'amour ; mais je maintiendrai contre tout le monde et contre vous-même qu'un duc de La Tour d'Embleuse ne doit s'enivrer, se ruiner ou se damner que dans la compagnie de ses pairs! »

C'est par des arguments de cette sorte que le vieillard se laissa convertir. Il revint, non pas à la vertu, la route était trop longue pour ses vieilles jambes, mais au vice élégant. M. de Sanglié le mena chez un grand tailleur du boulevard, comme on conduit un réfractaire chez le capitaine d'habillement. On le força d'endosser la livrée des gens du monde. Ce singulier malade était toujours idolâtre de sa vieille personne, mais il économisait depuis longtemps sur les frais du culte. Il avait gardé l'habitude de se teindre et de se peindre, et il ne négligeait aucune des pratiques qui pouvaient lui rendre une apparence de jeunesse; mais il ne détestait pas de paraître plus neuf que son habit. On lui prouva, par quelques mètres de drap fin, qu'un habit neuf rajeunit la tournure, et il confessa de lui-même que les tailleurs n'étaient pas gens à mépriser. C'était un grand pas en avant : un homme habillé est à moitié sauvé. Les pères de famille le savent bien : lorsqu'ils viennent à Paris arracher un enfant prodigue à la mauvaise compagnie, leur premier soin est de le conduire chez un tailleur.

Le baron se chargea de lancer son élève. Il le fit admettre à son club. On y dînait bien, et M. de La Tour d'Embleuse ne perdit pas à changer de cuisine. Avant sa conversion, la nourriture épicée des cabarets et l'usage des boissons frelatées irritaient son estomac, rougissaient sa langue et le condamnaient à une soif inextinguible. Il la trompait en buvant de plus belle, et le pauvre homme était dans un cercle vicieux dont il n'aurait pu sortir que par la mort. La duchesse s'effrayait quelquefois de son haleine ardente. Elle n'osait lui avouer ses terreurs, mais elle plaçait discrètement auprès de son lit quelque tisane fraîche et parfumée qu'il laissait perdre. La table d'hôte le rétablit insensiblement, quoiqu'il ne s'y privât de rien. L'appât du jeu le retint sous la férule de son sauveur. Les abonnés du club jouaient le whist et l'écarté avec une certaine hardiesse, mais sans intempérance. Les plus fortes parties du whist coûtaient rarement plus d'un louis la fiche : c'est une distraction sans danger pour un millionnaire. S'il aventurait un fort pari autour d'une table d'écarté, personne n'avait le droit de le rappeler à la raison; mais du moins on s'entendit pour ménager sa bourse. On le connaissait, et l'on s'intéressait à lui comme à un convalescent. Un joueur se comporte comme un sage ou comme un fou, selon qu'il est poussé ou retenu par ceux qui l'entourent. On le retint, et d'une main si délicate, qu'il ne sentit pas la bride.

Les salons les plus honorables lui ouvrirent leurs portes à deux battants. Toute aristocratie est naturellement franc-maçonne; et un duc, quoi qu'il ait fait, a des droits imprescriptibles à l'indulgence de ses égaux. Le faubourg Saint-Germain, comme le fils respectueux de Noé, couvrit d'un manteau de pourpre les anciens égarements du vieillard. Les hommes le traitèrent avec considération; les femmes, avec bienveillance. Dans quel pays ont-elles manqué d'indulgence pour les mauvais sujets? On le regarda comme un voyageur qui avait traversé des pays inconnus. Cependant, aucune femme n'osa lui demander ses impressions de voyage. Il se remit sans embarras au ton de la bonne compagnie, car il unissait à tous les défauts de la jeunesse cette flexibilité d'esprit qui en est la plus belle parure. On trouva en lui un homme digne de son nom et de sa fortune, et l'on comprit le choix de M. de Villanera, qui l'avait accepté pour beau-père.

Le baron lui avait promis des plaisirs plus vifs : il tint parole. Il ne l'enferma pas dans le faubourg comme dans une forteresse; il lui fit voir un peuple moins collet-monté. Il le conduisit sur la lisière du grand monde, dans quelques-uns de ces salons dont on médit sans preuves, mais non sans raison. Il le présenta à des veuves dont le mari n'était jamais venu à Paris, à des femmes légitimement mariées, mais brouillées avec leur famille, à des marquises exilées du faubourg à la suite d'une action d'éclat, à des personnes honorables qui menaient grand train sans fortune connue. Cette société mitoyenne touche par un côté au monde et par l'autre au demi-monde. Je ne conseillerai pas à une mère d'y conduire sa fille, mais bien des fils y vont avec leur père, et en sortent comme ils y sont entrés. On n'y trouve pas cette austérité de mœurs, cette vie patriarcale, ce ton parfait, ce langage digne et soutenu qui règne dans les vieux salons du faubourg, mais on y danse convenablement, on y joue sans tricher, et l'on n'y vole pas les paletots dans l'antichambre. C'est dans une de ces maisons que le duc tomba en présence de Mme Chermidy.

Elle le reconnut au premier coup d'œil, pour l'avoir vu le jour du mariage. Elle savait qu'il était grand-père de son fils, père de Germaine et millionnaire aux dépens de don Diego. Une femme de l'étoffe de Mme Chermidy n'oublie jamais la figure d'un homme à qui elle a donné un million. Elle n'aurait pas été fâchée de le connaître de plus près, mais elle était trop fine pour risquer un pas en avant. Le duc lui épargna les trois quarts du chemin. Dès qu'il sut qui elle était, il se présenta lui-même, avec une impertinence dont le spectacle eût réjoui toutes les honnêtes femmes de Paris. Rien ne flatte plus profondément les femmes vertueuses que de voir traiter sans façon celles qui ne le sont pas.

Le duc n'avait pas l'intention d'offenser une jolie femme et de renier en un seul jour la religion de toute sa vie; mais il parlait aux gens dans leur langage, et il croyait savoir la nationalité de Mme Chermidy. Il s'assit familièrement auprès d'elle et lui dit :

« Madame, permettez-moi de vous présenter un de vos vieux admirateurs, le duc de La Tour d'Embleuse. J'ai déjà eu le plaisir de vous voir à Saint-Thomas d'Aquin. Nous sommes un peu de la même famille : alliés par les enfants. Permettez donc qu'en bon parent je vous tende la main gauche. »

Mme Chermidy, qui raisonnait avec la promptitude de l'éclair, comprit au premier mot la position qui lui était faite. Quelque réponse qu'elle imaginât, le duc avait le dessus. Au lieu d'accepter la main qu'il lui tendait, elle se leva par un mouvement de douleur et de dignité qui fit valoir toute la richesse de sa taille, et elle s'avança vers la porte sans retourner la tête, comme une reine outragée par le dernier de ses sujets.

Le vieillard fut pris au piége. Il courut à elle, et balbutia quelques paroles d'excuse. La belle Arlésienne jeta sur lui un regard si brillant, qu'il crut y voir glisser une larme. Elle lui dit à demi-voix, avec une émotion bien contenue ou bien jouée : « Monsieur le duc, vous ne savez pas, vous ne pouvez pas comprendre. Venez demain à deux heures ; je serai seule, nous causerons. »

Là-dessus elle s'éloigna, en femme qui ne veut plus rien entendre, et cinq minutes plus tard la voiture roulait sur le sable de la cour.

Le pauvre duc avait été prévenu; il savait sa dame par cœur, et M. Le Bris la lui avait dépeinte sous ses couleurs naturelles. Mais il se reprocha ce qu'il avait fait, et il vécut jusqu'au lendemain dans un étonnement qui n'était pas exempt de remords. On dit cependant qu'un homme averti en vaut deux.

Il fut exact au rendez-vous, et se trouva face à face avec une femme qui avait pleuré.

« Monsieur le duc, lui dit-elle, j'ai fait tout mon possible pour oublier les paroles cruelles par lesquelles vous m'avez abordée hier soir. Je ne suis pas encore bien remise, mais cela viendra : n'en parlons plus. »

Le duc voulut réitérer ses excuses; il était dans une admiration profonde. Mme Chermidy avait employé sa matinée à faire une toilette irrésistible. Assurément elle paraissait encore plus belle que la veille au bal. Une femme est dans son boudoir comme un tableau dans son cadre. Elle profita du trouble où ses grâces avaient jeté M. de La Tour d'Embleuse, pour l'envelopper dans les plis d'une rhétorique irrésistible. Elle employa d'abord le respect timide qui convenait à une femme dans sa position. Elle témoigna une vénération exagérée pour l'illustre famille où elle avait introduit son fils; elle s'attribua l'honneur d'avoir choisi les La Tour d'Embleuse entre vingt grandes maisons du faubourg, et d'avoir relevé par la fortune un des plus beaux noms de l'Europe. Les mouvements moelleux et la langueur mélancolique dont cet exorde fut accompagné persuadèrent le vieillard beaucoup mieux que les paroles, et il ne douta presque plus qu'il n'eût insulté sa bienfaitrice.

« Je comprends, reprit-elle, que vous n'ayez pas grande estime pour moi. Vous me plaindriez cependant, car vous avez une belle âme, si vous saviez l'histoire de ma vie. »

Elle avait cette pantomime expressive des habitants du midi, qui ajoute tant de vraisemblance aux plus gros mensonges. Ses yeux, ses mains, son petit pied remuant, parlaient en même temps que ses lèvres et semblaient déposer en faveur de sa véracité. Lorsqu'on l'avait entendue une fois, on était aussi fermement convaincu que si l'on avait ouvert une enquête et interrogé des témoins.

Elle raconta sa naissance bourgeoise dans une riche propriété de la Provence. Ses parents, gros manufacturiers, destinaient à un négociant leur fille et leur fortune. Mais l'amour, ce maître inflexible de la vie humaine, l'avait jetée aux bras d'un simple officier. Sa famille s'était retirée d'elle, jusqu'au moment où les brutalités de M. Chermidy l'avaient chassée de la maison conjugale Pauvre Chermidy! une femme a toujours beau jeu contre un mari qui est en Chine!

Une fois veuve, ou à peu près, elle était venue à Paris, et elle y avait vécu modestement jusqu'à la mort de son père. Un héritage plus considérable qu'on ne l'espérait lui avait permis de tenir un certain rang. Quelques spéculations heureuses avaient accru son capital; elle était riche. L'ennui l'avait prise : on supporte mal la solitude à trente ans. Elle avait aimé le comte de Villanera dès la première vue, sans le connaître, au balcon des Italiens.

Le duc ne put s'empêcher de dire en lui-même que don Diego était un heureux gaillard.

Elle prouva ensuite par des regards où brillait une candeur sans réplique que M. de Villanera ne lui avait jamais rien donné que son amour. Non qu'il manquât de générosité; mais elle n'était pas femme à confondre les affaires de cœur et les affaires d'intérêt. Elle avait poussé le désintéressement jusqu'au sacrifice; elle avait cédé son enfant à la vieille comtesse de Villanera; elle avait fini par l'abandonner à une autre mère. Elle avait rendu la liberté à son amant. Le comte était marié; il voyageait pour rétablir la santé de sa jeune femme, et il n'écrivait même pas à la pauvre délaissée pour lui donner des nouvelles du petit Gomez!

Elle finit son discours en laissant tomber ses deux bras vers la terre avec un abandon plein d'élégance. « Enfin, dit-elle, me voici, plus seule que jamais, dans ce désœuvrement du cœur qui m'a déjà perdue une fois. Des consolations, je n'en ai pas; des distractions, j'en trouverais assez; mais je n'ai pas le cœur au plaisir. Je connais quelques hommes du monde; ils viennent ici, tous les mardis soir, ressusciter l'esprit de conversation autour de mon feu. Je n'ose pas inviter M. le duc de La Tour d'Embleuse à ces réunions mélancoliques; je serais trop humiliée et trop malheureuse de son refus. »

Certes, la cloche de Mme Chermidy sonnait moins juste que celle du docteur Le Bris; mais le timbre en était si doux, que le duc se laissa tromper comme un enfant. Il plaignit la jolie femme, et promit de venir de temps en temps lui apporter des nouvelles de son fils.

Le salon de Mme Chermidy était, en effet, le rendez-vous d'un certain nombre d'hommes distingués. Elle savait les attirer et les retenir autour d'elle par un moyen moins héroïque que celui de Mme de Warens : elle s'en faisait aimer à moins de frais. Les uns connaissaient sa position, les autres croyaient à sa vertu; tous étaient persuadés que son cœur était libre, et que le dernier possesseur, qu'il s'appelât Villanera ou Chermidy, avait laissé une succession ouverte. Elle usait du bénéfice de sa position pour exploiter tous ses admirateurs au profit de sa fortune. Artistes, écrivains, hommes d'affaires, hommes du monde, la servaient simultanément dans la mesure de leurs moyens. C'étaient autant d'employés qu'elle payait en espérances. Un agent de change de ses amis lui faisait pour 20 000 francs de reports tous les mois; un peintre lui marchandait des tableaux, un spéculateur enrichi lui procurait des terrains. Services gratuits s'il en fut; mais aucun ne se lassait de lui être utile, parce qu'aucun ne désespérait de lui être cher. Aux impatients qui la serraient de trop près, elle montrait sa maison : une maison de verre. Elle mettait ses moindres actions au grand jour, pour rassurer la susceptibilité de don Diego; peut-être aussi pour opposer une barrière à ceux qui voudraient le prendre trop haut avec sa vertu.

Le duc profita des grandes entrées qui lui étaient offertes, et sa présence dans le salon de la rue du Cirque ne fut pas inutile à la réputation de Mme Chermidy. Elle arrêta certains bruits qui circulaient sur le mariage du comte; elle prouva à quelques âmes crédules qu'il n'y avait jamais rien eu entre la petite dame et M. de Villanera. Comment supposer que Mme Chermidy inviterait le beau-père de son amant, et qu'il viendrait chez elle?

Elle exploita cette nouvelle connaissance aussi habilement que les anciennes. Il lui importait de savoir au juste l'état de Germaine et le compte des jours qui lui restaient à vivre. M. de La Tour d'Embleuse lui confia un beau matin toutes les lettres du docteur Le Bris.

Cette lecture produisit en elle une telle révolution, qu'elle serait tombée malade si elle n'avait pas été plus forte que toutes les maladies. Elle se vit trahie par le docteur, par le comte et par la nature. Elle se représenta l'avenir le plus odieux que l'imagination d'une femme puisse concevoir. Une rivale de son choix lui enlevait son amant et son fils, sans crime, sans intrigue, sans calcul, avec l'appui de toutes les lois divines et humaines.

Cependant elle reprit courage en pensant que M. Le Bris avait voulu tromper la duchesse. Elle voulut voir les lettres de Germaine, et elle compta sur le duc pour satisfaire cette sinistre curiosité.

M. de La Tour d'Embleuse était en proie à une de ces passions finales qui achèvent le corps et l'âme des vieillards. Tous les vices qui le tiraillaient en sens divers, depuis un demi-siècle, avaient abdiqué au profit d'un seul amour. Lorsque les ingénieurs réunissent en un canal tous les ruisseaux dispersés dans la plaine, ils créent un fleuve assez puissant pour porter des navires.

Le baron de Sanglié, la duchesse et tous ceux qui s'intéressaient à lui étaient émerveillés du changement de ses mœurs. Il vivait aussi sobrement qu'un jeune ambitieux qui veut arriver par les femmes. Il était rare au club, et il n'y jouait plus. Le soin de sa toilette occupait toutes ses matinées. Il avait repris l'habitude du cheval, et il se promenait au Bois tous les jours de quatre à six. Il dînait avec sa femme toutes les fois qu'il n'était pas invité chez Mme Chermidy. Il allait le soir dans le monde pour la rencontrer; et aussitôt qu'elle avait pris sa sortie du bal, il venait dire bonsoir à sa femme et se mettre au lit. La peur de compromettre celle qu'il aimait lui rendit les habitudes de discrétion qui avaient voilé les premiers désordres de sa vie, et la duchesse le crut hors de danger au moment où il était perdu sans remède.

Mme Chermidy, grande artiste en séduction, affectait de le traiter avec une tendresse filiale. Elle le recevait à toute heure, même à l'heure de sa toilette. Elle ne lui refusait ni sa main ni son front à baiser; elle le choyait doucement, l'écoutait avec complaisance, acceptait ses caresses comme des marques de générosité, ne témoignait aucune crainte, et ne semblait pas soupçonner le sentiment brutal qu'elle attisait tous les jours. Pour le tenir à distance, elle n'employait qu'une seule arme : l'humilité. Elle était impitoyablement respectueuse. Elle se laissait donner tous les noms que l'amour peut inspirer à un homme, mais elle n'oublia pas une fois de l'appeler monsieur le duc. Le vieil insensé aurait sacrifié toute sa fortune pour que Mme Chermidy lui manquât de respect.

Il sacrifia d'abord ce qu'un honnête vieillard a de plus cher au monde, la sainteté du nom paternel. Il emprunta à la duchesse les lettres de Germaine, sous prétexte de les relire, et la noble femme pleura de joie en confiant un si cher trésor à son mari. Il courut sans perdre de temps à la rue du Cirque, et il y fut reçu à bras ouverts. Ces lettres que la malade avait griffonnées de sa petite main tremblante, ces lettres où elle ne manquait pas de mettre quelques baisers pour sa mère dans un cadre mal dessiné au-dessous de la signature; ces lettres que la duchesse avait mouillées de ses larmes, furent étalées, comme un jeu de cartes, sur une table de salon, entre un vieillard perdu et une femme perverse.

Mme Chermidy, déguisant sa haine sous un masque de compassion, chercha avidement quelques symptômes de mort au milieu des protestations de tendresse, et elle fut médiocrement satisfaite. L'odeur qui s'exhalait de cette correspondance n'était pas celle qui attire les corbeaux à la suite des armées. C'était comme le parfum d'une petite fleur chétive qui languit au souffle de l'hiver, mais qui s'épanouirait au soleil si la brise du midi venait écarter les nuages. La cruelle Arlésienne trouva que la main était encore bien ferme.

que l'esprit n'était pas éteint, que le cœur battait avec une vigueur inquiétante. Ce n'est pas tout : elle se sentit mordre d'un soupçon étrange. La malade racontait avec trop de complaisance les soins de son mari. Elle s'accusait d'ingratitude; elle se reprochait de mal répondre à ce qu'on faisait pour elle. Mme Chermidy rugit intérieurement à l'idée que le mari et la femme finiraient peut-être par s'attacher l'un à l'autre; que la pitié, la reconnaissance, l'habitude, uniraient ces deux jeunes âmes, et qu'un jour elle verrait s'asseoir entre don Diego et Germaine un convive qu'elle n'avait pas invité à leurs noces : l'Amour.

Cette profanation des lettres de Germaine eut lieu quelques jours après son arrivée à Corfou. Si Mme Chermidy avait pu voir de ses yeux son innocente ennemie, il est à croire qu'elle aurait conçu moins de peur que de pitié. Les fatigues du voyage avaient mis la pauvre enfant dans un état déplorable. Mais la maîtresse de don Diego se forgeait incessamment des monstres de guérison, et rêvait toutes les nuits qu'elle était supplantée sans ressource. Le jour où ses soupçons seraient changés en certitude, elle se sentait capable de tous les crimes. En attendant, par esprit de prudence et de vengeance, par désœuvrement de jolie femme sans emploi, par une spéculation d'intérêt et de perversité, elle s'amusa à dépouiller M. de La Tour d'Embleuse. Elle trouva plaisant de lui reprendre le million qu'on lui avait donné, sauf à le lui rendre après la mort de sa fille. C'était une fiche de consolation qu'elle s'adjugeait en cas de malheur.

Le difficile n'était pas de se faire donner une inscription de rentes. Le duc se mettait tous les jours à ses pieds avec tout ce qu'il possédait. Il était d'un sang et d'un caractère à se ruiner sans le dire, et à vaincre sans sonner la victoire. Un homme bien né ne compromet pas une femme, l'eût-elle dépouillé de tout. Mais Mme Chermidy pensait qu'il serait plus digne d'elle de prendre un million sans rien donner en échange, et tout en gardant sa supériorité sur le donateur.

Un jour que le vieillard délirait à ses genoux et renouvelait pour la centième fois l'offre de sa fortune, elle le prit au mot et lui dit : « J'accepte, monsieur le duc. »

M. de La Tour d'Embleuse perdit la tête comme un aéronaute novice lorsqu'on vient de couper la corde du ballon. Il se crut au septième ciel. La dame arrêta doucement ses transports et lui dit :

« Quand vous m'aurez donné un million, croirez-vous m'avoir payée ? »

Il protesta du contraire ; mais ses yeux disaient avec quelque raison que, du moment où la vertu se met en vente, un million n'est pas un mauvais prix.

Elle répondit à la pensée de son adversaire :

« Monsieur le duc, les femmes parmi lesquelles vous me faites l'injustice de me ranger valent d'autant plus cher qu'elles sont plus riches. J'ai hérité de quatre millions; j'en ai bien gagné trois autres dans les affaires, et ma fortune est si liquide que je pourrais la réaliser sans perte en un mois. Vous voyez qu'il y a peu de femmes en France qui aient le droit de se mettre à plus haut prix. Cela vous prouve aussi que j'ai le moyen de me donner pour rien. Si je vous aime assez, et cela viendra peut-être, l'argent ne sera rien entre nous. L'homme à qui je donnerai mon cœur aura le reste par-dessus le marché. »

Le duc tombait de haut: il porta rudement contre terre. Il était aussi malheureux de garder son million, qu'il avait été content de le recevoir. Mme Chermidy parut avoir pitié de lui. « Grand enfant, lui dit-elle, ne pleurez pas. J'ai commencé par vous dire que j'acceptais. Mais prenez garde à vous; je vais faire mes conditions. »

M. de La Tour d'Embleuse sourit comme un mourant qui voit le ciel s'ouvrir.

« C'est moi qui vous ai enrichi, lui dit-elle. Je vous connaissais de longue date; au moins, je connaissais votre réputation. Vous avez mangé votre bien avec une grandeur digne des temps héroïques. Vous êtes le dernier représentant de la vraie noblesse, dans cet âge dégénéré. Aussi êtes-vous, sans le savoir, le seul homme de Paris capable d'intéresser sérieusement l'esprit des femmes. J'ai toujours regretté que vous n'eussiez pas une fortune incalculable comme celle de don Diego : vous auriez été plus grand que Sardanapale. Faute de mieux, je vous ai fait donner un million : on fait ce qu'on peut. Mais je m'y suis mal prise, et l'événement n'a pas répondu à mes espérances. Vous avez dans votre tiroir un chiffon de papier qui ne vous sert à rien. Vous toucherez 25 000 francs au 22 juin ; d'ici là vous allez végéter. Vous ferez des dettes, et votre revenu n'enrichira que des créanciers. Donnez-moi votre inscription de rentes ; je la ferai vendre par mon agent de change. Je prendrai le capital pour moi ; soyez tranquille ; vous ne le reverrez jamais. En revanche, il faut absolument que vous acceptiez le revenu. Ce n'est pas cinquante mille francs de rente que vous aurez ; c'est quatre-vingt ou cent mille, peut-être davantage. Je connais la Bourse à fond, quoique les femmes n'y entrent pas : je sais qu'on y gagne tout ce qu'on veut avec quelques millions d'argent comptant. Les placements sur l'État sont une admirable invention pour les bourgeois qui veulent vivre modestement et sans souci. Pour les gens de notre sorte, qui ne craignent ni le danger ni le travail, vive la spéculation ! C'est le jeu sur une grande échelle, et vous êtes joueur, n'est-il pas vrai ?

— Je l'étais.

— Vous l'êtes encore! Nous jouerons ensemble; nous mettrons en commun nos intérêts, nos plaisirs, nos craintes, nos espérances.

— Nous ne ferons plus qu'un!

— A la Bourse, du moins.

— Honorine! »

Honorine parut se plonger dans une réflexion profonde. Elle cacha sa figure dans ses mains. Le duc la prit par les poignets et mit fin à cette éclipse de beauté. Mme Chermidy le regarda jusqu'au fond du cœur, sourit mélancoliquement et lui dit :

« Pardonnez-moi, monsieur le duc, et oubliez ces châteaux en Espagne. Nous nous égarions dans l'avenir comme deux enfants dans les bois. C'était un doux rêve; mais n'y pensons plus. Il ne m'appartient pas de vous dépouiller, même pour vous enrichir. Que dirait-on de moi? Qu'en penseriez-vous vous-même? Si Mme la duchesse apprenait ce que nous avons fait! »

Mme Chermidy savait bien que pour rendre une femme odieuse à son mari, il suffit de prononcer son nom dans certains moments. Le duc répondit fièrement que sa femme n'entendait rien aux affaires et qu'il ne lui avait jamais permis d'y toucher.

« Mais, reprit la tentatrice, vous avez une fille; tout ce que vous possédez doit lui revenir. Je lui fais tort.

— Mais, répliqua le duc, ma fille a un fils qui est le vôtre. Votre fortune et la mienne iront ensemble au petit marquis. Ne sommes-nous pas une même famille?

— Vous me l'avez déjà dit une fois, monsieur le duc; mais ce jour-là vous m'avez fait moins de plaisir qu'aujourd'hui. »

Mme Chermidy encaissa l'inscription de rentes et se garda bien de la vendre. Cette femme avait l'instinct du solide et se défiait sagement de l'instabilité des choses humaines. Le duc fut, dès ce moment, l'associé de sa belle amie. Il eut le droit de puiser dans sa caisse, et il trouva chez elle, jusqu'à nouvel ordre, autant d'argent qu'il en voulut prendre. C'est tout ce qu'il put obtenir de cette généreuse et souriante vertu. Honorine s'occupa du vieillard avec une tendresse minutieuse; elle lui fit quitter l'appartement qu'il occupait; elle le transporta aux Champs-Élysées avec la duchesse, et le mit dans ses meubles; elle eut soin qu'on ne manquât de rien dans la maison; elle pourvut même aux dépenses de la cuisine. Cela fait, elle frotta ses petites mains et se dit en riant : « Je tiens l'ennemi en état de blocus; et si jamais la guerre se déclare, je les affame sans pitié. »

VI

LETTRES DE CORFOU.

LE DOCTEUR LE BRIS A MADAME CHERMIDY.

Corfou, 20 avril 1853.

Chère madame,

Je ne prévoyais point, le jour où j'ai pris congé de vous, que notre correspondance serait si longue. Don Diego ne s'y attendait pas non plus. Si j'avais pu le prévenir, je ne sais s'il eût pris la résolution héroïque de se priver de vos lettres et de vivre sans vous écrire. Mais tous les hommes sont sujets à l'erreur, les médecins surtout. Ne montrez pas cette phrase à mes confrères.

Nous avons fait un sot voyage de Malte à Corfou, sur un bâtiment fort sale, dont la cheminée fumait horriblement. Le vent était contre nous; la pluie nous défendait souvent de monter sur le pont, et les vagues pleuvaient jusque dans nos cabines. Le mal de mer n'a épargné que l'enfant et la malade ·

il y a des grâces d'état pour ceux qui entrent dans la vie et pour ceux qui vont en sortir. Nous avions pour toute société une famille anglaise, de retour des Indes : un colonel au service de la Compagnie et ses deux filles, jaunes comme du cuir de Russie. Il n'y a que le vin de Bordeaux qui gagne à voyager si loin. Ces demoiselles ne nous ont pas honorés d'une parole ; ce qui les excuse un peu, c'est qu'elles ne savaient pas le français. A la moindre éclaircie, elles montaient sur le pont avec leurs albums pour dessiner des paysages semblables à des plum-puddings. Après une éternelle traversée de cinq jours, le bateau nous a mis à bon port ; nous n'avons pas même eu la distraction d'un naufrage. Le chemin de la vie est pavé de déceptions.

En attendant que nous ayons trouvé un gîte à la campagne, nous sommes logés dans la capitale de l'île, hôtel Victoria. Nous comptons en sortir à la fin de la semaine, mais je n'ose pas affirmer que nous en sortirons tous sur nos jambes. Ma pauvre malade est au plus bas ; le voyage l'a plus fatiguée que si elle avait eu le mal de mer. Mme de Villanera ne la quitte pas une seconde ; don Diego est admirable ; moi, je fais tout mon possible, c'est-à-dire fort peu de chose. Il est inutile d'essayer un traitement qui ajouterait aux souffrances sans profit pour la guérison. Que vous êtes heureuse, madame, d'avoir une beauté qui se porte si bien !

Si cette crise n'est pas la dernière, je tenterai de l'ammoniaque ou de l'iode. L'iode réussit dans certains cas ; MM. Piorry et Chartroule l'emploient avec succès. Vous seriez bien aimable de nous envoyer l'appareil du docteur Chartroule et une provision de cigarettes iodées. Tout cela se trouve à la pharmacie Dublanc, rue du Temple, auprès du boulevard. L'ammoniaque a du bon aussi ; mais le seul remède sur lequel on puisse compter sérieusement, c'est un miracle. Ainsi donc, vivez en paix, aimez-nous un peu, et aidez-nous à faire notre devoir jusqu'au bout. Le vieux Gil, que la comtesse avait amené pour la servir, a pris les fièvres en Italie, quoique nous ne soyons pas dans la saison des fièvres. C'est un malade de plus et un serviteur de moins.

La joie et la santé ont un magnifique représentant dans la maison : c'est le petit Gomez. Le jour où vous le reverrez, vous serez bien heureuse. Il grandit à vue d'œil, et je crois, Dieu me pardonne ! qu'il embellit. Il sera moins Villanera qu'on ne pensait d'abord. Au fait, ce serait bien le diable s'il ne tenait pas un peu de sa mère. Il n'est plus sauvage du tout ; il se laisse embrasser, il embrasse, il donne du bec contre tous les visages avec une impétuosité qui serait inquiétante chez une petite fille.

Don Diego est en pourparlers avec un descendant des doges pour une maison qui lui conviendrait assez. La campagne est divisée en une multitude de propriétés agréables, ornées de châteaux qui s'écroulent. J'ai visité quelques jardins; ils sont généralement plus habitables que les maisons attenantes. Il y a de la ferme, du château et de la chaumière dans ces taudis aristocratiques qui gardent un air de grandeur au milieu de leur délabrement. Si nous louons la villa Dandolo, nous n'y serons peut-être pas mal. Il suffira de poser quelques carreaux aux fenêtres. L'exposition est admirable, au midi, sur la mer. Un jardin hérissé de belles choses. Les voisins sont des nobles; quelques-uns parlent français, dit-on. Mais qui sait si nous aurons le temps de faire leur connaissance?

Je ne regretterai pas le séjour de la ville, quoiqu'on y vive assez bien. Elle est jolie et me rappelle Naples en quelques endroits. L'esplanade, le palais du lord commissaire et les environs forment une ville anglaise. Les Anglais ont construit aux frais des Grecs des fortifications gigantesques qui font de la place un petit Gibraltar. J'assiste tous les matins aux manœuvres d'un régiment d'Écossais, dont les cornemuses font mon bonheur. La ville grecque est ancienne et curieusement bâtie : maisons hautes, petites arcades, et une jolie tête à chaque fenêtre. Le quartier juif est hideux, mais il y aurait des perles dans ce fumier pour le crayon de Gavarni. La population est grecque, italienne, juive, maltaise, et travaille assez activement à devenir anglaise. Nous avons un théâtre où l'on donne la *Jeanne d'Arc* du maestro Verdi. J'y suis allé un soir que la malade avait moins de 120 pulsations à la minute. A la fin du premier acte, toute l'assemblée se lève respectueusement, tandis que l'orchestre joue le *God save the Queen!* C'est un usage établi dans toutes les possessions anglaises. Ne vous étonnez pas qu'on représente la mort de Jeanne d'Arc devant un public anglais : l'auteur du libretto a pris soin de modifier l'histoire. Jeanne d'Arc défend la France contre des ennemis quelconques, des Turcs, des Abyssins ou des Champenois. Elle porte une cuirasse en papier d'argent, et elle agite un drapeau grand comme un éventail, jusqu'au moment où un héraut arrive sur la scène et dit au roi :

Rotto è 'l nemico, e Giovanna è spinta.

On apporte l'héroïne sur des coussins; une écharpe tachée de rouge indique qu'elle est blessée à mort. Elle se relève avec peine, chante un air du haut de sa tête, et expire aux applaudissements de la salle. Tous les habitants de Corfou sont persuadés que Jeanne est morte d'une blessure et d'une roulade.

Le comte m'a laissé aller seul au théâtre; et pourtant vous savez s'il raffole de Verdi. N'est-ce pas à une représentation d'*Ernani* que ses yeux ont rencontré les vôtres pour la première fois? Mais le pauvre garçon s'immole littéralement à son devoir. Quel mari, madame, pour celle qui sera sa femme définitive!

Les journaux nous ont apporté des nouvelles de Chine que vous avez dû lire avec autant d'intérêt que nous. Il paraît que la nation la plus camarde de la terre a traité légèrement deux missionnaires français, et que *la Naïade* s'est mise en route pour punir les coupables. Si *la Naïade* n'a pas changé de commandant, nous attendrons avec impatience les nouvelles de l'expédition. Chacun pour soi, Dieu pour tous. Je souhaite toutes les prospérités imaginables à mes amis, sans toutefois demander la mort de personne. Les Chinois sont, dit-on, de mauvais artilleurs, quoiqu'ils se vantent d'avoir inventé la poudre. Cependant il ne faut qu'un boulet clairvoyant pour faire bien des heureux.

Adieu, madame. Si je vous écrivais comme je vous aime, ma lettre ne finirait pas. Mais, après le plaisir de causer avec vous, il faut me rendre au devoir qui m'appelle dans la chambre voisine. Plaisir, devoir! deux chevaux bien difficiles à atteler ensemble. Mais je fais de mon mieux, et si je n'arrive pas à concilier toutes choses, c'est qu'un homme n'a pas ses coudées franches entre l'enclume et le marteau. Aimez-moi si vous pouvez, plaignez-moi si vous voulez, ne me maudissez pas, quoi qu'il arrive, et si je vous adressais par le prochain courrier une lettre cachetée de noir, faites-moi l'honneur de croire fermement que je n'ai aucun droit à votre reconnaissance.

Je baise la plus jolie main de Paris.

CHARLES LE BRIS,

D. M. P.

LA COMTESSE DOUAIRIÈRE DE VILLANERA A MADAME DE LA TOUR D'EMBLEUSE.

Villa Dandolo, 2 mai 1853.

Chère duchesse,

Je n'en peux plus, mais Germaine va mieux. Nous avons tous déménagé ce matin, ou plutôt c'est moi qui les ai déménagés. J'avais les caisses à faire, la malade à envelopper dans du coton, le petit à surveiller, la voiture à trouver, et presque les chevaux à atteler. Le comte n'est bon à rien : c'est un talent de famille. On dit en Espagne : maladresse de Villanera. Le petit docteur bourdonnait autour de moi comme la mouche du coche ; j'ai dû le faire asseoir dans un coin. Quand je suis pressée, je ne peux pas souffrir l'empressement d'autrui : qui m'aide me gêne. Et cet âne de Gil, qui s'est avisé de prendre la fièvre, quoique ce ne fût pas son jour ! Je vais le renvoyer à Paris pour qu'il guérisse.

et je vous prie de m'en chercher un autre. J'ai tout fait, tout prévu, tout arrangé pour le mieux; j'ai trouvé le moyen d'être à la fois dedans et dehors, en ville et à la maison. Enfin, à dix heures, fouette cocher! Heureusement les routes sont magnifiques : le macadam des boulevards. Nous avons roulé sur le velours jusqu'à notre bicoque, et nous y voici. J'ai déballé mes gens, ouvert mes paquets, fait mes lits, apprêté le dîner avec un cuisinier indigène qui voulait tout poivrer, même la soupe au lait. Ils ont mangé, tourné, promené; ils dorment enfin, et je vous écris au chevet de Germaine, comme un soldat sur un tambour le soir de la bataille.

La victoire est à nous, foi de vieux capitaine. Notre fille guérira, ou elle dira pourquoi. Elle m'a pourtant fait passer quinze nuits désagréables dans cette ville de Corfou. Elle ne se décidait pas à dormir, et j'avais beau la bercer comme un enfant. Elle mangeait uniquement pour me faire plaisir; rien ne lui disait; et quand on ne mange pas, adieu les forces. Elle n'avait plus qu'un souffle de vie qui semblait à chaque instant prêt à s'envoler, mais je faisais bonne garde! Ayez courage; elle a dîné ce soir, elle a bu deux doigts de vin de Chypre, et elle dort.

J'avais souvent entendu dire qu'une mère s'attache à ses enfants en raison du mal qu'ils lui ont fait; je ne le savais point par expérience. Tous les

Villanera, de père en fils, se portent comme des arbres. Mais depuis que vous m'avez confié le pauvre corps de cette belle âme, depuis que je fais le guet autour de notre enfant pour défendre à la mort d'approcher; depuis que j'ai appris à souffrir, à respirer, à suffoquer avec elle, je sens mon cœur. Je n'étais mère qu'à moitié, tant que je n'avais pas éprouvé le contre-coup des dou.eurs d'autrui. Je vaux mieux, je suis meilleure, je monte en grade. C'est par la douleur que nous nous rapprochons de la mère de Dieu, ce modèle de toutes les mères. *Ave Maria, mater dolorosa!*

Ne crains rien, ma pauvre duchesse; elle vivra. Dieu ne m'aurait pas donné ce profond amour pour elle, s'il avait résolu de l'arracher de ce monde. Celui qui gouverne les cœurs mesure la violence de nos sentiments à la durée de ce que nous aimons, et j'aime notre fille comme si elle devait être éternellement à nous. La Providence se joue de l'ambition, de l'avarice et de toutes les passions humaines; mais elle respecte les affections légitimes; elle y regarde à deux fois avant de séparer ceux qui s'aiment pieusement dans le sein de la famille. Pourquoi m'aurait-elle attachée si étroitement à notre Germaine, si elle avait eu le dessein de la tuer dans mes bras? Ce serait un jeu cruel et indigne de la bonté de Dieu. D'ailleurs, l'intérêt de notre race est lié à la vie de cette enfant. Si nous avions le malheur de la perdre, don Diego se mésallierait un jour ou l'autre. Saint Jacques, à qui nous avons bâti deux églises, ne permettra jamais qu'un nom comme le nôtre soit porté en ferronnière par Mme Chermidy.

Je n'espère rien du docteur Le Bris : les savants ne s'entendent pas à guérir les malades. Le véritable médecin, c'est Dieu dans le ciel et l'amour sur la terre. Les consultations, les remèdes, et tout ce qu'on achète à prix d'argent n'augmentent pas la somme de nos jours. Voici ce que nous avons imaginé pour obtenir qu'elle vive. Tous les matins, mon fils, mon petit-fils et moi, nous prions Dieu de prendre sur notre vie pour ajouter à celle de Germaine. L'enfant joint ses mains avec nous; c'est moi qui prononce la prière, et le ciel sera bien sourd s'il ne nous entend pas.

Don Diego aime sa femme : je vous l'avais bien dit. Il l'aime d'un amour pur, dégagé de toutes les grossièretés terrestres. S'il l'aimait autrement, dans l'état où elle est, il me ferait horreur. Il a pour elle cette adoration religieuse qu'un bon chrétien voue à la sainte de son église, à la Vierge de sa chapelle, à l'image chaste et voilée qui rayonne au fond du sanctuaire. Nous sommes ainsi faits, nous autres Espagnols. Nous savons aimer simplement, héroïquement, sans aucun espoir mondain, sans autre récompense que le plaisir de tomber à genoux devant une image vénérée. Germaine n'est pas autre chose ici-bas : la parfaite image des saintes du Paradis. Quand saint Ignace et ses glorieux compagnons s'enrôlèrent sous l'étendard de la mère de Dieu, ils donnèrent à tous les hommes l'exemple chevaleresque de l'amour pur.

Lorsqu'elle sera guérie, ah ! nous verrons. Attendez seulement que la pauvre petite vierge pâle ait repris les couleurs de la jeunesse ! Aujourd'hui, son corps n'est qu'une cage de cristal transparent avec une âme au fond. Mais lorsqu'un sang régénéré coulera dans ses veines, quand l'air du ciel réjouira sa poitrine, quand les parfums généreux de la campagne parleront à son cœur et feront battre ses tempes ; quand le pain et le vin, ces présents de Dieu, auront réparé ses forces ; quand une vigueur impatiente la fera courir à perte d'haleine sous les grands orangers du jardin, alors elle entrera dans une beauté nouvelle, et don Diego a des yeux. Il saura faire une différence entre ses amours d'autrefois et son bonheur présent. Je n'aurai pas besoin de lui montrer combien une beauté noble et chaste, rehaussée de tout l'éclat de la race et de toute la splendeur de la vertu, est supérieure aux agréments effrontés d'une rouée. Il est en bon chemin. Depuis tantôt quatre mois que nous avons quitté Paris, il n'a ni écrit ni reçu une lettre ; l'oubli se fait dans son cœur loin de l'indigne qui le perdait. L'absence qui fortifie les passions honnêtes, tue en un rien de temps celles qui ne subsistaient que par l'habitude du plaisir.

Peut-être aussi notre Germaine se laissera-t-elle gagner à la contagion de l'amour. Jusqu'à présent, elle n'aime que moi de toute la famille. Je ne parle pas du petit marquis : vous savez qu'elle l'a adopté dès le premier jour. Mais elle témoigne à mon pauvre fils une indifférence qui ressemble bien à la haine. Elle ne le maltraite plus comme autrefois, et elle subit ses soins avec une sorte de résignation. Elle souffre sa présence, elle ne s'étonne plus de le voir auprès d'elle, elle s'accoutume à lui. Mais il ne faut pas de bien bons yeux pour lire sur son visage une sourde impatience, une haine domptée qui se révolte par instants, peut-être même le mépris d'une honnête enfant pour un homme qui a fait des fautes. Hélas, ma pauvre amie! l'indulgence est une vertu de notre âge; les jeunes ne la pratiquent pas. Cependant je dois reconnaître que Germaine dissimule avec soin ses petits ressentiments. Sa politesse avec don Diego est irréprochable. Elle cause avec lui des heures entières sans se plaindre de la fatigue; elle l'écoute parler; elle répond quelquefois; elle accueille ses tendresses avec une douceur froide et résignée. Un homme moins délicat ne s'apercevrait pas qu'il est haï : mon fils le sait et pardonne. Il me disait hier :

« Il est impossible de détester ses amis avec plus de charme et de bonté. Elle est l'ange de l'ingratitude. »

Comment tout cela finira-t-il? Bien, croyez-moi. J'ai confiance en Dieu; j'ai foi dans mon fils, et bon espoir pour Germaine. Nous la guérirons, même de son ingratitude, surtout si vous venez nous y aider. J'apprends que le duc marche comme un grand garçon dans le sentier de la vertu, et que les pères le proposent en exemple à leurs fils. Si vous pouviez prendre sur vous de le quitter pour un mois ou deux, vous seriez reçue à bras ouverts. Dans le cas où le charmant converti voudrait aussi prendre l'air de la campagne, nous avons quelque chose à louer dans le voisinage.

A bientôt donc, mon excellente amie, chère sœur de mes tendresses et de mes afflictions. Je vous aime de plus en plus, à mesure que notre fille me devient plus chère. La distance qui nous sépare ne saurait refroidir une si bonne amitié; nous ne nous voyons plus et nous ne nous écrivons guère; mais nos prières se rencontrent tous les jours au pied du trône de Dieu.

COMTESSE DE VILLANERA.

P. S. N'oubliez pas mon domestique, et surtout qu'il soit jeune. Nos Mathusalems de l'hôtel Villanera ne s'acclimateraient pas ici.

GERMAINE A SA MÈRE.

Villa Dandolo, 7 mai 1853.

Ma chère maman,

Le vieux Gil qui vous remettra cette lettre vous dira comme on est bien ici. Ce n'est pas à Corfou qu'il a pris les fièvres; c'est dans la campagne de Rome. Ainsi donc, n'ayez point de souci.

J'ai été assez malade depuis ma dernière lettre, mais ma seconde mère a dû vous dire que j'allais beaucoup mieux. M. de Villanera vous a peut-être écrit aussi; je ne lui demande pas compte de ses actions. Moi, je suis bien assez forte depuis quelque temps pour noircir quatre pages de papier, mais croiriez-vous que le temps me manque? Je passe ma vie à respirer; c'est une occupation bien agréable, qui me prend dix ou douze heures par jour.

Pendant cette crise que j'ai traversée, j'ai beaucoup souffert. Je ne me souviens pas d'avoir eu aussi mal à Paris. Croyez que bien des gens, à ma place, auraient souhaité la mort. Cependant je me suis cramponnée à la vie avec une obstination incroyable. Comme on change! Et d'où vient que je ne vois plus les choses du même œil?

C'est sans doute parce qu'il eût été trop triste de

mourir loin de vous, sans que vos chères mains fussent là pour me fermer les yeux. Au reste, les soins ne m'ont pas manqué. Si j'avais succombé, comme le docteur s'y attendait un peu, vous auriez eu une consolation. Le plus triste, lorsqu'on apprend de loin la mort de ceux qu'on aime, c'est de penser qu'ils n'ont pas été soignés comme il le fallait. Quant à moi, rien ne me manque, et tout le monde est bon pour moi, même M. de Villanera. Vous vous direz cela, ma chère maman, s'il m'arrive quelque malheur.

Peut-être aussi l'amitié et la compassion de ceux qui m'entourent ont-elles contribué un peu à me rattacher à la vie. Le jour où j'ai pris congé de vous et de mon père, j'ai dit adieu à tout. Je ne savais pas que j'emmenais avec moi une véritable famille. Le docteur est parfait; il me traite comme s'il espérait me guérir. Mme de Villanera (la vraie) est une autre vous-même. Le marquis est un excellent petit homme; le vieux Gil a été plein d'attention. Je n'ai pas voulu attrister tous ces gens-là par le spectacle de mon agonie, et voilà comment je me suis tirée d'affaire. Tant pis pour ceux qui comptaient sur ma mort; ils ont bien le temps d'attendre.

Vous m'avez recommandé de vous décrire notre maison, pour que votre pensée sache où me trouver lorsqu'il lui plaît de me faire une visite. M. de Villanera, qui dessine très-bien pour un grand seigneur, vous enverra le plan du château et du jardin. J'ai pris sur moi de lui demander cette grâce; il fallait bien que cela fût pour vous. En attendant, contentez-vous de savoir que nous habitons une ruine des plus pittoresques. De loin, la maison ressemble à une vieille église démolie sous la Révolution. Je ne voulais pas croire qu'on pût se loger là dedans. On arrive au perron par cinq ou six escaliers praticables aux voitures, avec un pavé inégal et des rampes tant soit peu ébréchées. Tout cela tient ensemble par la force de l'habitude, car il y a beau temps que le ciment n'y est plus. Les giroflées et les plantes grimpantes se glissent dans toutes les crevasses, et le chemin sent bon comme un jardin. La maison est au milieu des arbres, à un quart d'heure du village le plus prochain. Je ne sais pas encore bien précisément de combien d'étages elle se compose; les chambres ne sont pas toutes les unes sur les autres; on dirait que le second a glissé jusqu'au rez-de-chaussée dans un tremblement de terre. D'un côté, on entre de plain-pied; de l'autre, on descend en casse-cou. C'est dans ce tohu-bohu qu'il faut chercher votre fille, ma chère maman. Je m'y cherche quelquefois moi-même, et je ne m'y trouve pas toujours.

Nous avons au moins vingt chambres inutiles et une magnifique salle de billard où les hirondelles font leurs nids. J'ai fait laisser en paix les nids d'hirondelles. Que suis-je ici moi-même? Un pauvre petit martinet chassé par le froid. Ma chambre est la mieux close de toute la maison. Elle est grande comme la chambre des députés, et peinte à l'huile du haut en bas. J'aime mieux cela que du papier; c'est plus propre, et surtout plus frais. M. de Villanera m'a fait apporter de Corfou un mobilier tout neuf, de fabrique anglaise. Mon lit, mes chaises et mes fauteuils se promènent à l'aise dans cette immensité. La bonne comtesse couche dans une pièce voisine, auprès du petit marquis. Quand je dis qu'elle y couche, c'est pour ne pas la mettre en colère. Je la vois à mes côtés à l'heure où je m'endors, je la retrouve à la même place en ouvrant les yeux; mais il ne fait pas bon lui dire qu'elle a passé la nuit hors de son lit. Le docteur est plus loin, au même étage. On l'a installé le plus confortablement qu'on a pu. Ceux qui soignent les autres ont l'habitude de se soigner eux-mêmes. M. de Villanera perche je ne sais où, sous le toit. Y a-t-il véritablement un toit? Nos domestiques grecs et italiens dorment en plein air : c'est la coutume du pays.

Mes fenêtres sont exposées au levant et au midi : j'en ai quatre. L'air et la lumière ont leurs grandes entrées chez moi dès neuf heures du matin. On me lève, on m'habille, et l'on ouvre les fenêtres une à une pour que l'air de la mer ne me surprenne pas brusquement. Vers dix heures, je descends dans mes jardins. J'en ai deux, l'un au nord de la maison, borné par un mur plus compliqué que la grande muraille de la Chine; l'autre au midi, baigné par la mer. Le jardin du nord est planté d'oliviers, de jujubiers et de néfliers du Japon. L'autre est un énorme massif d'orangers, de figuiers, de citronniers, d'aloès, de nopals et de vignes gigantesques qui se fourrent partout, grimpent à tous les arbres et escaladent tous les sommets. M. de Villanera disait hier que la vigne est la chèvre du genre végétal. C'est une belle chose, ma pauvre maman, de courir où l'on veut, et d'aller en liberté. Je n'ai jamais connu ce bonheur-là. Mais si je vis!...

Je commence à me traîner assez gaillardement dans les allées. Elles étaient impraticables il y a huit jours, car le jardinier du comte Dandolo est un romantique pur, épris du beau désordre et des grâces chevelues. On a taillé les arbres à coups de faux, ni plus ni moins que dans une forêt vierge. J'ai demandé grâce pour les orangers; car vous saurez que je suis réconciliée avec l'odeur des fleurs. Il ne faut pas cependant qu'on en mette dans ma chambre; je ne les souffre qu'en plein air. Le parfum que les fleurs coupées exhalent dans un appartement monte vers mon cerveau comme une odeur de mort, et cela m'attriste. Mais quand les plantes fleurissent au soleil, sous la brise de la mer, je me réjouis avec elles, je m'associe à leur bonheur, et je m'épanouis de compagnie. Comme la terre est belle ! comme tout ce qui vit est heureux ! et qu'il serait triste de quitter ce monde délicieux que Dieu a créé pour le plaisir de l'homme ! Il y a pourtant des gens qui se tuent eux-mêmes. Les fous !

On disait à Paris que je ne verrais pas pousser les feuilles. Je ne me serais pas consolée de mourir sitôt, sans avoir vu le printemps. Elles ont poussé, ces chères petites feuilles d'avril, et je suis encore là pour les voir. Je les touche, je les sens, je les broute, et je leur dis : « Me voici encore des vôtres. Peut-être me sera-t-il donné de voir l'été sous vos ombrages. Si nous devons tomber ensemble, ah ! restez longtemps sur ces beaux arbres, attachez-vous solidement à la branche, et vivez pour que je vive ! »

Y a-t-il rien de plus gai, de plus vivant, de plus divers que les pousses nouvelles ? Elles sont blanches aux peupliers et aux saules, rouges aux grenadiers, blondes comme mes cheveux à la cime des chênes verts, violettes au bout des branches du citronnier. De quelle couleur seront-elles dans six mois ? Ne pensons pas à cela. Les oiseaux font leurs nids dans les arbres ; la mer bleue chatouille doucement le sable de la rive ; le soleil généreux étale ses beaux rayons d'or sur mes pauvres mains pâles et amaigries ; je sens couler dans mes poumons un air doux et pénétrant comme votre voix, ma bonne mère. Je m'imagine, par instants, que ce bon soleil, ces arbres en fleur, ces oiseaux qui chantent, sont autant d'amis qui demandent grâce pour moi et qui ne me laisseront pas mourir. Je voudrais avoir des amis par toute la terre, intéresser la nature entière à mon sort, émouvoir les rochers eux-mêmes, pour qu'au dernier moment, il s élevât des quatre coins du monde une telle plainte et une telle prière, que Dieu en fût touché. Il est bon, il est juste; je ne lui ai jamais désobéi, je n'ai fait de mal à personne. Il ne lui en coûterait pas beaucoup de me laisser vivre avec le reste, confondue dans la foule des êtres qui respirent. Je tiens si peu de place! Et je ne suis pas chère à nourrir.

Par malheur, il y a des gens qui porteraient le deuil de ma guérison et qui ne se consoleraient pas de me voir en vie. Que faire à cela? Ils sont dans leur droit. J'ai contracté une dette, je dois la payer si je suis honnête fille.

Ma chère maman, que pensez-vous de M. de Villanera? Comment le juge-t-on à Paris? Est-il possible qu'un homme si simple, si patient et si doux soit un méchant homme? J'ai rencontré ses yeux il y a quelques jours pour la première fois; c'est de beaux yeux, et l'on s'y tromperait aisément.

Adieu, ma bonne mère; priez pour moi, et tâchez d'obtenir que mon père vienne un jour à l'église avec vous. S'il faisait cela pour sa petite Germaine, la conversion serait complète, et moi, je serais peut-être sauvée! Il doit y avoir une prime là-haut pour ceux qui ramènent une âme à Dieu. Mais qui est-ce qui aura du crédit au ciel, si ce n'est vous, chère sainte?

Je suis avec une tendresse infinie votre fille respectueuse,

GERMAINE.

P. S. Les baisers pour mon père sont à droite de la signature, les vôtres sont à gauche.

VII

LE NOUVEAU DOMESTIQUE.

Le duc ne montra pas à Mme Chermidy la lettre de la comtesse, mais il lui fit lire celle de Germaine. « Vous voyez, lui dit-il, elle est à moitié sauvée. »

Elle s'efforça de sourire, et répondit : « Vous êtes un homme heureux ; tout vous réussit.

— Excepté l'amour.

— Patience !

— On n'en a guère à mon âge.

— Et pourquoi ?

— Parce qu'on n'a pas de temps à perdre.

— Qu'est-ce que ce vieux Gil qui vous apporte des lettres ? un courrier ?

— Non ; c'est un valet de chambre qui demande un remplaçant. Mme de Villanera prie la duchesse de lui trouver un bon domestique.

— Cela n'est pas facile à Paris.

— Je parlerai à l'intendant de mon ami Sanglié.

— Voulez-vous que je vous aide de mon côté? *Le Tas* a toujours une demi-douzaine de valets dans sa manche : c'est un vrai bureau de placement.

— Si *le Tas* a quelque protégé à établir, je veux bien le prendre. Mais songez qu'il nous faut un homme sûr, un infirmier.

— *Le Tas* doit avoir des infirmiers; elle a de tout. »

Le Tas était la femme de chambre de Mme Chermidy. On ne la voyait jamais au salon, même par surprise; mais les amis les plus intimes de la maison auraient été flattés de faire sa connaissance. C'était une soubrette du poids de 120 kilogrammes, compatriote et tant soit peu cousine de Mme Chermidy. Elle s'appelait Honorine Lavenaze, comme sa maîtresse; aussi avait-on profité de sa difformité pour la surnommer *le Tas*. Ce phénomène vivant, ce monceau de chiffons tremblotants, ce pachyderme féminin avait suivi pendant quinze ans Mme Chermidy et sa fortune. Elle avait été la complice de ses progrès, la confidente de ses péchés, la recéleuse de ses millions. Assise au coin du feu, comme un monstre familier, elle lisait dans les cartes l'avenir de sa maîtresse; elle lui promettait la royauté de Paris, comme une sorcière de Shakspeare; elle relevait son courage, consolait ses chagrins, lui arrachait ses cheveux blancs, et la servait avec une dévotion canine. Elle n'avait rien gagné au service, ni rentes sur l'État, ni livret de la caisse d'épargne, et elle ne voulait rien pour elle. Plus vieille de dix ans que Mme Chermidy et obèse jusqu'à l'infirmité, elle était sûre de mourir avant sa maîtresse et de mourir chez elle : on ne chasse pas un serviteur qui pourrait emporter nos secrets. Au demeurant, *le Tas* n'avait ni ambition, ni cupidité, ni vanité personnelle; elle vivait dans sa belle cousine; elle était riche, brillante et triomphante dans la personne de Mme Chermidy. Ces deux femmes, étroitement unies par une amitié de quinze ans, formaient un seul individu. C'était une tête à double face, comme le masque des comédiens antiques. D'un côté elle souriait à l'amour, de l'autre elle grimaçait au crime. L'une se montrait parce qu'elle était belle, l'autre se cachait parce qu'elle aurait fait peur.

Mme Chermidy promit au duc de songer à son affaire. Le jour même, elle chercha avec *le Tas* quel domestique on pourrait bien envoyer à Corfou.

La jolie Arlésienne était bien décidée à arrêter en chemin la guérison de Germaine, mais elle avait trop de prudence pour rien entreprendre à ses risques et périls. Elle savait qu'un crime est toujours une maladresse, et sa position était trop belle pour qu'elle voulût la risquer sur un mauvais coup.

« Tu as raison, lui dit *le Tas*; pas de crime,

il faut partir de là. Un crime ne profite jamais à son auteur; il ne sert qu'aux autres. On tue un riche sur la grande route, et l'on trouve cent sous dans ses poches. Le reste s'en va aux héritiers.

— Mais ici, c'est moi qui hérite!

— De rien, si l'on nous prend sur le fait. Écoute-moi. D'abord, elle peut mourir de sa belle mort. Ensuite, si quelqu'un pousse à la roue, il faut que nous n'y soyons pour rien.

— Comment faire?

— Intéresser quelqu'un à la mort de Germaine. Suppose un malade qui dirait à ses domestiques: mes enfants, soignez-moi bien: le jour de ma mort, vous aurez tous mille francs de rente. Crois-tu que cet homme-là aurait longtemps à vivre? Il se trouverait dans le nombre un gaillard intelligent qui exécuterait à sa façon les ordonnances du médecin. On lui donnerait ses mille francs de rente, et les héritiers....

— Hériteraient. J'entends bien. Mais nous n'avons qu'un domestique à choisir. Si nous allions tomber sur un honnête homme!

— Il y en a donc?

— *Le Tas*, tu calomnies le genre humain. Il y a beaucoup d'hommes qui ne joueraient pas leur tête pour mille francs de rente.

— Moi, je suis sûre que si nous envoyions là-bas

un petit bonhomme comme j'en connais, un pur gamin de Paris, pâle comme une pomme verte, gâté par les autres domestiques, jaloux de ceux qu'il sert, envieux du luxe qu'il voit, vicieux comme les égouts, il aurait compris au bout de quinze jours l'avenir qui lui est offert.

— Peut-être. Mais s'il manquait son coup?

— Alors prends un homme d'expérience; trouve un praticien qui ait l'habitude des choses et qui en fasse son état.

— Tu penses au pays, ma fille.

— Dame! il y avait de bien jolis sujets à Toulon.

— Veux-tu que j'aille chercher un domestique au bagne?

— Il y en a qui ont fait leur temps.

— Où les trouve-t-on?

— Cherche-les. On peut bien se donner de la peine pour trouver un homme spécial. »

Quelques heures après cet entretien, Mme Chermidy, belle comme la vertu, faisait les honneurs de son salon aux plus honnêtes gens de Paris.

Elle comptait au nombre de ses habitués un vieux garçon d'humeur joyeuse, causeur instruit et spirituel, grand liseur de livres nouveaux, grand amateur de premières représentations grand conteur d'histoires inédites; aussi irréprochable dans ses narrations que châtié dans sa toilette, et fidèle aux traditions de la vieille galanterie française. Il était chef de bureau à la préfecture de police.

Mme Chermidy lui porta elle-même une tasse de thé qu'elle sucra d'un sourire ineffable. Elle causa longtemps avec lui, le força d'épuiser son répertoire et prit le plus vif intérêt à tout ce qu'il voulut bien raconter. Pour la première fois depuis longtemps, elle fit une injustice à ses autres fidèles et se départit de ses habitudes d'impartialité.

L'excellent homme était aux anges et secouait le tabac de son jabot avec une satisfaction visible.

Cependant, comme il n'est si bonne compagnie qu'il ne faille quitter, M. Domet se dirigea discrètement vers la porte à minuit moins quelques minutes. Il y avait encore une vingtaine de personnes dans le salon. Mme Chermidy le rappela tout haut, avec la gracieuse effronterie d'une maîtresse de maison qui ne pardonne pas aux déserteurs.

« Cher monsieur Domet, lui dit-elle, vous avez été trop charmant pour que je vous rende sitôt votre liberté. Venez ici, à côté de moi, et contez-moi encore une de ces histoires que vous contez si bien. »

L'excellent homme obéit de bonne grâce, quoiqu'il eût pour principe de se coucher tôt et de se lever matin. Mais il protesta qu'il venait de vider son sac et, qu'à moins d'inventer, il n'avait plus rien à dire. Quelques amis de la maison firent cercle autour de lui pour le taquiner un peu et le tenir sur la sellette. On lui fit mille questions plus indiscrètes les unes que les autres; on lui demanda la vérité sur le Masque de fer; on le somma de nommer l'auteur véritable des Lettres de Junius, de s'expliquer sur l'anneau de Gygès, la conspiration des Poudres, le conseil des Dix, et de montrer à l'assemblée un ressort du gouvernement. Il répondit à tout gaiement, lestement, avec cette bonne humeur des vieillards qui est le fruit d'une vie tranquille. Mais il n'était pas tout à fait à l'aise, et il se démenait dans son fauteuil comme un poisson dans la poêle. Mme Chermidy, toujours bonne, vint à son secours et lui dit : « C'est moi qui vous ai livré aux philistins, il est juste que je vous délivre. Mais à une condition.

— J'accepte, les yeux fermés, madame.

— On dit que presque tous les crimes qui se commettent sont faits par des repris de justice, des forçats.... libérés. Est-ce le mot?

— Oui, madame.

— Eh bien, expliquez-nous ce que c'est qu'un forçat libéré. »

Le gracieux employé ôta ses lunettes, les essuya du coin de son mouchoir et les replaça sur son nez. Tout ce qui restait dans le salon se réunit autour de lui et s'apprêta à l'entendre. Le duc de La Tour d'Embleuse s'adossa au manteau de la cheminée, sans se douter qu'il assistait au meurtre de sa fille. Les gens du monde ont une curiosité friande, et les petits mystères du crime sont un régal de haut goût pour les esprits blasés.

« Mon Dieu ! madame, dit le chef de bureau, si c'est une simple définition que vous demandez, je serai couché de bonne heure. Les forçats libérés sont les hommes qui ont fini leur temps au bagne. Permettez-moi de vous baiser la main et de prendre congé.

— Comment ! c'est tout ?

— Absolument. Et notez que je suis l'homme de France qui connaît le mieux les gens dont vous parlez. Je n'en ai pas vu un seul, mais j'ai leurs dossiers dans mes cartons ; je sais leur passé, leur présent, leur profession, leur résidence, et je pourrais vous les nommer tous par leurs noms, prénoms, faux noms et sobriquets.

— C'est ainsi que César (soit dit sans comparaison) connaissait tous les soldats de son armée.

— César, madame, était mieux qu'un grand capitaine, c'était le premier homme de bureau de son siècle.

— Y avait-il des forçats libérés sous la république romaine ?

— Non, madame, et bientôt il n'y en aura plus en France. Nous commençons à suivre l'exemple des Anglais, qui ont remplacé le bagne par la transportation. La sécurité publique y gagnera, et la prospérité de nos colonies n'y perdra point. Le bagne était l'école de tous les vices; les transportés se moralisent par le travail.

— Tant pis! Je regrette les forçats libérés. Cela faisait si bien dans les romans du cabinet de lecture! Mais enfin, monsieur Domet, qu'est-ce que ces gens-là? Que font-ils? Que disent-ils? Où demeurent-ils? Comment sont-ils habillés? Où les trouve-t-on? A quoi peut-on les reconnaître? Ont-ils encore des lettres dans le dos?

— Quelques-uns; les doyens de l'ordre. La marque a été supprimée en 1791, rétablie en 1806, et abolie définitivement par la loi du 28 avril 1832. Un forçat libéré ressemble de tout point à un honnête homme. Il s'habille comme il veut, et exerce la profession qu'il a apprise. Malheureusement, ils ont presque tous appris à voler.

— Mais il y a des braves gens dans le nombre?

— Pas beaucoup. Songez à l'éducation du bagne! D'ailleurs il leur est assez difficile de gagner honnêtement leur vie.

— Et pourquoi donc?

— On sait leurs antécédents, et les patrons n'aiment pas à les prendre chez eux. Leurs camarades d'atelier les méprisent. S'ils ont de l'argent, et qu'ils s'établissent à leur compte, ils ne trouvent pas d'ouvriers.

— On les reconnait donc? A quel signe? S'il en venait un ici pour entrer à mon service, comment saurais-je ce qu'il est?

— Il n'y a pas de danger. Le séjour de Paris leur est interdit, parce que la surveillance y serait trop difficile. On leur assigne une résidence en province, dans une petite ville, et la police locale ne les quitte pas des yeux.

— Et s'ils venaient à Paris sans votre permission?

— Ils seraient en rupture de ban, et nous les ferions transporter, en vertu d'un décret du 8 décembre 1851.

— Mais alors il n'y a plus personne dans les *tapis francs!*

— Le conseil municipal du département de la Seine a fait démolir les maisons dont vous parlez. Il n'y a plus ni tanières pour le gibier, ni gibier pour les tanières.

— Bonté divine! mais nous allons à l'âge d'or! Monsieur Domet, vous effeuillez mes illusions une à une. Vous me dépoétisez la vie!

— Belle dame, la vie ne manquera jamais de poésie pour ceux qui ont le bonheur de vous voir. »

Ce compliment fut décoché avec une telle ampleur de galanterie bourgeoise, que toute l'assemblée applaudit. M. Domet rougit jusqu'au blanc des yeux et regarda les pointes de ses souliers. Mais

Mme Chermidy le rappela bientôt à la question : « Où sont les forçats libérés ? lui dit-elle. Y en a-t-il à Vaugirard ?

— Non, madame; il n'y en a pas dans le département de la Seine.

— Y en a-t-il à Saint-Germain ?

— Non.

— A Compiègne ?

— Non.

— A Corbeil ?

— Oui.

— Combien ?

— Vous espérez peut-être me prendre en défaut ?

— J'y compte.

— Eh bien, il y en a quatre.

— Leurs noms ? Allons, César !

— Rabichon, Lebrasseur, Chassepie et Mantoux.

— Tiens, c'est un vers.

— Vous avez deviné du premier coup le secret de ma mnémotechnie.

— Redites-nous cela : Rabichon....

— Lebrasseur, Chassepie et Mantoux.

— Voilà qui est curieux. Maintenant, nous sommes tous aussi savants que vous. Rabichon, Lebrasseur, Chassepie et Mantoux. Et que font-ils, ces honnêtes gens-là ?

— Les deux premiers sont provisoirement dans

une papeterie; le troisième est jardinier; le quatrième est serrurier en boutique.

— Monsieur Domet, vous êtes un grand homme; pardonnez-moi d'avoir douté de votre érudition.

— Pourvu que vous ne doutiez pas de mon obéissance. »

M. Domet partit; il était une heure du matin, et tous les fidèles de Mme Chermidy se levèrent l'un après l'autre. Ils baisèrent religieusement, comme une patène, cette petite main blanche qui caressait l'espoir d'un crime. En répondant à leurs adieux, la jolie femme répétait entre ses dents le vers mnémotechnique du pauvre M. Domet : Rabichon, Lebrasseur, Chassepie et Mantoux.

Le duc sortit le dernier. « A quoi pensez-vous? lui dit-il; vous êtes préoccupée.

— Je pense à Corfou.

— Songez à vos amis de Paris!

— Bonsoir, monsieur le duc. Je crois que *le Tas* vous a trouvé un domestique. Elle doit aller aux renseignements; nous en reparlerons un de ces jours. »

Le lendemain, *le Tas* prit le chemin de fer de Corbeil. Elle s'établit à l'hôtel de France et courut la ville jusqu'au dimanche. Elle visita les papeteries, acheta des fleurs chez tous les jardiniers, et se promena beaucoup dans les rues. Le dimanche matin, elle perdit la clef de son sac de voyage. Elle passa chez un petit serrurier de la route d'Essonne qui soufflait sa forge malgré la loi du repos dominical. L'enseigne portait ces mots : MANTOUX PEU-DE-CHANCE, *serrurier en tous genres*. Le maître du logis était un petit homme de trente à trente-cinq ans, brun, bien fait, vif et éveillé. On n'avait pas besoin de le regarder deux fois pour deviner à quelle religion il appartenait. Il était de ceux qui font du samedi leur dimanche. L'amour du gain brillait dans ses petits yeux noirs, et son nez ressemblait au bec d'un oiseau de proie. *Le Tas* le pria de venir à l'hôtel pour forcer une serrure. Il s'acquitta de sa besogne en homme expérimenté. *Le Tas* le retint auprès d'elle par les charmes de sa conversation. Elle lui demanda s'il était content des affaires ; il répondit en homme dégoûté de la vie. Rien ne lui avait réussi depuis qu'il était au monde. Il avait servi comme groom, et son maître l'avait chassé. Il était entré en apprentissage chez un mécanicien, et la susceptibilité de quelques clients lui avait fait un mauvais parti. A vingt ans, il s'était lancé avec quelques amis dans une affaire magnifique : un travail de serrurerie où tous les associés devaient gagner leur fortune. Malgré son zèle et son habileté, il avait échoué honteusement, et il avait ramé dix ans sans pouvoir se relever de sa chute. Le nom de *Peu-de-chance* lui était resté depuis ce temps-là. Il était venu s'établir à Corbeil, après un long séjour dans le Midi. Les autorités de la ville le connaissaient bien et s'intéressaient à son sort; il recevait de temps en temps la visite de M. le commissaire de police. Cependant l'ouvrage n'abondait pas chez lui, et peu de maisons lui étaient ouvertes.

Le Tas compatit à ses chagrins et lui demanda pourquoi il n'allait pas chercher fortune ailleurs.

Il répondit mélancoliquement qu'il n'avait ni le goût ni le moyen de voyager. Il était là pour longtemps. Où la chèvre est attachée, il faut qu'elle broute.

« Même quand il n'y a rien à brouter? » dit *le Tas*.

Il inclina la tête pour toute réponse.

Le Tas lui dit : « Si je me connais en physionomie, vous êtes un brave homme comme je suis une bonne fille. Pourquoi ne vous remettez-vous pas en maison, puisque vous avez déjà servi? Moi, je suis en condition à Paris chez une dame seule, qui me traite bien; on pourrait vous trouver une place.

— Je vous remercie de tout mon cœur, reprit-il, mais le séjour de Paris m'est défendu.

— Par le médecin?

— Oui; j'ai la poitrine délicate.

— Justement la place n'est pas à Paris. C'est hors de France, vers la Turquie, là-bas, dans un pays où l'on guérit les poitrinaires, en les mettant chauffer au soleil.

— J'aimerais bien cela, si la maison était bonne. Mais il faut bien des choses pour passer la frontière : de l'argent, des papiers, et je n'ai rien de tout ça.

— On ne vous laisserait manquer de rien si vous conveniez à madame. Il faudrait venir la voir une heure ou deux à Paris.

— Ça, c'est possible. Il ne m'arrivera rien, quand même je passerais une journée chez vous.

— Bien sûr.

— Si l'affaire se faisait, je voudrais prendre un autre nom sur mon passe-port. J'en ai assez du mien, il m'a porté malheur, et je le laisserais en France avec mes vieux habits.

— Bah! vous avez raison. C'est ce qui s'appelle faire peau neuve. Je parlerai de vous à madame, et si tout peut s'arranger, je vous écrirai un mot. »

Le Tas revint le soir même à Paris. Mantoux, dit *Peu-de-chance*, crut avoir rencontré une fée bienfaisante sous l'enveloppe d'une guenon. Les songes les plus dorés vinrent s'asseoir à son chevet. Il rêva qu'il devenait du même coup riche et honnête, et que l'Académie française lui décernait un prix de vertu de cinquante mille francs de rente. Il reçut une lettre le lundi soir, rompit son ban et débarqua le mardi matin chez Mme Chermidy. Il avait coupé sa barbe et ses cheveux, mais *le Tas* n'eut garde de lui demander pourquoi.

La splendeur de la maison l'éblouit; la dignité sévère de Mme Chermidy lui imposa sérieusement. La belle scélérate s'était fait un visage de procureur impérial. Elle le fit comparaître devant elle, et l'interrogea sur son passé en femme qu'on ne trompe point. Il mentit comme un prospectus, et elle eut soin de le croire sur parole. Lorsqu'il eut fourni tous les renseignements désirables, elle lui dit :

« Mon garçon, la place que je veux vous donner est une place de confiance. Un de mes amis, M. le duc de La Tour d'Embleuse, cherche un domestique pour sa fille qui se meurt en pays étranger. Il y aura de bons gages pendant un an ou deux, et 1200 francs de rente viagère après la mort de la jeune dame. Elle est condamnée par tous les médecins de Paris. Les gages vous seront payés par la famille ; quant à la rente, c'est moi qui en réponds. Comportez-vous en bon serviteur, et attendez patiemment la fin : vous ne perdrez rien pour attendre. »

Mantoux jura sur le Dieu de ses pères qu'il soignerait la jeune dame comme une sœur, et qu'il la forcerait de vivre cent ans.

« C'est bien, reprit Mme Chermidy. Vous nous servirez ce soir, et je vous présenterai à M. le duc de La Tour d'Embleuse. Montrez-vous à lui tel que vous êtes, et je réponds qu'il vous prendra. »

Elle ajouta en elle-même : « Quoi qu'il arrive, ce

coquin verra en moi sa dupe, et non pas sa complice. »

Mantoux servit à table, non sans avoir pris une bonne leçon de sa protectrice *le Tas*. Les convives étaient au nombre de quatre; il y avait autant de domestiques pour changer les assiettes, et le serrurier n'eut qu'à regarder faire. Mme Chermidy s'était promis de lui donner, à tout événement, une leçon de toxicologie. Elle ne jugeait pas inutile de lui enseigner l'emploi des poisons, et elle avait choisi ses convives en conséquence. C'était un conseiller à la cour, un professeur de médecine légale, et M. de La Tour d'Embleuse.

Elle amena tout doucement le docteur sur le chapitre des poisons. Les hommes qui professent cette matière délicate sont généralement avares de leur science; mais ils s'oublient quelquefois à table. Tel secret qu'on a soin de cacher au public peut se raconter en confidence lorsqu'on a pour auditoire un magistrat, un grand seigneur et une jolie femme cinq ou six fois millionnaire. Les domestiques ne comptent pas; il est convenu qu'ils n'ont point d'oreilles.

Malheureusement pour Mme Chermidy, les poisons arrivèrent avant le vin de Champagne. Le docteur fut prudent, badina beaucoup et ne fit pas d'imprudence. Il se retrancha dans les curiosités archéologiques, raconta que la science des poisons n'était pas en progrès, que nous avions égaré les recettes de Locuste, de Lucrèce Borgia, de Catherine de Médicis et de la marquise de Brinvilliers; il s'apitoya en riant sur ces beaux secrets perdus, pleura le poison foudroyant du jeune Britannicus, les gants parfumés de Jeanne d'Albret, la poudre de succession, et cette liqueur de ménage qui changeait le vin de Chypre en vin de Syracuse; il n'oublia pas, chemin faisant, le bouquet fatal d'Adrienne Lecouvreur. Mme Chermidy remarqua que le jeune serrurier écoutait de toutes ses oreilles. « Parlez-nous des poisons modernes, dit-elle au docteur, des poisons qu'on emploie de nos jours, des poisons en activité de service!

— Hélas! madame, dit-il, nous sommes tombés bien bas. Le difficile n'est pas de tuer les gens : un coup de pistolet ferait l'affaire. Il s'agit de les tuer sans laisser de trace. Le poison n'est pas bon à autre chose, et c'est là son seul avantage sur le pistolet. Malheureusement, à mesure qu'il s'invente un toxique nouveau, on découvre un moyen de constater sa présence. Le démon du bien a les ailes aussi longues que le génie du mal. L'arsenic est un bon ouvrier, mais l'appareil de Marsh est là pour contrôler l'ouvrage. La nicotine n'est pas une sotte invention, la strychnine est un produit recommandable; mais M. le conseiller sait aussi bien que moi que la strychnine et la nicotine ont trouvé leurs maîtres; en autres termes, leurs réactifs.

« On a adopté le phosphore avec une apparence de raison. On se disait : Le corps humain contient du phosphore en quantité : si l'analyse chimique en découvre dans le corps de la victime, je répondrai que c'est la nature qui l'y a mis. Nous avons battu ces raisonnements à plate couture. Certes, il n'est pas malaisé de tuer les gens, mais il est presque impossible de le faire impunément. Je pourrais vous indiquer le moyen d'empoisonner vingt-cinq personnes à la fois, dans une chambre close, sans leur donner aucun breuvage. L'expérience ne coûte pas dix sous; mais l'assassin donnerait sa tête par-dessus le marché. Un chimiste de grand talent vient d'inventer une composition subtile qui a son charme aussi. En brisant le tube qui la contient, on fait tomber les gens comme des mouches. Mais on ne persuade à personne qu'ils ont péri de leur belle mort.

— Docteur, demanda Mme Chermidy, qu'est-ce que l'acide prussique ?

— L'acide prussique ou cyanhydrique, madame, est un poison très-difficile à fabriquer, impossible à acheter, impossible à conserver pur, même dans les vases noirs.

— Et il laisse des traces ?

— Magnifiques ! Il teint les gens en bleu; et c'est ainsi qu'on a découvert le bleu de Prusse.

— Vous vous moquez de nous, docteur. Vous ne

respectiez pas ce qu'il y a de plus sacré au monde : la curiosité d'une femme ! On m'a parlé d'un poison d'Afrique ou d'Amérique qui tue les hommes dans une piqûre d'épingle. Est-ce une invention des romanciers?

— Non, c'est une invention des sauvages. On l'emploie au bout des flèches. Joli poison, madame : il ne fait pas languir son homme : la foudre en miniature ! Le plus curieux de l'affaire, c'est qu'on le mange impunément. Les sauvages l'emploient dans les sauces et dans les combats, à la guerre et à la cuisine.

— Vous venez de nous dire son nom, mais je ne me rappelle plus.

— Je ne l'ai pas dit, madame, mais je suis tout prêt à vous l'apprendre. C'est le *curare*. Il se vend en Afrique, dans les montagnes de la Lune. Le marchand est anthropophage. »

Mme Chermidy en fut pour son dîner. Le docteur garda soigneusement le dépôt terrible que tout médecin porte avec lui. Mais le duc fut touché du recueillement et de l'attention de Mantoux. Il le prit au service de sa fille.

VIII

BEAUX JOURS.

Lorsqu'on lit une Histoire de la révolution française, on n'est pas médiocrement surpris de rencontrer des mois entiers de paix profonde et de bonheur sans nuage. Les passions sommeillent, les haines se reposent, les craintes se rassurent, les partis marchent comme des frères en se tenant par la main, les ennemis s'embrassent sur la place publique. Ces beaux jours sont comme des reposoirs préparés d'étape en étape sur une route sanglante.

On en rencontre de tout pareils dans la vie la plus agitée ou la plus malheureuse. Les révolutions de l'âme et du corps, les passions et les maladies ne vont pas sans quelques instants de repos. L'homme est un être si débile, qu'il ne peut agir ni souffrir avec continuité. S'il ne s'arrêtait un peu de temps en temps, il serait trop tôt au bout de ses forces.

L'été de 1853 fut pour Germaine un de ces moments de répit qui viennent si à propos à la faiblesse humaine. Elle le mit à profit ; elle se retrempa dans le bonheur, et elle prit un peu de force pour les épreuves qu'elle avait encore à traverser.

Le climat des îles Ioniennes est d'une douceur et d'une égalité sans seconde. L'hiver n'y est pas autre chose que la transition de l'automne au printemps ; les étés y sont d'une sérénité fatigante. De temps en temps un nuage voyageur passe en courant au-dessus des sept îles, mais il ne s'y arrête point. On y demeure jusqu'à trois mois dans l'attente d'une goutte d'eau. Dans ce paradis aride, les indigènes ne disent pas : Ennuyeux comme la pluie ; mais : Ennuyeux comme le beau temps.

Le beau temps n'ennuyait pas Germaine ; il la guérissait lentement. M. Le Bris assistait à ce miracle du ciel bleu ; il regardait agir la nature, et suivait avec un intérêt passionné l'action lente d'un pouvoir supérieur au sien. Il était trop modeste pour s'attribuer l'honneur de la cure, et il confessait de bonne foi que la seule médecine infaillible est celle qui vient d'en haut.

Cependant, pour mériter l'aide du ciel, il s'aidait un peu lui-même. Il avait reçu de Paris l'iodomètre du docteur Chartroule avec une provision de cigarettes iodées. Ces cigarettes, composées d'herbes aromatiques et de plantes calmantes infusées dans une teinture d'iode, introduisant le médicament jusque dans les poumons, accoutument les organes les plus délicats à la présence d'un corps étranger, et préparent le malade à aspirer l'iode pur à travers les tubes de l'appareil. Par malheur, l'appareil arriva en morceaux, quoiqu'il eût été emballé par le duc lui-même et apporté avec des soins infinis par le nouveau domestique. Il fallut en demander un autre, et cela prit du temps.

Au bout d'un mois de ce traitement anodin, Germaine éprouvait déjà un mieux sensible. Elle était moins faible pendant le jour; elle portait plus légèrement les fatigues d'une longue promenade; elle revenait moins souvent à son lit de repos. Son appétit était plus vif et surtout plus constant; elle ne repoussait plus les aliments après y avoir goûté. Elle mangeait, digérait et dormait d'assez bon cœur. La fièvre du soir était bien calmée; les sueurs nocturnes qui inondent tous les phthisiques diminuaient un peu tous les jours.

Le cœur de la malade ne tarda pas à entrer aussi en convalescence. Son désespoir, son humeur farouche et sa haine de ceux qui l'aimaient, firent place à une mélancolie douce et bienveillante. Elle était si heureuse de se sentir renaître, qu'elle aurait voulu remercier le ciel et la terre.

Les convalescents sont de grands enfants qui

s'attachent, de peur de tomber, à tout ce qui les entoure. Germaine retenait ses amis auprès d'elle ; elle craignait la solitude; elle voulait être rassurée à toute heure; elle disait à la comtesse : « N'est-ce pas, je vais mieux? » Elle ajoutait tout bas : « Je ne mourrai pas? » La comtesse répondait en riant : « Si la Mort venait pour vous prendre, je lui montrerais ma figure, et elle se sauverait bien loin. » La comtesse était fière de sa laideur, comme les autres femmes de leur beauté. La coquetterie se fourre partout.

Don Diego attendit patiemment que Germaine revînt à lui. Il était trop délicat et trop fier pour l'importuner de ses prévenances, mais il se tenait à sa portée, prêt à faire le premier pas aussitôt qu'elle l'appellerait du regard. Elle se fit bientôt une douce habitude du spectacle de cette amitié discrète et silencieuse. Le comte avait dans sa laideur quelque chose d'héroïque et de grand que les femmes apprécient plus que la gentillesse. Il n'était pas de ceux qui font des conquêtes, mais de ceux qui inspirent des passions. Sa longue figure basanée, ses grandes mains couleur de bronze, ressortaient avec un certain éclat sur son costume de coutil blanc. Ses grands yeux noirs laissaient échapper des éclairs de douceur et de bonté ; sa voix forte et métallique avait par moment des inflexions suaves. Germaine finit par trouver une ressemblance entre ce grand d'Espagne et un lion apprivoisé.

Lorsqu'elle se promenait au jardin sous les vieux orangers ou parmi les tamarix de la plage, appuyée sur le bras de la vieille comtesse ou traînant le petit Gomez à la queue de sa robe, le comte la suivait de loin, sans affectation, un livre à la main. Il ne prenait pas les airs penchés d'un amoureux, et il ne confiait point de soupirs à la brise. Vous auriez dit un père indulgent qui veut surveiller ses enfants sans intimider leurs jeux. Son affection pour sa femme se composait de charité chrétienne, de compassion pour la faiblesse, et de cette joie amère qu'un homme de cœur trouve dans l'accomplissement des devoirs difficiles. Peut-être encore y entrait-il un peu d'orgueil légitime. C'est une belle victoire que d'arracher à la mort une proie certaine et de créer à nouveau un être que la maladie avait presque détruit. Les médecins connaissent ce plaisir-là. Ils s'attachent de toute leur amitié à ceux qu'ils ont ramenés de l'autre monde; ils ont pour eux la tendresse du créateur pour sa créature.

L'habitude, qui rapproche tout, avait accoutumé Germaine à causer avec son mari. Lorsqu'on se voit du matin au soir, il n'y a pas de haine qui tienne : on parle, on répond, cela n'engage à rien; mais la vie n'est possible qu'à ce prix. Elle l'appelait don Diego ; il l'appelait tout simplement Germaine.

Un jour (c'était vers le milieu du mois de juin), elle était étendue au jardin sur des tapis de Smyrne. Mme de Villanera, assise auprès d'elle, égrenait machinalement un gros chapelet de corail, et le petit Gomez ramassait des oranges avortées pour en bourrer ses poches. Le comte passa à dix pas de là, un livre à la main. Germaine se remit sur son séant et l'invita à prendre une chaise. Il obéit sans se faire prier, et remit le livre dans sa poche.

« Que lisiez-vous là? » demanda-t-elle.

Il répondit en rougissant comme un écolier pris en faute : « Vous allez rire de moi. C'est du grec.

— Du grec! vous savez lire le grec! comment un homme comme vous a-t-il pu s'amuser à apprendre le grec?

— Par le plus grand des hasards. Mon précepteur aurait pu être un âne comme tant d'autres; il s'est trouvé que c'était un savant.

— Et vous lisez du grec pour votre plaisir?

— Homère, oui. Je suis au milieu de l'*Odyssée*. »

Germaine simula un petit bâillement. « J'ai lu cela dans Bitaubé, dit-elle. Il y avait un glaive et un casque sur la couverture.

— Alors, vous seriez bien étonnée si je vous lisais Homère dans Homère; vous ne le reconnaîtriez plus.

— Bien obligée! je n'aime pas les histoires de batailles.

— Il n'y en a pas dans l'*Odyssée*. C'est un roman de mœurs, le premier qu'on ait écrit, et peut-être le plus beau. Nos auteurs à la mode n'inventeront rien de plus intéressant que l'histoire de ce propriétaire campagnard qui a quitté sa maison pour gagner de l'argent, qui revient après vingt ans d'absence, trouve une armée de faquins installés chez lui pour courtiser sa femme et manger son bien, et les tue à coups de flèches. Il y a là un drame intéressant, même pour le public des boulevards. Rien n'y manque, ni le bon serviteur Eumée, ni le chevrier qui trahit son maître, ni les servantes sages, ni les servantes folles que le jeune Télémaque est chargé de pendre au dénoûment. Le seul défaut de cette histoire, c'est qu'on nous l'a toujours traduite avec emphase. On a changé en autant de rois les jeunes rustauds qui assiégeaient Pénélope ; on a déguisé la ferme en palais, et l'on a mis de l'or partout. Si j'osais vous traduire seulement une page, vous seriez émerveillée de la vérité simple et familière du récit; vous verriez avec quelle joie naïve le poëte parle du vin noir et de la viande succulente ; comme il admire les portes bien jointes et les planches bien rabotées! Vous verriez surtout comme la nature est décrite avec exactitude, et vous retrouveriez dans mon livre la mer, le ciel et le jardin que voici.

— Essayons, dit Germaine. Quand je dormirai. vous le verrez bien. »

Le comte obéit de bonne grâce, et se mit à traduire le premier chant à livre ouvert. Il déroula sous les yeux de Germaine ce beau style homérique, plus riche, plus bariolé et plus étincelant que les brillants tissus de Beyrouth ou de Damas. Sa traduction était d'autant plus libre, qu'il n'entendait pas bien tous les mots; mais il s'entendait avec le poëte. Il coupa quelques longueurs, développa à sa façon certains passages curieux, et ajouta au texte un commentaire intelligent. Bref, il intéressa son cher auditoire, excepté le marquis de los Montes de Hierro, qui criait à tue-tête pour interrompre la lecture. Les enfants sont comme les oiseaux : lorsqu'on parle devant eux, ils chantent.

Je ne sais pas si les jeunes époux allèrent jusqu'au bout de l'*Odyssée*, mais don Diego avait trouvé le moyen d'éveiller l'intérêt de sa femme, et c'était beaucoup. Elle prit l'habitude de l'entendre lire et de se trouver bien dans sa compagnie. Elle ne tarda pas à voir en lui un esprit supérieur. Il était trop timide pour parler en son propre nom, mais le voisinage d'un grand poëte lui donnait de la hardiesse, et ses idées personnelles se faisaient jour sous la protection des pensées d'autrui. Dante, Arioste, Cervantès, Shakspeare, furent les sublimes entremetteurs qui se chargèrent de rapprocher ces deux âmes et de les rendre chères l'une à l'autre. Germaine ne se sentit nullement humiliée de son ignorance et de la supériorité de son mari. Une femme se réjouit de n'être rien en comparaison de celui qu'elle aime.

On adopta l'habitude de vivre ensemble et de se réunir au jardin pour causer et pour lire. Ce qui faisait le charme de ces réunions, ce n'est pas la gaieté ; c'est une certaine sérénité calme et amicale. Don Diego ne savait pas rire, et le rire de sa mère ressemblait à une grimace nerveuse. Le docteur, franc et joyeux comme un Champenois, avait l'air de faire une fausse note lorsqu'il jetait son grain de sel dans la conversation. Germaine toussait quelquefois; elle conservait toujours sur son visage l'expression inquiète que donne le voisinage de la mort. Et cependant ces jours d'été sans nuage étaient les premiers beaux jours de sa jeunesse.

Combien de fois, dans cette intimité de la vie de famille, l'esprit du comte fut-il troublé par le souvenir de Mme Chermidy? Personne n'en a rien su, et je ne me hasarderais pas à le dire. Il est probable que la solitude, l'oisiveté, la privation des plaisirs vifs, où l'homme se dépense, enfin la séve du printemps qui monte au front de l'homme comme à la cime des arbres, lui firent regretter plus d'une fois la noble résolution qu'il avait prise. Les trappistes qui tournent le dos au monde après en avoir joui, trouvent au fond du cloître des armes toutes prêtes contre les tentations du passé : c'est le jeûne, la prière, et un régime assez mortifiant pour tuer le vieil homme. Il y a peut-être encore plus de mérite à combattre comme don Diego, en soldat désarmé. M. Le Bris le suivait du coin de l'œil, comme un malade qu'il faut préserver des rechutes. Il lui parlait rarement de Paris, jamais de la rue du Cirque. Il lut dans un journal français que *la Naïade* s'était embossée devant Ky-Tcheou, dans la mer du Japon, pour demander réparation de l'insulte faite à nos missionnaires : il déchira le journal en petits morceaux, pour qu'il ne fût pas question de M. Chermidy.

Il y a, en Orient, des heures où la brise du midi enivre plus puissamment les sens de l'homme que le vin de Tinos qu'on boit sous le nom de malvoisie ; le cœur se fond comme une cire ; la volonté se détend, l'esprit faiblit. On s'efforce de penser, les idées nous échappent comme une eau qui fuit entre les doigts. On va chercher un livre, un doux et vieil ami ; on lit ; les yeux s'égarent dès les premiers vers ; le regard nage, les paupières s'ouvrent et se ferment sans savoir pourquoi. C'est dans ces heures de demi-sommeil et de douce quiétude que nos cœurs s'ouvrent d'eux-mêmes. Les mâles vertus triomphent à bon marché quand un froid piquant nous rougit le nez et nous coupe les oreilles, et que le vent de décembre serre les fibres de la chair et de la volonté. Mais quand les jasmins sèment leur âcre parfum dans le voisinage, quand les fleurs du laurier-rose nous pleuvent sur la tête, quand les pins secoués par le vent sonnent comme des lyres et que les voiles blanches se dessinent au loin sur la mer comme des Néréides, alors il faut être bien sourd et bien aveugle pour voir et pour entendre autre chose que l'amour!

Don Diego s'aperçut un jour que Germaine avait changé à son avantage. Ses joues étaient plus pleines et mieux nourries; les sillons de ce joli visage se remplissaient; les plis sinistres commençaient à s'effacer. Une couleur plus saine, un hâle de bon augure colorait son beau front, et ses cheveux d'or n'étaient plus la couronne d'une morte.

Elle venait d'écouter une lecture assez longue; la fatigue et le sommeil l'avaient prise en même temps; elle avait laissé tomber sa tête en arrière; et tout le corps s'en était allé dans les bras du fauteuil. Le comte était seul avec elle. Il déposa son livre à terre, s'approcha doucement, se mit à genoux devant la jeune fille et avança les lèvres pour la baiser au front; mais il fut retenu par un instinct de délicatesse. Pour la première fois, il songea avec horreur à la façon dont il était devenu le mari de Germaine; il eut honte du marché; il se dit qu'un baiser obtenu par surprise serait quelque chose comme un crime, et il se défendit d'aimer sa femme jusqu'au jour où il serait sûr d'en être aimé.

Les hôtes de la villa Dandolo ne vivaient pas dans une solitude aussi abstraite qu'on pourrait le supposer. L'isolement ne se rencontre que dans les grandes villes, où chacun vit pour soi sans s'inquiéter des voisins. A la campagne, les plus indifférents se rapprochent; on n'y craint pas un voyage d'une heure; l'homme sait qu'il est né pour la société, et cherche la conversation de ses semblables.

Il se passait peu de jours sans que Germaine reçût quelque visite. On vint chez elle d'abord par curiosité, puis par intérêt bienveillant, enfin par amitié. Ce coin de l'île était habité en toute saison par cinq ou six familles modestes, qui auraient été pauvres à la ville, et qui ne manquaient de rien sur leurs terres, parce qu'elles savaient se contenter de peu. Leurs châteaux tombaient en ruine, et l'on manquait d'argent pour les réparer; mais on entretenait avec soin, au-dessus de la porte d'entrée, un écusson contemporain des croisades. Les îles Ioniennes sont le faubourg Saint-Germain de l'Orient; vous y retrouvez les grandes vertus et les petits travers de la noblesse, orgueil, dignité, pauvreté décente et laborieuse, et une certaine élégance dans la vie la plus dénuée.

Le propriétaire de la villa, M. le comte Dandolo,

ne serait pas désavoué par les doges ses ancêtres. C'est un petit homme vif et intelligent, éveillé aux affaires politiques, tiraillé entre le parti grec et l'influence anglaise, mais enclin à l'opposition et toujours prêt à juger sévèrement les actes du lord haut commissaire. Il suit de près les intrigues vieilles et nouvelles qui divisent l'Europe, surveille les progrès du léopard britannique, discute la question d'Orient, s'inquiète de l'influence des jésuites, et préside les francs-maçons de Corfou. Excellent homme, qui dépense plus d'activité qu'un capitaine au long cours pour naviguer autour d'un verre d'eau. Son fils Spiro, un beau jeune homme de trente ans, s'est laissé conquérir aux idées anglaises, comme toute la génération nouvelle. Il fréquente les officiers et se montre dans leurs loges au théâtre. Les Dandolo pourraient vivre grandement, s'ils trouvaient à se défaire de leurs biens; mais, à Corfou, les habitants sont aussi pauvres que la terre est riche. Chacun est prêt à vendre, personne ne songe à acheter. Le comte et Spiro parlent élégamment les trois langues du pays, l'anglais, le grec et l'italien; ils savent le français par surcroît, et leur amitié fut précieuse à Germaine. Spiro s'intéressait à la belle malade avec toute la chaleur d'un cœur inoccupé.

Il amenait parfois un digne homme de ses amis, le docteur Delviniotis, professeur de chimie à la faculté de Corfou. M. Delviniotis avait voué à la malade une amitié d'autant plus vive qu'il avait une fille du même âge. Il donnait ses conseils à M. Le Bris, causait en italien avec le comte et Mme de Villanera, et se désolait de ne pas savoir le français pour faire plus ample connaissance avec Germaine. On le voyait assis devant elle pendant des heures entières, cherchant une phrase, ou regardant sans rien dire, avec cette politesse tranquille et muette qui règne dans tout l'Orient.

L'homme le plus bruyant de la compagnie était un vieux Français établi à Corfou depuis 1814, le capitaine Brétignières. Il avait quitté le service à vingt-quatre ans avec une pension de retraite et une jambe de bois de chêne. Ce grand corps maigre et osseux boitait gaillardement, buvait sec et riait haut, à la barbe de la vieillesse. Il faisait une lieue à pied pour venir dîner à la villa Dandolo, contait des histoires militaires, frisait sa moustache, et soutenait que les îles Ioniennes devraient appartenir à la France. C'était un convive d'autant plus précieux que sa gaieté échauffait la maison. Quelquefois, en se versant rasade, il disait d'un ton sentencieux : « Quand on s'estime et quand on s'aime, on peut boire ensemble tant qu'on veut sans se faire de mal. » Germaine dînait toujours de bon appétit lorsque le capitaine était là. Cet aimable boiteux, cramponné si obstinément à la vie, l'éblouissait d'une douce espérance et la forçait de croire à l'avenir. M. Brétignières tutoyait le petit marquis, l'appelait mon général, et le faisait sauter sur son genou. Il baisait galamment les mains de la malade, et la servait avec la dévotion d'un vieux page ou d'un troubadour en retraite.

Elle avait un admirateur d'une autre école dans la personne de M. Stevens, juge d'instruction à la cour royale de Corfou. Cet honorable magistrat employait aux soins de son corps un traitement de mille livres sterling par année. Vous n'avez jamais vu un homme plus propre, plus replet, plus nourri, plus luisant, une santé plus calme et mieux gorgée. Egoïste comme tous les vieux garçons, sérieux comme tous les magistrats, flegmatique comme tous les Anglais, il cachait sous la rotondité béate de sa personne une certaine dose de sensibilité. La santé lui paraissait un bien si précieux, qu'il eût voulu en faire part à tout le monde. Il avait connu le jeune Anglais de Pompeï, et il avait suivi de près les phases diverses de sa guérison. Il racontait naïvement qu'il avait éprouvé une sympathie médiocre pour ce petit être pâle et mourant, mais qu'il l'avait aimé de jour en jour à mesure qu'il le voyait revenir à la vie. Il était devenu son ami intime le jour où il avait pu lui serrer la main sans le faire crier. Ce fut l'histoire de sa liaison avec Germaine. Il évita de s'attacher à elle tant qu'il la crut condamnée à mort; mais du moment où elle parut s'installer dans ce monde, il lui ouvrit son cœur à deux battants.

Les plus proches voisins de la maison étaient Mme Vitré et son fils. Ils devinrent en peu de temps ses amis les plus intimes. La baronne de Vitré était une Normande réfugiée à Corfou avec les débris de sa fortune. Comme elle évitait de raconter son histoire, on n'a jamais su quels événements l'avaient chassée si loin de son pays. Ce qui sautait à tous les yeux, c'est qu'elle vivait en femme de bien, et qu'elle élevait admirablement son fils. Elle avait quarante ans et une beauté un peu commune : on l'aurait prise, en France, pour une fermière du pays de Caux. Mais elle s'occupait de son ménage, de ses oliviers et de son cher Gaston avec une activité méthodique et un zèle sans embarras qui trahissaient la race. La grandeur est un don qui se révèle dans toutes les situations de la vie et sur les théâtres les plus divers : elle se montre aussi bien dans le travail que dans le repos, et elle ne brille pas plus dans un salon que dans une buanderie ou une basse-cour. Mme de Vitré, entre ses deux servantes, vêtue, comme elles, du costume national, qui ressemble à l'habit des carmélites, était aussi imposante que Pénélope brodant les tuniques du jeune Télémaque. Gaston de Vitré, beau comme une jeune fille de vingt ans, menait la vie rude et exercée d'un gentilhomme campagnard. Il travaillait de ses mains, taillait les arbres, cueillait les oranges, et émondait lui-même la haie de grenadiers dont les fruits rouges crevaient au soleil. Le matin, il courait dans la rosée, le fusil sur l'épaule, pour tuer des grives ou des becfigues; le soir, il lisait avec sa mère, qui fut son professeur, et la forte nourrice de son esprit. Sans souci de l'avenir, ignorant les choses du monde, et renfermant ses pensées dans l'horizon qui bornait ses regards, il ne soupçonnait pas d'autres plaisirs qu'une belle journée de chasse, une lecture de Lamartine, ou une promenade en mer sur son bateau. Cœur vierge, âme toute neuve et blanche comme ces belles feuilles de papier qui invitent la plume à écrire. Lorsque sa mère le conduisit à la villa Dandolo, il s'aperçut, pour la première fois, qu'il était un petit ignorant; il rougit de l'oisiveté où il avait vécu, et il regretta de n'avoir pas appris la médecine.

Les visites sont toujours longues à la campagne. On a fait tant de chemin pour se voir, qu'on a de la peine à se quitter. Les Dandolo et les Vitré, le docteur Delviniotis, le juge et le capitaine passaient quelquefois des journées entières autour de la belle convalescente. Elle les retenait avec joie, sans se rendre compte du motif secret qui la faisait agir. Déjà elle commençait à éviter les occasions d'être seule avec son mari. Autant l'amour déclaré fuit les importuns et recherche le tête-à-tête, autant l'amour naissant aime la foule et les distractions. Dès que nous commençons à nous sentir possédés par un autre, il nous semble que les étrangers et les indifférents nous protégent contre notre faiblesse, et que nous serions sans défense s'ils n'étaient plus là.

Mme de Villanera servait, sans le savoir, ce secret désir de Germaine. Elle retenait auprès d'elle Mme de Vitré, à qui elle s'attachait de jour en jour. Don Diego n'en était pas venu à ce point où un amant supporte impatiemment la compagnie des étrangers ; son affection pour Germaine était encore désintéressée, parce qu'elle était froide et tranquille. Il recherchait avant tout ce qui pouvait distraire la jeune femme et la rattacher doucement à l'existence. Peut-être aussi cet homme timide, comme tous les hommes vraiment forts, évitait de s'expliquer à lui-même le sentiment nouveau qui l'attirait vers elle. Il craignait de se voir pris entre deux devoirs contraires; il ne pouvait se dissimuler qu'il était engagé pour la vie avec Mme Chermidy. Il la croyait digne de son amour, il l'estimait malgré sa faute, comme on estime la femme innocente ou coupable dont on se sait aimé. Si l'on était venu, preuves en main, lui apprendre que Mme Chermidy n'était pas digne de lui, il aurait éprouvé un sentiment d'angoisse et non de délivrance. On ne rompt pas facilement avec trois années de bonheur; on ne dit pas en se frottant les mains : Dieu soit loué! mon fils est l'enfant d'une intrigante!

Le comte éprouvait donc un malaise moral, une inquiétude sourde qui contrariait sa passion naissante. Il craignait de lire en lui-*même*; il se *tenait* devant son cœur comme devant une lettre dont on n'ose rompre le cachet.

En attendant, les jeunes époux se cherchaient, se rencontraient, se trouvaient bien ensemble, et remerciaient du fond du cœur ceux qui les empêchaient d'être seuls. Le cercle d'amis qui venait s'asseoir autour d'eux abritait leur amour, comme les grands ormes qui entourent les vergers de Normandie protégent la floraison frileuse des pommiers.

Le salon de réception était au milieu du jardin; il y pleuvait de petites oranges. Germaine, assise dans son fauteuil, fumait des cigarettes iodées; le comte la regardait vivre; Mme de Villanera jouait avec l'enfant comme une grande vieille faunesse noire avec son nourrisson basané. Les amis se balançaient dans ces grands fauteuils à bascule qu'on fait venir d'Amérique. De temps en temps, Mantoux ou un autre valet de la maison servait du café, des glaces ou des confitures, suivant les usages de l'hospitalité orientale. Les hôtes s'étonnaient un peu que la maîtresse de la maison fût seule à fumer dans toute la compagnie. On fume partout en Orient. Vous jetez votre cigarette à la porte, mais la maîtresse du logis vous en offre une autre en vous disant bonjour. Germaine, soit qu'elle eût plus d'indulgence pour le seul défaut de son mari, soit qu'elle prît pitié de ces pauvres Grecs qui sans tabac ne sauraient vivre, décréta un beau jour que la cigarette serait permise dans toute l'étendue de son empire. Don Diego lui rappela en souriant ses anciennes répugnances. Elle rougit un peu, et répliqua vivement : « J'ai lu dans *Monte-Cristo* que le tabac turc était un parfum, et je sais qu'on n'en fume pas d'autre ici, en vue des rivages de la Turquie. Il ne s'agit plus de vos affreux cigares, dont la vue seule me fait mal. »

Bientôt on vit apparaître dans le jardin et dans la maison les grands chibouks au fourneau rouge, au bec d'ambre; les narghilés de cristal qui chantent en bouillonnant et qui promènent sur l'herbe verte leur long tuyau souple comme un serpent. A la fin de juillet, les affreux cigares s'échappèrent timidement de je ne sais quel réceptacle invisible, et ils trouvèrent grâce devant Germaine. On reconnut à cette marque qu'elle se portait beaucoup mieux.

C'est vers cette époque que l'élu de Mme Chermidy, Mantoux, dit *Peu-de-chance*, prit le parti d'empoisonner sa maîtresse.

Il y a du bon dans l'homme le plus vicieux, et je dois avouer que Mantoux avait été pendant deux mois un excellent domestique. Lorsque le duc, qui ignorait son histoire, lui eut fait donner un passeport au nom de Mathieu, il enjamba la frontière avec joie et reconnaissance. Peut-être songeait-il de bonne foi, comme le valet de Turcaret, à faire souche d'honnêtes gens. La douceur de Germaine, le charme qu'elle exerçait sur tous ceux de son entourage, les bons gages qu'elle payait à ses gens et le peu d'espoir qu'on avait de la sauver inspirèrent de bons sentiments à ce valet de contrebande. Il s'entendait mieux à crocheter une porte qu'à préparer un verre d'eau sucrée, mais il s'efforça de ne point paraître novice, et il y réussit. Il appartenait à une race intelligente, propre à tout, habile à tous les métiers et même à tous les arts. Il s'appliqua si bien, fit de tels progrès et apprit le service en si peu de temps, que ses maîtres furent contents de lui.

Mme Chermidy lui avait recommandé de cacher sa religion et de la renier au besoin si on l'interrogeait. Elle savait combien les Espagnols de la vieille roche sont intolérants pour les israélites. Malheureusement cet honnête homme remis à neuf ne pouvait pas cacher sa figure. Mme de Villanera le soupçonna d'être à tout le moins un hébreu converti. Or, en bonne Espagnole, elle faisait peu de différence entre les convertis et les obstinés. Elle était la meilleure femme du monde, et pourtant elle les eût tous envoyés au feu pêle-mêle, sûre que les douze apôtres en auraient fait autant.

Mantoux, qui avait transigé plus d'une fois avec sa conscience, ne se fit pas scrupule de renier la religion de ses pères. Il consentit même à entendre la messe avec les autres domestiques. Mais, par une de ces contradictions dont l'homme est plein, il ne se décida jamais à manger les mêmes viandes que ses camarades. Sans afficher sa résistance, il se jeta sur les légumes, les fruits et les herbages, et se comporta comme un légumiste ou un pythagoricien. Il se consolait de ce régime lorsqu'on l'envoyait faire une course à la ville. Il courait droit au quartier juif, fraternisait avec son peuple, parlait ce jargon demi-hébraïque qui sert de lien à la grande nation dispersée, et mangeait de la viande *kaucher*, c'est-à-dire tuée par le sacrificateur, suivant les préceptes de la loi. C'est une consolation qui avait dû lui manquer du temps qu'il habitait au bagne.

En conversant avec ses coreligionnaires, il apprit bien des choses : il apprit que Corfou était un excellent pays, une véritable terre promise où l'on vivait à bon compte, où l'on était riche avec douze cents francs de rente. Il apprit que la justice anglaise était sévère, mais qu'avec un bon bateau et deux rames on pouvait échapper aux poursuites de la loi. Il suffisait de mettre le cap sur la Turquie; le continent était à quelques milles de là, on le voyait, on le touchait presque! Il apprit enfin où l'on achetait de l'arsenic au plus juste prix.

Vers les derniers jours de juillet, il entendit affirmer à plusieurs personnes que la jeune comtesse était en voie de guérison. Il s'en assura par ses yeux et s'attendit à la voir rétablie d'un jour à l'autre. En lui apportant un verre d'eau sucrée tous les soirs, il remarquait, avec M. Le Bris, l'apaisement de la toux et la diminution de la fièvre. Il assista un jour au déballage d'une caisse beaucoup mieux close que celle qu'il avait apportée de Paris. Il en vit sortir un charmant appareil de cuivre et de cristal, une petite machine fort simple, et si appétissante, qu'en la voyant on regrettait de n'être pas phthisique. Le docteur s'empressa de la monter sur son pied, et dit, en la regardant avec tendresse : « Voici peut-être le salut de la comtesse. »

Cette parole fut d'autant plus pénible à Mantoux, qu'il venait de jeter son dévolu sur une petite propriété plantée d'arbres, avec maison de maître, un nid à souhait pour une famille d'honnêtes gens. L'idée lui vint de casser cet engin de destruction qui menaçait sa fortune à venir. Mais il s'avisa qu'on le mettrait à la porte, et qu'il perdrait ses gages avec sa pension. Il se résigna à n'être qu'un bon domestique.

Par malheur, ses camarades jasaient hautement

sur le régime végétal auquel il s'était soumis. Mme de Villanera en prit alarme, s'informa de tout, décida qu'il était juif incorrigible, relaps et tout ce qui s'en suit. Elle lui demanda s'il lui convenait de chercher une place à Corfou, ou s'il lui plaisait mieux de retourner en France. Il eut beau gémir, demander grâce, et recourir à l'intervention charitable de la bonne Germaine, Mme de Villanera n'entendait pas raison sur cet article-là. Tout ce qu'il obtint, c'est qu'il resterait en place jusqu'à l'arrivée de son remplaçant.

Il avait un mois devant lui : voici comme il en profita. Il acheta quelques grammes d'acide arsénieux et les cacha dans sa chambre. Il en prit une pincée, la ration de deux hommes environ, et il la fit dissoudre dans un grand verre d'eau. Il mit le verre à l'office, sur une planche très-haute où l'on ne pouvait atteindre qu'en montant sur une chaise; et, sans perdre de temps, il jeta quelques gouttes de ce liquide empoisonné dans l'eau sucrée de la malade. Il se promit de recommencer tous les jours, de tuer lentement sa maîtresse, et de mériter, en dépit du petit appareil, les bienfaits de Mme Chermidy.

IX

LETTRES DE CHINE ET DE PARIS.

A MONSIEUR MATHIEU MANTOUX, CHEZ M. LE COMTE DE VILLANERA, VILLA DANDOLO, A CORFOU.

Sans date.

Tu ne me connais pas, et je te connais aussi bien que si je t'avais inventé. Tu es un ancien pensionnaire du gouvernement à l'école navale de Toulon; c'est là que je t'ai vu pour la première fois. Je t'ai rencontré depuis à Corbeil; tu n'y faisais pas de brillantes affaires, et la police avait les yeux sur toi. Tu as eu le bonheur de tomber sur une grosse bête de Parisienne qui t'a procuré une bonne place, avec l'espérance d'une pension. La dame de la rue du Cirque et sa femme de chambre te prennent pour un innocent; on dit que tes maîtres t'honorent de leur confiance. Si la malade que tu soignes avait pris son passage pour l'autre monde, tu serais riche, considéré, et tu vivrais en bourgeois dans le pays que tu choisirais. Malheureusement, elle ne s'est pas décidée, et tu n'as pas eu l'esprit de la pousser dans le bon chemin. Tant pis pour toi; tu garderas ton nom de *Peu-de-chance*. Le commissaire de police de Corbeil te fait chercher. On est sur ta trace. Si tu ne prends pas tes mesures, on saura te trouver là-bas. Je t'y ai bien trouvé, moi qui t'écris! Es-tu curieux d'aller cueillir du poivre à Cayenne? Travaille donc, fainéant! la fortune est dans tes mains, aussi vrai que je m'appelle.... Mais tu n'as pas besoin de savoir mon nom. Je ne suis ni Rabichon, ni Lebrasseur, ni Chassepic. Je suis, dans l'espérance que tu sauras comprendre tes intérêts,

Ton ami,

X. Y. Z.

MADAME CHERMIDY AU DOCTEUR LE BRIS.

Paris, 13 août 1853.

La Clef des cœurs, mon charmant ami, voici une grande et magnifique nouvelle. Mme de Sévigné vous la ferait attendre pendant deux pages; moi, je vais plus vite en besogne et je vous la livre du premier coup. Je suis veuve, mon ami! veuve sans appel! veuve en dernier ressort! veuve comme si le notaire y avait passé! J'ai reçu la nouvelle officielle, l'acte mortuaire, les compliments de condoléance du ministère de la marine, le sabre et les épaulettes du défunt, et une pension de 750 francs pour rouler carrosse sur mes vieux jours. Veuve! veuve! veuve! il n'y a pas un plus joli mot dans la langue française. Je me suis habillée de noir; je me promène à pied dans les rues, et j'ai des démangeaisons d'arrêter les passants pour leur apprendre que je suis veuve.

J'ai reconnu dans cette occasion que je n'étais pas une femme ordinaire. J'en sais plus d'une qui aurait pleuré par faiblesse humaine et pour donner une petite satisfaction à ses nerfs; moi, j'ai ri comme une folle et je me suis roulé sur *le Tas* qui n'en pouvait mais. Il n'y a plus de Chermidy; Chermidy n'est plus; pas plus de Chermidy que sur la main; nous avons le droit de dire feu Chermidy!

Vous savez, tombeau des secrets, que je n'avais jamais aimé cet homme-là. Il ne m'était de rien. Je portais son nom, j'avais supporté ses bourrades; deux ou trois soufflets qu'il m'a donnés étaient les seuls liens que l'amour eût formés entre nous. Le seul homme que j'aie aimé, mon véritable mari, mon époux devant Dieu, ne s'est jamais appelé Chermidy. Ma fortune ne vient pas de ce matelot; je ne lui dois rien, et je serais bien hypocrite de le pleurer. N'avez-vous pas assisté à notre dernière entrevue? Vous souvient-il de la grimace conjugale qui embellissait ses traits? Si vous n'aviez pas été présent il m'aurait fait un mauvais parti ; ces maris marins sont capables de tout. Les cartes m'ont souvent prédit que je mourrais de mort violente : c'est que les cartes connaissaient M. Chermidy. Il m'aurait tordu le cou tôt ou tard, et il aurait dansé à mon enterrement. C'est moi qui ris, qui danse et qui dis des folies ; je suis dans le cas de légitime défense !

C'est une bonne histoire, allez ! que celle de cette mort. On n'a jamais vu chinoiserie pareille, et je la mettrai sur mon étagère. Tous mes amis sont venus hier m'apporter leurs compliments de condoléance. Ils s'étaient fait des figures de deuil ; mais je leur ai conté l'événement, et je les ai égayés en un tour de main. Nous avons ri, sans débrider, jusqu'à minuit et demi.

Figurez-vous, mon cher docteur, que *la Naïade* s'était embossée devant Ky-Tcheou. Je n'ai jamais pu trouver l'endroit sur la carte, et j'en suis au désespoir. Les géographes d'aujourd'hui sont des êtres bien incomplets. Ky-Tcheou doit être au sud de la presqu'île de Corée, sur la mer du Japon. J'ai bien trouvé Kin-Tcheou, mais c'est dans la province de Ching-King, sur le golfe Leou-Toung, dans la mer Jaune. Mettez-vous à la place d'une pauvre veuve, qui ne sait pas sous quelle latitude on l'a privée de son mari !

Quoi qu'il en soit, les magistrats de Ky-Tcheou, ou Kin-Tcheou, à l'embouchure de la rivière Li-

Kiang, avaient malmené deux missionnaires français. Le mandarin gouverneur, ou père de la ville, le puissant Gou-Ly, consacrait tous ses loisirs à faire des niches aux étrangers. Il y a trois factoreries européennes dans ce lieu de plaisance. Un Français qui achète de la soie exerçait les fonctions d'agent consulaire. Il avait un drapeau devant sa porte et les missionnaires logeaient chez lui. Gou-Ly fit arrêter les deux prêtres et les accusa d'avoir prêché une religion étrangère. Ils auraient eu mauvaise grâce à s'en défendre, puisqu'ils étaient venus précisément pour cela. Ils furent condamnés; et le bruit courut qu'on les avait mis à mort. C'est dans ces circonstances que l'amiral envoya *la Naïade* pour voir un peu ce qui se passait. Le commandant fit venir Gou-Ly à son bord : vous représentez-vous mon mari en tête-à-tête avec ce Chinois? Gou-Ly protesta que les missionnaires se portaient bien, mais qu'ils avaient enfreint les lois du pays et qu'ils devaient rester six mois en prison. Mon mari demanda à les voir ; on offrit de les lui montrer à travers les grilles. Il se transporta le soir même aux portes de la prison, avec une compagnie de débarquement. Il vit deux missionnaires en habit ecclésiastique, qui gesticulaient à la fenêtre. Le consul français les reconnut, et tout le monde fut content.

Mais le lendemain on vint apprendre au consul

que les missionnaires avaient été parfaitement égorgés huit jours avant l'arrivée de *la Naïade*. On entendit plus de vingt témoins qui certifièrent le fait. Mon Chermidy remit son uniforme, débarqua ses hommes, retourna à la prison et enfonça les portes, malgré les gestes des missionnaires qui lui faisaient de grands bras pour le renvoyer au navire. Il trouva dans le cachot deux figures de cire, modelées avec une perfection chinoise : c'étaient les missionnaires qu'on lui avait montrés la veille.

Mon mari entra dans une belle colère. Il ne souffre pas qu'on le trompe : c'est un travers que je lui ai toujours connu. Il revint à bord et jura son grand juron qu'il bombarderait la ville si les meurtriers n'étaient pas punis. Le mandarin, tremblant comme la feuille, fit sa soumission et condamna les juges à se voir scier entre deux planches. Pour le coup, mon mari n'eut rien à dire.

Mais la législation du pays permet à tout condamné à mort de fournir un remplaçant. Il y a des agences spéciales qui, moyennant cinq ou six mille francs et de belles promesses décident un pauvre diable à se laisser couper en deux. Les Chinois de la basse classe, qui grouillent pêle-mêle avec les animaux, ne tiennent pas énormément à la vie. Vous comprenez, pour ce qu'ils en font! Ils se décident volontiers à la mener courte et bonne lorsqu'on leur offre un millier de piastres à manger en trois jours. Mon mari accepta les remplaçants, assista au supplice, et fit sa paix avec l'ingénieux Gou-Ly. Il poussa la clémence jusqu'à l'inviter à dîner pour le lendemain avec les magistrats qui s'étaient fait remplacer. C'était agir en bon diplomate; car, enfin, qu'est-ce que la diplomatie? L'art de pardonner les injures aussitôt qu'on s'en est vengé.

Gou-Ly et ses complices vinrent dîner en grande cérémonie à bord de *la Naïade*. Le dessert fut interrompu par un incendie magnifique : le navire flambait comme une allumette. On fit jouer les pompes en temps utile; l'accident fut mis sur le dos d'un aide de cuisine, et l'on fit des excuses au vénérable Gou-Ly.

Vous trouvez le récit un peu long? Patience! nous n'avons plus longtemps à vivre. Le mandarin voulut lui rendre sa politesse; il l'invita pour le lendemain à un de ces banquets où triomphe la prodigalité chinoise. Nous sommes de pauvres sires au prix de ces originaux-là. On a beaucoup admiré ce gentleman qui mangea à lui seul un dîner de cinq cents francs au Café de Paris : les Chinois sont bien d'une autre force! On annonça au commandant des ragoûts saupoudrés de perles fines, des nids d'hirondelles aux langues de faisan doré, et la célèbre omelette aux œufs de paon qu'on fait sur la table en tuant chaque femelle pour lui arracher son œuf. Mon Chermidy, simple comme un aviron, ne devina pas que c'était lui qui payerait la carte. Il se léchait les lèvres, au dire des rapports officiels, et il se promettait d'écouter de toutes ses oreilles les comédies qui assaisonnent un festin chinois.

Il descendit à terre avec le consul et quatre hommes d'escorte, par une belle pluie battante. Vous pouvez croire qu'il n'avait pas oublié son grand uniforme. Une députation de magistrats le reçut à l'échelle avec tous les compliments de rigueur. Je suppose qu'il ne fut pas mécontent de la harangue. Si les Chinois adorent les compliments, les marins ne les détestent pas. On le hissa sur un petit cheval du pays. Je le vois d'ici, trottant en pincettes. L'animal (soit dit sans équivoque) enfonçait dans la boue jusqu'aux genoux; les villes de Chine sont pavées d'un macadam à deux fins, carrossable et navigable. Douze jeunes gens vêtus de soie rose marchaient à sa droite et à sa gauche, une plume de paon à la main. Ils chantaient du haut de leur nez les louanges du grand, du puissant, de l'invincible Chermidy, et ils agaçaient doucement sa monture avec les barbes de leurs plumes. Les petits chatouillaient les naseaux, les grands caressaient l'intérieur des oreilles, si bien et si longtemps que l'animal se cabra. Le cavalier, maladroit comme un marin, tomba sur le dos. Les enfants coururent à lui et lui demandèrent tous à la fois s'il s'était fait mal, s'il n'avait besoin de rien, s'il voulait de l'eau pour se laver, si l'on pouvait lui faire respirer quelque chose ; et, tout en parlant, ils tirèrent leurs petits couteaux de leurs poches et lui coupèrent le cou sans bruit, sans scandale, jusqu'à ce que la tête fût complétement détachée du tronc.

C'est le consul qui a raconté cette histoire. Il n'en aurait parlé à personne, je le crains bien, sans le secours des quatre matelots qui lui sauvèrent la vie et le ramenèrent à bord. Je m'arrête ici ; la pièce n'est plus intéressante dès l'instant où le héros est enterré. Vous saurez la suite par les journaux et par la lettre ci-jointe que les officiers de *la Naïade* ont pris la peine de m'adresser. Je regrette sincèrement la mort du mandarin Gou-Ly. S'il vivait encore, je lui ferais une pension de nids d'hirondelles pour le reste de ses jours. Depuis que mon bonheur dépend d'un double veuvage, je me suis toujours promis de partager un million entre les âmes charitables qui me délivreraient de mes ennemis. Il y avait cinq cent mille francs dans mon secrétaire pour ce mandarin qui n'est plus.

Tombeau des secrets, vous brûlerez ma lettre, n'est-il pas vrai ? Brûlez aussi les journaux qui parleront de cette affaire. Il ne faut pas que don Diego apprenne que je suis libre tant qu'il sera enchaîné lui-même. Épargnons à nos amis des regrets trop cruels. Surtout ne lui dites pas que le noir m'embellit.

Soignez bien la personne à qui vous vous êtes

dévoué. Quoi qu'il arrive, vous aurez le mérite de l'avoir fait vivre au delà de toute espérance. Si l'on vous avait dit que vous quittiez Paris pour sept ou huit mois, mangeriez-vous de si bons becfigues? Lorsqu'elle sera guérie ou autre chose vous reviendrez à Paris, et nous vous referons une clientèle; car je suis sûre qu'excepté moi, vos malades ne vous reconnaîtront plus.

M. le duc de La Tour d'Embleuse, qui me fait l'honneur de dîner quelquefois à la maison, m'a priée de vous chercher un autre domestique. J'avais pris mes renseignements à la hâte sur le premier que je vous ai envoyé. On me l'a dépeint ces jours derniers comme un être à craindre. Chassez-le donc au plus tôt, ou gardez-le sous votre responsabilité, jusqu'à l'arrivée du remplaçant.

Adieu, la Clef des cœurs. Mon cœur vous est ouvert depuis longtemps, et si vous n'êtes pas le meilleur de tous mes amis, il n'y a point de ma faute. Conservez-moi mon mari et mon fils, et je serai pour la vie Toute à vous, HONORINE.

LES OFFICIERS DE LA NAÏADE A MADAME CHERMIDY.

Hong-Kong, 2 avril 1853.

Madame,

Les officiers et les élèves embarqués à bord de *la Naiade* remplissent un pénible devoir en venant joindre leurs regrets à la douleur bien légitime que vous causera la perte du commandant Chermidy.

Une odieuse trahison a enlevé à la France un de ses officiers les plus honorables et les plus expérimentés : à vous, madame, un mari dont chacun pouvait apprécier la bonté et la douceur; à nous, un chef ou plutôt un camarade qui tenait à honneur de nous alléger du poids du service en se réservant la plus lourde part.

En vous renvoyant les insignes de son grade qu'il avait conquis si laborieusement, notre seul regret, madame, est de ne pouvoir y joindre cette étoile des braves qu'il méritait depuis longtemps par la durée comme par l'importance de ses services, et qui l'attendait sans doute au port, à la fin d'une campagne que nous achèverons sans lui.

C'est une faible consolation, madame, dans une douleur comme la vôtre, que le plaisir de la vengeance. Cependant nous sommes fiers de pouvoir vous dire que nous avons fait à notre brave commandant de glorieuses funérailles. Lorsque M. le consul et les quatre matelots qui avaient été les témoins du crime nous en apportèrent la nouvelle à bord, le plus ancien des enseignes de vaisseau, succédant à l'excellent officier que nous avions perdu, fit évacuer les personnes, et les marchandises des factoteries européennes, et nous commençâmes contre la ville un feu soutenu qui la mit en cendres en moins de deux jours. Gou-Ly et ses complices se croyaient en sûreté dans la forteresse. La compagnie de débarquement, sous les ordres de l'un de nous, les assiégea pendant une semaine avec deux pièces de canon qu'on avait transportées à terre. Tous nos hommes furent admirables : ils vengeaient leur commandant. *La Naïade* n'appareilla, pour rallier le pavillon amiral, qu'après avoir puni impitoyablement le mandarin gouverneur et tous ceux qui s'étaient rassemblés autour de sa personne. A l'heure où nous écrivons, madame, il n'y a plus de ville appelée Ky-Tcheou; il n'y a plus qu'un monceau de cendres qu'on peut appeler le tombeau du commandant Chermidy.

Agréez, madame, l'hommage des sentiments de profonde sympathie avec lesquels nous avons l'honneur d'être

Vos très-humbles et très-dévoués serviteurs.

(Suivent les signatures.)

X

LA CRISE.

L'époque la plus heureuse dans la vie d'une jolie fille est l'année qui précède son mariage. Toute femme qui voudra bien rappeler ses souvenirs reverra avec un sentiment de regret cet hiver béni entre tous où son choix était fait, mais ignoré du monde. Une foule de prétendants timides et indécis s'empressaient autour d'elle, se disputaient son bouquet on son éventail, et l'enveloppaient d'une atmosphère d'amour qu'elle respirait avec ivresse. Elle avait distingué dans la foule l'homme à qui elle voulait se donner; elle ne lui avait rien promis; elle éprouvait une certaine joie à le traiter comme les autres et à lui cacher sa préférence. Elle se plaisait à le faire douter du bonheur, à le promener de l'espérance à la crainte, à l'éprouver un peu chaque soir. Mais, au fond du cœur, elle lui immolait tous ses rivaux, et déposait à ses pieds tous les hommages qu'elle feignait d'accueillir. Elle se promettait de payer richement tant de persévérance et de résignation. Et surtout elle savourait ce plaisir éminemment féminin, de commander à tous et d'obéir à un seul.

Cette période triomphale avait manqué à la vie de Germaine. L'année qui précéda son mariage avait été la plus triste et la plus misérable de sa pauvre jeunesse. Mais l'année qui suivit lui apporta quelques dédommagements. Elle vivait à Corfou dans un cercle d'admirations passionnées. Tous ceux qui l'approchaient, vieux et jeunes, éprouvaient pour elle un sentiment voisin de l'amour. Elle portait sur son beau front ce signe de mélancolie qui apprend à tout le monde qu'une femme n'est pas heureuse. C'est un attrait auquel les hommes ne résistent guère. Les plus hardis craignent de s'offrir à celle qui paraît ne manquer de rien; mais la tristesse enhardit les plus timides, et c'est à qui essayera de les consoler. Les médecins ne manquaient pas à cette jeune âme affligée. Le jeune Dandolo, un des hommes les plus brillants des sept îles, l'entourait de ses soins, l'éblouissait de son esprit, et lui imposait son amitié superbe avec l'autorité d'un homme qui a toujours réussi. Gaston de Vitré promenait autour d'elle une sollicitude inquiète. Le bel enfant se sentait naître à une vie nouvelle. Il n'avait rien changé à ses habitudes, ses travaux et ses plaisirs marchaient du même pas qu'autrefois; mais lorsqu'il lisait auprès de sa mère, il voyait luire des soleils entre les pages du livre; il s'arrêtait comme ébloui au milieu de sa lecture; il rêvait à propos d'un vers qui ne l'avait jamais frappé. Le baiser du soir qu'il donnait à Mme de Vitré brûlait le front de sa mère. Lorsqu'il priait, à genoux, la tête appuyée contre son lit, il voyait passer entre ses yeux et ses paupières des images étranges.

Il ne dormait plus tout d'une pièce, comme autrefois; son sommeil était entrecoupé. Il se levait bien avant le jour et courait dans la campagne avec une impatience fébrile. Son fusil était plus léger sur son épaule; ses pieds couraient plus lestement dans les herbes desséchées. Il s'aventurait plus loin sur la mer, et ses bras, plus robustes, se réjouissaient de pousser les avirons; mais quel que fût le but de sa promenade, un charme invisible le jetait tous les jours dans le voisinage de Germaine. Il y arrivait par terre et par mer; il se tournait vers elle comme la boussole vers l'étoile, sans avoir conscience du pouvoir qui l'attirait. On l'accueillait en ami, on avait du plaisir à le voir et l'on ne s'en cachait pas. Cependant il était toujours pressé de partir, il n'entrait qu'en passant, sa mère l'attendait; il s'asseyait à peine. Mais le soleil couchant le trouvait encore auprès de la chère convalescente, et il s'étonnait de voir que les journées fussent si courtes au mois d'août.

M. Stevens, homme pesant, corps grave, marquait le pas derrière le fauteuil de Germaine comme un régiment d'infanterie; il avait pour elle ces attentions réfléchies et mesurées qui font la force des hommes de cinquante ans. Il lui apportait des bonbons et lui contait des histoires; il lui prodiguait ces petits soins auxquels une femme n'est jamais insensible. Germaine ne méprisait pas cette bonne grosse amitié, paternelle dans la forme, moins paternelle cependant que celle du docteur Delviniotis. Elle récompensait aussi d'un doux regard le capitaine Brétignières, cet excellent homme à qui il ne manquait qu'un plumet. Elle se réjouissait de le voir courir autour d'elle avec tout le fracas d'une fantasia arabe. Elle avait une amitié bien tendre pour M. Le Bris; et le petit docteur, accoutumé à faire une cour innocente à toutes ses malades, ne savait pas au juste ce qu'il éprouvait pour la jeune comtesse de Villanera. Elle changeait à vue d'œil, et cette beauté renaissante pouvait emporter en un instant la fragile barrière qui sépare l'amitié de l'amour.

Tous ces sentiments mal définis et plus difficiles à nommer qu'à décrire faisaient la joie de la maison et le bonheur de Germaine. Elle trouvait une grande différence entre son dernier hiver de Paris et son premier été de Corfou. La villa et le jardin respiraient la gaieté, l'espérance et l'amour. On entendait des éclats de voix et des éclats de rire. Tous les hôtes rivalisaient d'esprit et de bonne humeur, et Germaine se sentait renaître à la douce chaleur de tous ces cœurs dévoués qui battaient pour elle. Si elle prit soin d'attiser le feu par une innocente coquetterie, c'est qu'elle tenait à s'assurer la conquête de son mari.

Les souvenirs pénibles de son mariage s'étaient peu à peu effacés de sa mémoire. Elle avait oublié la cérémonie lugubre de Saint-Thomas d'Aquin, et elle se regardait comme une fiancée qu'on attend pour aller à l'église. Elle ne pensait plus à Mme Chermidy; elle n'éprouvait pas ce froid intérieur que donne la crainte d'une rivale. Son mari lui apparaissait comme un homme nouveau; elle croyait être une femme nouvelle, née d'hier. N'est-ce pas naître une seconde fois que d'échapper à une mort certaine? Elle faisait remonter sa naissance au printemps; elle disait en souriant : « Je suis une enfant de quatre mois. » La vieille comtesse la confirmait dans cette idée en la prenant dans ses bras comme une petite fille.

Ce qui aurait pu la rappeler à la réalité, c'est la présence du marquis. Il était difficile d'oublier que cet enfant avait une mère, et que cette mère pouvait venir un jour ou l'autre réclamer le bonheur qu'on lui avait pris. Mais Germaine s'était accoutumée à regarder le petit Gomez comme son fils. L'amour maternel est si bien inné chez les femmes, qu'il se développe longtemps avant le mariage. On voit des petites filles de deux ans offrir le sein à leur poupée. Le marquis de los Montes de Hierro était la poupée de Germaine. Elle se négligeait elle-même pour s'occuper de son fils. Elle avait fini par le trouver beau; ce qui prouve qu'elle avait un vrai cœur de mère. Don Diego la regardait avec complaisance lorsqu'elle serrait dans ses bras ce petit gnome basané. Il se réjouissait de voir que la grimace héréditaire des Villanera ne faisait plus peur à sa femme.

Tous les soirs, à neuf heures, les maîtres et les valets se réunissaient au salon pour prier en commun. La vieille comtesse était fort attachée à cet usage religieux et aristocratique. Elle lisait les oraisons elle-même en latin. Les domestiques grecs s'associaient dévotement à la prière commune, malgré le schisme qui les sépare des chrétiens d'Occident. Mathieu Mantoux s'agenouillait dans un coin obscur, d'où il pouvait tout voir sans être vu, et de là il cherchait à lire les ravages de l'arsenic sur la figure de Germaine.

Il n'avait pas manqué une seule fois d'empoisonner le verre d'eau qu'il lui apportait tous les soirs. Il espérait que l'arsenic pris à petites doses accélérerait le progrès de la maladie, sans laisser de traces visibles. C'est un préjugé répandu dans les classes ignorantes : on croit à l'action des poisons lents. Maître Mantoux, justement surnommé *Peu-de-chance*, ne pouvait pas savoir que le poison tue les gens d'un seul coup, ou point. Il croyait que les milligrammes d'arsenic ingérés dans le corps s'additionnaient à la longue pour former des grammes; il comptait sans le travail infatigable de la nature qui répare incessamment tous les désordres intérieurs. S'il avait pris une meilleure leçon de toxicologie, ou s'il s'était rappelé l'exemple de Mithridate, il aurait compris que les empoisonnements microscopiques produisent un tout autre effet que celui qu'il espérait. Mais Mathieu Mantoux n'avait pas lu l'histoire.

Ce qui l'aurait encore étonné davantage, c'est que l'arsenic, absorbé à petites doses, est un remède contre la phthisie. Il ne la guérit pas toujours, mais du moins il procure un vrai soulagement au malade. Les molécules de poison viennent se brûler dans les poumons au contact de l'air extérieur, et produisent une respiration factice. C'est quelque chose que de respirer à l'aise, et Germaine le sentit bien. L'arsenic coupe la fièvre, ouvre l'appétit, facilite le sommeil, rétablit l'embonpoint ; il ne nuit pas à l'effet des autres remèdes; il y aide quelquefois.

M. Le Bris avait pensé souvent à traiter Germaine par cette méthode, mais un scrupule bien naturel l'avait arrêté en route. Il n'était pas sûr de sauver la malade, et ce diable d'arsenic lui rappelait Mme Chermidy. Mathieu Mantoux, docteur moins timoré, accéléra les effets de l'iode et la guérison de Germaine.

Germaine aspira de l'iode pur depuis le 1er août jusqu'au 1er septembre. Le docteur assistait chaque matin à l'inspiration ; M. Delviniotis lui tenait souvent compagnie. Ce mode de traitement n'est pas infaillible, mais il est doux et facile. Un courant d'air chaud dissout lentement un centigramme d'iode, et l'apporte sans effort et sans douleur jusque dans les poumons. L'iode pur n'enivre pas les malades comme la teinture d'iode; il ne dessèche pas la bouche comme l'éther iodhydrique; il ne provoque pas la toux. Son seul défaut est de laisser dans la bouche un petit goût de rouille, auquel on se fait aisément. M. Le Bris et M. Delviniotis accoutumèrent doucement Germaine à ce médicament nouveau. Dans son impatience de guérir, elle aurait voulu brusquer son mal et l'emporter de vive force ; mais ils ne lui permirent qu'une inspiration tous les matins, et de très-courte durée : trois minutes, quatre au plus. Avec le temps, ils augmentèrent la dose, et, à mesure que la guérison s'avançait, ils donnèrent jusqu'à deux centigrammes par jour.

La cure marchait avec une rapidité incroyable, grâce à la collaboration discrète de Mathieu Mantoux. Un étranger qui se serait fait présenter à la villa Dandolo n'aurait pas deviné qu'il y avait une malade. A la fin du mois d'août, Germaine était fraîche comme une fleur, ronde comme un fruit. Dans ce beau jardin où la nature avait accumulé toutes ses merveilles, le soleil ne voyait rien de plus brillant que cette jeune femme toute neuve qui sortait de la maladie comme un bijou de son écrin. Non-seulement les couleurs de la jeunesse refleurissaient sur son visage, mais la santé métamorphosait tous les jours les formes amaigries de son corps. Les douces ondées d'un sang généreux gonflaient lentement sa peau rose et transparente; tous les ressorts de la vie, relâchés par trois années de douleur, se tendaient avec une joie visible.

Les témoins de cette transfiguration miraculeuse bénissaient la science comme on bénit Dieu. Mais le plus heureux de tous était peut-être le docteur Le Bris. La guérison de Germaine apparaissait aux autres comme une espérance, à lui seul comme une certitude. En auscultant sa chère malade, il vérifiait tous les jours la décroissance du mal; il voyait la guérison dans ses effets et dans ses causes; il mesurait comme au compas le terrain qu'il avait gagné sur la mort. L'auscultation, méthode admirable que la science moderne doit au génie d'Hippocrate, permet au médecin de lire à livre ouvert dans le corps de son malade. Les ressorts invisibles qui s'agitent en nous produisent, dans leur marche régulière, un bruit aussi constant que le mouvement d'une pendule. L'oreille du médecin, lorsqu'elle s'est accoutumée à entendre cette harmonie de la santé, reconnaît à des signes certains le plus petit désordre intérieur. La maladie se raconte et s'explique elle-même à l'observateur intelligent; il assiste aux progrès de la vie ou de la mort comme le témoin caché derrière une porte devine les moindres incidents d'un combat ou d'une querelle. Un son mat désigne au médecin les parties du poumon où l'air ne pénètre plus; un râle particulier lui indique ces cavernes envahissantes qui caractérisent la dernière période de la phthisie. M. Le Bris reconnut bientôt que les parties imperméables à l'air se circonscrivaient de jour en jour; que le râle s'éteignait peu à peu; que l'air rentrait en chantant dans les cellules vivifiées qui enveloppaient les cavernes cicatrisées. Il avait dessiné, pour la vieille comtesse, la carte exacte des ravages que la maladie avait faits dans la poitrine de la jeune femme. Tous les matins, il traçait au crayon un nouveau contour qui attestait le progrès quotidien de la guérison. Balzac a supposé un étrange malade, dont la vie, figurée par une peau de chagrin, va se rétrécissant chaque jour. Le dessin du docteur Le Bris se rétrécissait tous les matins, pour le salut de Germaine.

Le 31 du mois d'août, M. Le Bris, heureux comme un vainqueur. donna un coup de pied jusqu'à la ville. La campagne était de son goût; mais il ne dédaignait pas un petit tour sur l'esplanade, au son des fifres et des cornemuses militaires. En regardant la fumée des bateaux à vapeur, il croyait se rapprocher de Paris. Il dînait volontiers à la table des officiers anglais; volontiers il se promenait dans les rues marchandes. Il admirait les soldats tout de blanc habillés, avec un chapeau de paille, des gants jaunes et des souliers vernis, à l'heure où ces braves gens, suivis de leur petite famille, vont acheter leur tranche de jambon et leur pain à sandwiches. Il reposait ses yeux sur d'admirables étalages de fruits verts que les marchands entretiennent dans une propreté anglaise. L'un frotte des prunes sur sa manche pour les faire reluire; l'autre étrille avec une brosse à chapeaux le velours rose des pêches. C'est un admirable tohu-bohu de melons gros comme des citrouilles, de citrons gros comme des melons, de prunes grosses comme des citrons et de raisins gros comme des prunes. Peut-être aussi le jeune docteur lorgnait-il avec une certaine complaisance les jolies Grecques accoudées sur leurs fenêtres dans un cadre de cactus en fleur. Dans ce pays de bonhomie, les petites bourgeoises ne se font pas scrupule d'envoyer des baisers à l'étranger qui passe, comme les bouquetières de Florence lui lancent des bouquets dans sa voiture. Si leur père les aperçoit, il les soufflette rudement, au nom de la morale, et cela donne un peu de variété au tableau.

Tandis que le docteur vaquait innocemment à ses plaisirs, le comte Dandolo, le capitaine Brétignières et les Vitré dînaient ensemble chez M. de Villanera. Germaine mangeait de bon appétit ; c'était Gaston qui perdait le goût du pain. Il dînait des yeux, le pauvre petit homme. Il n'était ni au repas, ni à la conversation, mais à Germaine.

Cependant la conversation devint fort intéressante au dessert. M. Dandolo décrivit à grands traits la politique anglaise dans l'extrême Orient ; montra la grande nation établie à Hong-Kong, à Macao, à Canton et partout. « Vous verrez, dit-il, ou du moins vos enfants verront les Anglais maîtres de la Chine et du Japon.

— Halte-là ! interrompit le capitaine Brétignières. Qu'est-ce que nous donnerons à la France ?

— Tout ce qu'elle demandera, c'est-à-dire rien. La France est un pays désintéressé. Elle passe sa vie à conquérir le monde, mais elle se ferait un scrupule de rien garder pour elle.

— Entendons-nous, monsieur le comte. La France a toujours manqué d'égoïsme. Elle a plus fait pour la civilisation qu'aucun autre pays de l'Europe, et elle n'a jamais demandé son salaire. L'univers est notre débiteur ; nous le fournissons d'idées depuis trois ou quatre cents ans, et l'on ne nous a rien donné en échange. Quand je pense que nous n'avons pas seulement les îles Ioniennes!

— Vous les avez eues, capitaine, et vous n'avez pas voulu les garder.

— Ah! si j'avais mes deux jambes!

— Qu'est-ce que vous feriez, capitaine? demanda Mme de Villanera.

— Ce que je ferais, madame? mon pays n'a pas d'ambition, j'en aurais pour lui. Je lui donnerais les îles Ioniennes, Malte, les Indes, la Chine, le Japon, et je ne souffrirais pas de monarchie universelle!

— M. de Brétignières, dit Germaine, ressemble à ce précepteur dont l'élève avait dérobé une figue. Il lui fit un sermon sur la gourmandise, et mangea la figue à la péroraison. »

Le capitaine s'arrêta court. Il était rouge jusqu'aux oreilles. « Je crois, dit-il, que je suis allé plus loin que ma pensée. Où en étions-nous?

— Nous étions partout, dit le comte Dandolo.

— C'est juste, puisque nous parlions de l'Angleterre. Croyez-vous que si l'histoire de Ky-Tcheou était arrivée à un bâtiment anglais, on se fût contenté de bombarder la ville? Pas si bête! L'Angleterre y aurait gagné un bon traité de commerce, cent millions d'argent comptant, et cinquante lieues de pays.

— Vous croyez? demanda M. Dandolo.

— J'en suis sûr.

— Eh bien! sur quoi discutons-nous? nous sommes du même avis.

— Qu'est-ce que l'histoire de Ky-Tcheou? demanda Germaine.

— Vous n'avez pas lu cela, madame?

— Nous ne lisons pas un journal, mon cher comte, excepté vous.

— Eh bien! Ky-Tcheou est une grosse affaire. Les Chinois ont tué deux missionnaires et un commandant français; les Français ont rasé la ville, si bien que le nom même n'en est pas resté sur la carte; on se demande ce qu'il adviendra de tout cela, et je pense qu'il n'en adviendra rien du tout. »

M. de Villanera se mêla pour la première fois à la conversation. « L'histoire dont vous parlez est-elle récente? demanda-t-il au comte Dandolo.

— Mais toute fraîche. Elle est arrivée par le dernier paquebot. Vous n'avez pas entendu parler de *la Naïade?* Vous n'avez pas lu la mort du capitaine Chermidy? »

Le comte de Villanera pâlit; Germaine le regarda fixement pour surprendre un symptôme de joie; la vieille comtesse se leva de table, et M. Dandolo passa au salon sans avoir conté l'histoire de Ky-Tcheou.

Germaine profita du moment où l'on servait le café à ses hôtes pour entraîner M. de Villanera jusqu'au fond du jardin. Le soleil était couché depuis deux heures, et la nuit était chaude comme un jour d'été. Les deux époux s'assirent ensemble sur un banc rustique au bord de la mer. La lune n'avait pas encore paru sur l'horizon, mais les étoiles filantes sillonnaient le ciel en tous sens, et le flot éclairait la plage de ses lueurs phosphorescentes.

Don Diego était encore tout ébloui de la nouvelle qu'il venait d'entendre. Il avait reçu une secousse violente ; mais l'impression avait été si soudaine, qu'il ne s'en rendait pas compte à lui-même et qu'il ne savait pas encore si c'était plaisir ou peine. Il ressemblait à l'homme qui vient de tomber d'un toit et qui se tâte pour savoir s'il est mort ou vif. Mille réflexions rapides traversaient confusément son esprit, comme des torches qui courent dans la nuit sans dissiper les ténèbres. Germaine n'était ni plus calme ni plus rassise. Elle sentait que sa vie allait se décider en une heure, et que son médecin n'était plus M. Le Bris, mais le comte de Villanera. Cependant, ces deux jeunes êtres, remués jusqu'au fond de l'âme par un émotion violente, restèrent quelques instants côte à côte dans un profond silence. Un pêcheur qui rasait la rive les prit assurément pour deux amants heureux, absorbés dans la contemplation de leur bonheur.

Germaine parla la première. Elle se tourna vers

son mari, le prit par les deux mains et lui dit d'une voix étouffée :

« Don Diego, le saviez-vous ? »

Il répondit : « Non, Germaine. Si je l'avais su, je vous l'aurais appris. Je n'ai pas de secrets pour vous.

— Et que dites-vous de la nouvelle ? Vous a-t-elle gêné ou soulagé ?

— Je ne sais que répondre, et vous me jetez dans un cruel embarras. Laissez-moi le temps de me remettre et de compter avec moi-même. Cet événement ne peut me faire aucun plaisir, vous le savez bien. Mais si je vous dis qu'il me gêne, vous en conclurez que j'ai pris des engagements pour cette fatale échéance. N'est-ce pas-là ce que vous pensez ?

— Je ne suis pas bien sûr de ce que je pense, don Diego. Mon cœur bat si fort, qu'il me serait difficile d'entendre autre chose. La seule idée que je vois clairement, c'est que cette femme est libre. Si elle vous a promis d'être bientôt veuve, elle a tenu sa parole avant vous. Elle arrive la première au rendez-vous que vous lui avez donné, et je crains....

— Vous craignez ?...

— Je crains d'être dans mon tort, puisque ma vie vous sépare de votre bonheur, et que ma santé vous ôte jusqu'à l'espérance,

— Votre vie et votre santé sont des présents de

Dieu, Germaine. C'est un miracle du ciel qui vous a conservée; et maintenant que je sais quelle femme vous êtes, je bénis du fond de mon cœur les décrets de la Providence.

— Je vous remercie, don Diego, et je vous reconnais à ce langage doux et religieux. Vous êtes trop bon chrétien pour vous révolter contre un miracle. Mais ne regrettez-vous rien? Parlez-moi sans ménagements. Je me porte assez bien pour tout entendre.

— Je ne regrette qu'une chose, c'est de ne vous avoir pas donné mon premier amour.

— Que vous êtes vraiment bon! Cette femme n'a jamais été digne de vous. Je ne l'ai jamais vue, mais je la déteste d'instinct, et je la méprise.

— Il ne faut pas la mépriser, Germaine. Je ne l'aime plus, parce que mon cœur est plein de vous, et qu'il n'y reste point de place pour l'image d'une autre; mais vous avez tort de la mépriser, je vous le jure.

— Pourquoi voulez-vous que j'aie plus d'indulgence que le monde? Elle a failli à tous ses devoirs, trompé l'honnête homme qui lui avait donné son nom. Comment une femme peut-elle trahir son mari?

— Elle est coupable aux yeux du monde; mais il ne m'est pas permis de la blâmer : elle m'aimait.

— Eh! qui ne vous aimerait pas, mon ami? Vous

êtes si bon! si grand! si noble! si beau! Ne vous en défendez pas et ne hochez pas la tête. Je n'ai pas plus mauvais goût qu'une autre, et je sais bien ce que je dis. Vous ne ressemblez ni à M. Le Bris, ni à Gaston de Vitré, ni à Spiro Dandolo, ni à tous ceux qui ont du succès auprès des femmes; et pourtant c'est en vous voyant la première fois que j'ai compris que l'homme était la plus belle créature de Dieu.

— Vous m'aimez donc un peu, Germaine?

— Il y a longtemps, allez! Depuis le jour où vous êtes entré à l'hôtel de Sanglié. C'était pourtant bien mal, ce que vous veniez faire chez nous. Quand le docteur avait proposé le marché à mes parents, j'avais cru épouser un vilain homme. Je me promettais de vous souffrir avec patience et de vous quitter sans regrets. Mais lorsque je vous ai trouvé au salon, j'ai été honteuse pour vous, et j'ai regretté qu'un si vilain calcul fût né dans une tête si noble et si intelligente. Alors je me suis mise à vous maltraiter : vous comprenez pourquoi? Je serais morte de dépit si vous aviez deviné que je vous aimais. Cela n'était pas dans nos conventions. Pendant tout le voyage en Italie, je me suis appliquée à vous faire de la peine. Croyez-vous que je me serais conduite avec tant d'ingratitude si vous m'aviez été indifférent? Mais j'étais furieuse de voir que vous ne me traitiez si bien que pour l'acquit de votre conscience. Et puis, malgré moi, je pensais à l'autre qui vous attendait à Paris. Et puis, je craignais de prendre une douce habitude d'amour et de bonheur que la mort serait venue rompre. Et puis j'étais bien malade et je souffrais cruellement!

« Le jour où vous avez pleuré par la portière, je vous ai vu, et j'avais bonne envie de vous demander pardon et de vous sauter au cou; mais la fierté m'a retenue. Je suis de grande race, mon pauvre ami, et je suis la première de mon sang qu'on ait vendue pour de l'argent. Cependant, j'ai bien failli me trahir le soir de Pompeï. Vous en souvenez-vous? Moi, je n'ai rien oublié, ni vos bonnes paroles, ni mes duretés, ni vos soins si tendres et si patients, ni le mal que je vous ai fait. Je vous ai servi un calice bien amer, et vous l'avez bu jusqu'à la lie. Il est vrai que je n'ai pas été trop heureuse non plus. Je n'étais pas sûre de vous, je craignais de me tromper sur le sens de vos bontés et de prendre des marques de pitié pour des témoignages d'amour. Ce qui m'a un peu rassurée, c'est le plaisir que vous aviez à rester avec moi. Quand vous marchiez dans le jardin autour de mon divan, je vous suivais du coin de l'œil, et souvent je feignais de dormir pour vous attirer plus près. Je n'ai pas besoin d'ouvrir les yeux pour savoir que vous êtes là; je vous vois à travers mes paupières. En quelque endroit que vous soyez, je vous devine, et je serais femme à vous trouver les yeux fermés. Quand vous êtes auprès de moi, mon cœur se dilate et se gonfle si fort que ma poitrine en est pleine. Quand vous parlez, votre voix bourdonne dans mes oreilles, et je m'enivre à vous entendre. Chaque fois que ma main touche la vôtre, je me sens émue dans tout mon corps, et j'éprouve je ne sais quel doux frisson à la racine des cheveux. Quand vous vous éloignez pour un instant, quand je ne peux ni vous voir ni vous entendre, il se fait un grand vide autour de moi et je sens un manque qui m'accable. Maintenant, don Diego, dites-moi si je vous aime, car vous avez plus d'expérience que moi, et vous ne pouvez pas vous tromper là-dessus. Je ne suis qu'une petite ignorante, mais vous devez bien vous rappeler si c'est ainsi qu'on vous aimait à Paris. »

Cette confession naïve descendit comme une rosée dans le cœur de don Diego. Il en fut si délicieusement rafraîchi, qu'il oublia non-seulement les soucis présents, mais encore les plaisirs passés. Une lumière nouvelle éclaira son esprit; il compara d'un seul coup d'œil ses anciennes amours, agitées et bourbeuses comme un ruisseau d'orage, à la douce limpidité du bonheur légitime. C'est l'histoire de tous les jeunes maris. Le jour où l'on repose sa tête sur l'oreiller conjugal, on s'aperçoit avec une douce surprise qu'on n'avait jamais bien dormi.

Le comte baisa tendrement les deux mains de Germaine, et lui dit :

« Oui, tu m'aimes, et personne ne m'a jamais aimé comme toi. Tu m'emportes dans un monde nouveau, plein d'honnêtes délices et de plaisirs sans remords. Je ne sais pas si je t'ai sauvé la vie, mais tu as payé largement ta dette en ouvrant mes yeux aveugles à la sainte lumière de l'amour. Aimons-nous, Germaine, et lâchons la bride à nos cœurs. Dieu, qui nous a unis par le mariage, se réjouira de compter dans son vaste sein deux heureux de plus. Oublions la terre entière pour être l'un à l'autre; fermons l'oreille à tous les bruits du monde, qu'ils viennent de Chine ou de Paris. Voici le paradis terrestre; vivons-y pour nous seuls, en bénissant la main qui nous y a placés.

— Vivons pour nous, dit-elle, et pour ceux qui nous aiment. Je ne serais pas heureuse si je n'avais pas notre mère et notre enfant avec nous. Ah! pour eux, je les ai aimés effrontément dès les premiers jours. Comme ils vous ressemblent, mon ami! Quand le petit Gomez vient jouer au jardin, il me semble que je vois marcher votre sourire dans l'herbe. Je suis bien heureuse de l'avoir adopté. Cette femme ne me l'enlèvera jamais, n'est-il pas vrài? La loi me l'a donné pour toujours; il est mon héritier, mon fils unique!

— Non, Germaine, reprit le comte : il est ton fils aîné. »

Germaine étendit les bras vers son mari, lui

noua les mains autour du cou, l'attira vers elle et posa doucement la bouche sur ses lèvres. Mais l'émotion de ce premier baiser fut plus forte que la pauvre convalescente. Ses yeux se voilèrent, et tout son corps faiblit. Lorsqu'elle fut remise de cette secousse, elle regagna la maison au bras de son mari. Elle s'appuyait sur lui tout entière et marchait à demi suspendue, comme un enfant qui fait ses premiers pas.

« Vous voyez, lui dit-elle, je suis encore bien faible malgré les apparences. Je me croyais robuste, et voilà qu'un rien de bonheur me jette à bas. Ne me dites pas de trop bonnes paroles, ne me rendez pas trop heureuse ; ménagez-moi jusqu'à ce que je sois sauvée. Il serait trop triste de mourir quand la vie commence si bien ! Maintenant, je vais hâter ma guérison et me soigner de toutes mes forces. Rentrez au salon ; moi, je cours me cacher dans ma chambre. A demain, mon ami ; je vous aime ! »

Elle monta chez elle et se jeta sur son lit, tout émue et toute confuse. Un point lumineux qui brillait dans un coin attira son attention. La flamme de la veilleuse se reflétait dans un petit globe de l'iodomètre. Elle envoya une bénédiction à cet appareil bienfaisant qui lui avait rendu la vie et qui devait lui rendre la force en quelques jours. L'idée lui vint de hâter sa guérison en prenant une bonne quantité d'iode à l'insu du docteur. Elle disposa l'appareil, l'approcha de son lit et but avidement la vapeur violette. Elle se hâtait avec joie; elle n'éprouvait ni dégoût, ni fatigue; elle avalait à longs traits la santé et la vigueur. Elle était fière de prouver au docteur qu'il avait eu trop de prudence; elle se complaisait dans une folie héroïque, et risquait sa vie par amour pour don Diego.

On n'a su ni quelle quantité d'iode elle avait aspirée, ni combien de temps elle avait prolongé cette fatale imprudence. Quand la vieille comtesse se déroba du salon pour venir savoir de ses nouvelles, elle trouva l'appareil brisé sur le parquet, et la malade en proie à une fièvre violente. On la soigna comme on put, jusqu'à l'arrivée de M. Le Bris, qui revint à cheval vers le milieu de la nuit. Tous les convives couchèrent à la villa Dandolo pour attendre des nouvelles. Le docteur fut épouvanté de l'agitation de Germaine. Il ne savait s'il fallait l'attribuer à un usage immodéré de l'iode ou à quelque émotion dangereuse. Mme de Villanera accusait secrètement le comte Dandolo; don Diego s'accusait lui-même.

Le lendemain, M. Le Bris reconnut dans les poumons une inflammation qui pouvait causer la mort. Il appela le docteur Delviniotis et deux de ses confrères. Les médecins différaient sur la cause du mal, mais aucun n'osa répondre de le guérir. M. Le Bris avait perdu la tête comme un capitaine de vaisseau qui trouve un banc de rochers à l'entrée du port. M. Delviniotis, un peu plus calme, quoiqu'il ne pût se défendre de pleurer, montra timidement une lueur d'espérance. « Peut-être, dit-il, avons-nous affaire à une inflammation adhésive qui rejoindra les cavernes et réparera tous les désordres causés par la maladie. » Le pauvre petit docteur écoutait ce propos en branlant tristement la tête. Autant valait dire à un architecte : Votre maison n'est pas d'aplomb, mais il peut survenir un tremblement de terre qui la remette en équilibre. Tout le monde était d'accord que la malade entrait dans une crise, mais M. Delviniotis lui-même n'osait pas affirmer qu'elle ne se terminerait point par la mort.

Germaine avait le délire. Elle ne reconnaissait plus personne. Dans tous les hommes qui l'approchaient, elle croyait voir don Diego ; dans toutes les femmes, Mme Chermidy. Ses discours confus étaient un singulier mélange de tendresses et d'imprécations. Elle demandait à chaque instant son fils. On lui apportait le petit marquis ; elle le repoussait avec humeur. « Ce n'est pas lui, disait-elle. Amenez-moi mon fils aîné, le fils de la femme. Je suis sûre qu'elle l'a repris ! » L'enfant comprenait vaguement le danger de sa petite mère, quoiqu'il n'eût encore aucune notion de la mort. Il voyait pleurer tout le monde, et il pleurait en poussant de grands cris.

On vit alors combien la jeune femme était chère à tous ceux qui l'entouraient. Pendant huit jours les amis de la maison campèrent autour d'elle, couchant où ils pouvaient, mangeant ce qu'ils trouvaient, occupés de la malade et nullement d'eux-mêmes. Les deux médecins étaient enchaînés au chevet de Germaine. Le capitaine Brétignières ne pouvait tenir en place ; il arpentait le jardin et la maison ; on n'entendait partout que le pas saccadé de sa jambe de bois. M. Stevens abandonna ses affaires, son tribunal et ses habitudes. Mme de Vitré se fit infirmière sous les ordres de la comtesse. Les deux Dandolo couraient matin et soir à la ville pour chercher des médecins qui ne savaient que dire, et des médicaments dont on ne faisait rien. Le peuple des environs était dans l'anxiété ; les nouvelles de Germaine se colportaient matin et soir dans tous les petits châteaux du voisinage. De tous côtés affluaient les remèdes de famille, les panacées secrètes qui se transmettent de père en fils.

Don Diego et Gaston de Vitré avaient dans leur douleur une singulière ressemblance. Vous auriez dit les deux frères de la mourante. L'un et l'autre vivaient à l'écart, assis sous un arbre ou sur le sable de la mer, plongé dans une stupeur sèche et sans larmes. Si le comte avait eu le loisir d'être jaloux, il l'aurait été du désespoir jaloux de cet enfant. Mais chacun des assistants était trop occupé du danger de Germaine pour observer la physionomie du voisin. Mme de Vitré seule jetait de temps en temps un regard d'anxiété sur son fils, et bientôt elle courait au lit de Germaine, comme si un instinct secret lui avait dit que c'était travailler au salut de Gaston.

La douairière de Villanera était terrible à voir. Cette grande femme noire, sale et décoiffée, laissait pendre ses cheveux sous un bonnet en guenilles. Elle ne pleurait pas plus que son fils, mais on lisait un poëme de douleur dans ses grands yeux hagards. Elle ne parlait à personne, elle ne voyait personne, elle permettait à ses hôtes de se faire les honneurs de la maison. Tout son être était acharné au salut de Germaine; toute son âme luttait contre le danger présent avec une volonté de fer. Jamais le génie du bien n'a emprunté une figure plus farouche et plus terrible. On lisait sur son visage un dévouement furieux, une amitié crispée, une tendresse exaspérée. Ce n'était ni une femme ni une garde-malade, mais un démon femelle qui se colletait avec la mort.

Mais la figure de Mathieu Mantoux s'épanouissait doucement au soleil. Comme tous les maîtres se disputaient la besogne des domestiques, ce bon domestique s'adjugeait les loisirs d'un maître. Il s'informait tous les matins de la santé de Germaine, uniquement pour savoir s'il n'aurait pas bientôt douze cents francs de rente. Il attribuait la mort de sa maîtresse au verre d'eau sucrée qu'il lui avait préparé si patiemment tous les soirs, et il pensait en se frottant les mains que tout vient à point à qui sait attendre. A midi il faisait son second déjeuner. Pour digérer à l'aise et en propriétaire, il se promenait une heure ou deux autour du petit bien sur lequel il avait jeté son dévolu. Il remarquait que les haies étaient mal entretenues, et il se promettait de les appuyer d'un treillage, dans la crainte des voleurs.

Le 6 septembre, M. Delviniotis lui-même avait perdu toute espérance. Mathieu Mantoux le sut, et il écrivit une petite lettre « A mademoiselle, mademoiselle *le Tas*, chez Mme Chermidy, rue du Cirque, Paris. »

Le même jour, M. Le Bris écrivit à M. de La Tour d'Embleuse :

« Monsieur le duc,

« Je n'ose pas vous appeler auprès d'elle. Quand vous recevrez cette lettre, elle ne sera plus. Ménagez Mme la duchesse. »

XI

LA VEUVE CHERMIDY.

La lettre de Mantoux et la promesse formelle de la mort de Germaine arrivèrent le 12 septembre chez Mme Chermidy.

La belle Arlésienne avait perdu tout espoir et toute patience. On ne lui écrivait point de Corfou; elle était sans nouvelles de son amant et de son fils; le docteur, occupé de soins plus importants, ne lui avait pas même fait compliment de son veuvage. Elle commençait à douter de M. de Villanera; elle se comparait à Calypso, à Médée, à la blonde Ariane et à toutes les abandonnées de la fable. Elle s'étonnait quelquefois de voir que son dépit tournait à l'amour. Elle se surprenait à soupirer sans témoins et de la meilleure foi du monde. Le souvenir des trois ans qu'elle avait passés avec le comte chatouillait étrangement la mémoire de son cœur. Elle se reprochait, entre autres sottises, de lui avoir tenu la bride trop courte, la dragée trop haute; de ne l'avoir point rassasié de bonheur et tué de tendresse. « C'est ma faute, pensait-elle ; je l'ai accoutumé à se priver de moi. Si j'avais su le prendre, je serais devenue la nécessité de sa vie. Je n'aurais qu'à faire un signe : il quitterait sa femme, sa mère et tout. »

Elle se demanda souvent si l'absence ne lui faisait pas tort dans l'esprit de don Diego. Elle médita ce dicton vulgaire : « Loin des yeux, loin du cœur. » Elle songea à s'embarquer pour les îles Ioniennes, à tomber comme une bombe dans la maison de son amant et à le reprendre de haute lutte. Il suffirait d'un quart d'heure pour ranimer des feux mal éteints et renouer une habitude qui n'était encore qu'interrompue. Elle se voyait aux prises avec la vieille comtesse et Germaine ; elle les foudroyait de sa beauté, de son éloquence et de sa volonté. Elle prenait son fils dans ses bras, elle fuyait avec lui, et le sourire irrésistible de l'enfant entraînait le père. « Qui sait, se disait-elle, si une scène bien jouée ne tuerait pas la malade ? On voit des femmes bien portantes s'évanouir au spectacle. Un bon drame de ma façon la ferait peut-être évanouir pour toujours. »

Un sentiment plus humain, et partant moins vraisemblable, lui faisait regretter l'absence de son fils. Elle l'avait porté et mis au monde ; elle était sa mère après tout, et elle regrettait de s'en être dessaisie au profit d'une autre. L'amour maternel trouve à se loger partout; c'est un hôte sans préjugés, qui souffre le voisinage des plus mauvaises passions. Il vit à l'aise dans le cœur le plus dépravé et l'âme la plus perdue. Mme Chermidy pleura quelques larmes de bon aloi en pensant qu'elle avait aliéné la propriété de son fils et abdiqué le nom de mère.

Elle était sincèrement malheureuse. C'est au théâtre que le malheur vrai est un privilége de la vertu. Les distractions ne lui auraient pas manqué, et elle n'avait qu'à choisir; mais elle savait par expérience que le plaisir ne console de rien. Depuis plus de dix ans, sa vie avait été bruyante et agitée comme une fête; mais c'est la paix de l'âme qui en avait payé tous les frais. Il n'y a rien de plus vide, de plus inquiet et de plus misérable que l'existence d'une femme qui fait son chemin dans les plaisirs L'ambition qui l'avait soutenue depuis son mariage lui fut désormais de peu de ressource; c'était comme un roseau fêlé qui plie sous la main du voyageur. Elle était assez riche pour dédaigner d'accroître sa fortune; il y a peu de différence entre un million de revenu et cinq cent mille francs de rente; quelques chevaux de plus à l'écurie, quelques laquais de plus dans la cour, n'ajoutent presque rien au bonheur du maître. Ce qui l'aurait amusée pendant quelque temps, c'était un beau nom à promener dans le monde. Elle songea plus d'une fois à s'en procurer un par voie légitime, et elle en trouva cinquante à choisir : il y a toujours des noms à vendre dans Paris. Mais elle avait le droit de se montrer difficile : quand on a failli s'appeler Mme de Villanera ! Elle ne se décida point.

En attendant, elle prit la fantaisie de donner publiquement un successeur à don Diego. Peut-être viendrait-il réclamer son bien lorsqu'il le verrait aux mains d'un autre. Mais elle craignit de fournir des armes à ses ennemis, Germaine n'était pas encore sauvée ; c'était jouer gros jeu ; il ne fallait pas se fermer la porte du mariage. D'ailleurs, elle eut beau chercher autour d'elle, elle ne trouva pas un homme qui valût un caprice et qui fût digne de succéder pour un jour à M. de Villanera. Les surnuméraires qui faisaient leur stage dans son salon n'ont jamais su combien ils avaient été près du bonheur.

Elle ne trouva rien de mieux, pour occuper son loisir, que d'achever la ruine morale du vieux duc. Elle accomplit la tâche qu'elle s'était tracée, avec l'attention minutieuse, le soin patient, la persévérance infatigable de cette sultane oisive qui, en l'absence du maître, arracha une à une toutes les plumes d'un vieux perroquet.

Certes elle aurait mieux aimé se venger directement de Germaine ; mais Germaine était loin. Si la duchesse se fût trouvée à sa portée, elle aurait donné la préférence à la duchesse. Mais la duchesse ne sortait de sa chambre que pour aller à l'église : Mme Chermidy ne pouvait la rencontrer là. On pouvait bien affamer ce ménage ducal, mais l'opération aurait pris du temps. En retrouvant de l'argent, les La Tour d'Embleuse avaient relevé leur crédit. La belle ennemie de la famille n'avait que le duc en son pouvoir; elle jura de lui faire perdre la tête, et elle y réussit.

Dans les bains russes, lorsque le patient sort d'une étuve brûlante, lorsque son corps s'est accoutumé par degrés à une haute température, que la chaleur a dilaté largement tous les pores de sa peau, qu'un sang précipité circule dans ses veines, et que sa figure s'épanouit toute rouge comme une pivoine en fleur, on le conduit doucement sous un robinet d'eau froide; une douche glacée lui tombe sur la tête et le transit jusqu'au fond des os. Mme Chermidy traita le duc par la même méthode. Les Russes s'en trouvent bien, dit-on; le pauvre vieillard s'en trouva mal. Il fut victime de la coquetterie la plus odieuse qui ait jamais torturé le cœur d'un homme. Mme Chermidy lui persuada qu'elle l'aimait, *le Tas* lui en fit le serment, et s'il avait consenti à se payer de paroles, il aurait été le plus heureux sexagénaire de Paris. Il passait sa vie rue du Cirque, et il y souffrait le martyre. Il y dépensait tous les jours autant d'éloquence et de passion, de raisonnement et de prière, de vraie et de fausse logique que Jean-Jacques Rousseau en a ramassé dans *la Nouvelle Héloïse* : tous les soirs on le mettait à la porte avec de bonnes paroles. Il jurait de ne plus revenir; il employait une longue nuit sans sommeil à maudire l'auteur de son supplice; et le lendemain il courait chez son bourreau avec une impatience sénile. Toute son intelligence, toute sa volonté, tous ses vices s'étaient absorbés et confondus dans cette passion unique. Il n'était plus ni mari, ni père, ni homme, ni gentilhomme : il était le *patito* de Mme Chermidy.

L'expérience réussit tellement bien, qu'heureux ou malheureux, le pauvre homme devait y laisser la vie. Un supplice prolongé le tuait lentement; la grâce qu'il demandait l'aurait tué du coup.

Après un été de souffrances quotidiennes, ses facultés intellectuelles avaient baissé sensiblement. Il n'avait presque plus de mémoire; du moins il oubliait tout ce qui ne touchait pas à son amour. Il ne s'intéressait plus à rien; les affaires privées et publiques, sa maison, sa femme, sa fille, tout lui était indifférent et étranger. La duchesse le soignait comme un enfant lorsqu'il restait par hasard auprès d'elle; malheureusement il n'était pas encore assez enfant pour qu'on pût l'enfermer au logis.

Lorsqu'il reçut la lettre du docteur Le Bris, il la parcourut deux ou trois fois sans la comprendre.

Si la duchesse avait été là, il l'aurait priée de la lire et de l'expliquer. Mais il rompit le cachet sur le seuil de sa porte, en courant à la rue du Cirque, et il était trop pressé pour rebrousser chemin. A force de relire, il devina qu'il s'agissait de sa fille. Il haussa les épaules et se dit tout en courant : « Ce Le Bris est toujours le même. Je ne sais pas ce qu'il a contre ma fille. La preuve qu'elle ne doit pas mourir, c'est qu'elle se porte bien. » Cependant il réfléchit que le docteur pouvait bien dire la vérité. Cette idée lui fit peur : « C'est un grand malheur pour nous, disait-il en courant de plus belle. Je suis un père inconsolable. Il n'y a pas de temps à perdre. Je vais l'annoncer à Honorine. Elle me plaindra bien, car elle a bon cœur. Elle aura pitié de moi. Elle essuiera mes larmes ; et, qui sait.... » Il souriait d'un air hébété en entrant dans le salon.

Jamais Mme Chermidy n'avait été si radieuse et si belle. Sa figure était un soleil ; le triomphe éclatait dans ses yeux ; son fauteuil luisait comme un trône, et sa voix sonnait comme une fanfare. Elle se leva pour le duc : ses pieds ne touchaient pas le tapis, et sa tête superbe de joie semblait monter jusqu'au lustre. Le vieillard s'arrêta tout hébété et tout pantois en la voyant ainsi transfigurée. Il balbutia quelques mots inintelligibles, et il se laissa lourdement tomber dans un fauteuil.

Mme Chermidy vint s'asseoir auprès de lui.

« Bonjour, monsieur le duc, lui cria-t-elle. Bonjour et adieu. »

Il pâlit, et répéta stupidement : « Adieu ?

— Oui, adieu. Vous ne me demandez pas où je vais ?

— Si.

— Eh bien, soyez satisfait ; je vais à Corfou.

— A propos, dit-il, je crois bien que ma fille est morte. Le docteur me l'a écrit ce matin. Je suis bien malheureux, Honorine, et vous devriez avoir pitié de moi.

— Ah ! vous êtes malheureux ! et la duchesse aussi est malheureuse ! Et la vieille Villanera doit pleurer des larmes noires sur ses joues basanées ! Mais moi, je ris, je triomphe, j'enterre, j'épouse, je règne ! Elle est morte ! elle a enfin payé sa dette ! elle me rend tout ce qu'elle m'avait pris ! je rentre en possession de mon amant et de mon fils ! Pourquoi me regardez-vous avec ces yeux étonnés ? Est-ce que vous croyez que je vais me contraindre ? C'est bien assez d'avoir avalé ma rage pendant huit mois. Tant pis pour ceux que mon bonheur offusque : ils n'ont qu'à fermer les yeux ; moi, j'éclate ! »

Cette joie effrontée rendit au vieillard une lueur de raison. Il se leva ferme sur ses jambes et dit à la veuve : « Songez-vous bien à ce que vous faites ? Vous vous réjouissez devant moi de la mort de ma fille !

— Et vous, reprit-elle impudemment, vous vous réjouissiez bien de sa vie! Qui est-ce qui prenait soin de m'apporter de ses nouvelles? Qui est-ce qui venait me dire en face : elle va mieux? Qui est-ce qui me forçait de lire ses lettres et celles du docteur Le Bris? Voici tantôt huit mois que vous m'assassinez de sa santé : c'est bien le moins que vous me donniez un quart d'heure pour me régaler de sa mort :

— Mais, Honorine, vous êtes une femme horrible!

— Je sais ce que je suis. Si votre fille avait vécu, comme j'en ai été menacée, on ne se serait pas caché de moi. On se serait promené tous les jours au Bois, avec don Diego, avec mon fils, et j'aurais vu cela de ma voiture! On aurait eu un hôtel à Paris, et je me serais morfondue devant la porte! On aurait mis sur ses cartes de visite le nom de Villanera qui est à moi : je l'ai, parbleu! bien gagné. Et vous ne voulez pas que je prenne ma revanche!

— Mais vous aimez donc encore M. de Villanera?

— Pauvre duc! vous croyez qu'on oublie du jour au lendemain un homme comme don Diego! Vous pensez qu'on met au monde un enfant comme mon fils, qui est né marquis, pour en faire cadeau à une poitrinaire! Vous admettez que j'aie demandé à Dieu pendant trois ans la mort de mon mari, moi qui ne prie jamais, pour ne rien faire de ma liberté! Vous supposez que Chermidy est allé se faire tuer à Ky-Tcheou, par les petits Chinois, pour que je reste veuve à perpétuité!

— Vous allez épouser le comte de Villanera

— Mais je m'en flatte!

— Et moi?

— Vous, mon brave homme? Allez consoler votre femme; c'est par là que vous auriez dû commencer.

— Qu'est-ce que je vais lui dire?

— Dites-lui tout ce que vous voudrez. Adieu; j'ai mes malles à faire. Avez-vous besoin d'argent? »

Le duc trahit son dégoût par un haut-le-corps. Mme Chermidy s'en aperçut.

« Est-ce que notre argent vous répugne, lui dit-elle! A votre aise! vous n'en aurez plus. »

Le vieillard s'en alla sans savoir où, comme un homme ivre. Il erra jusqu'au soir dans les rues de Paris. Vers dix heures la faim le prit. Il monta dans une voiture et se fit conduire au club. Il était si changé, que M. de Sanglié fut le seul qui le reconnut.

« Sur quoi diable avez-vous marché? lui demanda le baron. Vous avez la figure à l'envers, et l'on dirait que vous chancelez. Asseyez-vous ici, et causons.

—Je le veux bien, dit le duc.

—Comment va la duchesse? J'arrive de la campagne et je n'ai pas encore fait une visite.

—Comment va la duchesse?

—Oui, comment va-t-elle?

—Elle va pleurer.

—Il est fou, » pensa le baron.

Le duc ajouta, sans changer de ton : « Je crois que Germaine est morte, et qu'Honorine s'en réjouit. Je trouve cela affreux, et je le lui ai dit moi-même.

—Germaine! Voyons, mon pauvre ami, songez à ce que vous dites! Germaine! Mme de Villanera est morte?

—Mme de Villanera, c'est Honorine. Elle va se marier avec le comte. Tenez, j'ai la lettre dans ma poche. Mais que pensez-vous de la conduite d'Honorine? »

Le baron lut d'un coup d'œil la lettre du docteur. « Y a-t-il longtemps que vous avez appris cela? dit-il au duc.

— Ce matin en allant chez Honorine.

— Et la duchesse sait-elle quelque chose?

— Non; je ne sais pas comment lui apprendre.... Je voulais demander à Honorine....

—Eh! le diable soit d'Honorine!

—C'est ce que je dis. »

On appela le baron pour rentrer au whist. Il répondit sans se déranger qu'il était en affaires, et pria quelqu'un de prendre son jeu. Il voulait achever la confession; mais le duc l'interrompit en disant d'une voix creuse : « J'ai faim. Je n'ai pas mangé d'aujourd'hui.

— Est-il vrai?

— Oui; faites-moi servir à dîner. Il faudra aussi que vous me prêtiez de l'argent : je n'en ai plus.

— Comment?

— Je sais bien; j'avais un million. Mais je l'ai donné à Honorine. »

Le duc mangea avec l'appétit vorace d'un fou. Après dîner, ses idées s'éclaircirent. C'était un esprit fatigué plutôt que malade. Il raconta au baron la passion insensée qui le possédait depuis six mois; il lui expliqua comment il s'était dépouillé de tout pour Mme Chermidy.

Le baron était un excellent homme. Il fut tristement ému d'apprendre que cette maison qu'il avait vue se relever en quelques mois était tombée plus bas que jamais. Il plaignit surtout la duchesse, qui devait infailliblement succomber à tant de coups. Il prit sur lui de lui annoncer par degrés la maladie et la mort de Germaine, il imposa ses soins au vieux duc, et s'appliqua à redresser son entendement affaibli. Il le rassura sur les suites de sa folle générosité : il était évident que M. de Villanera ne laisserait point son beau-père dans le besoin. Il étudia, à travers les aveux et les réticences du vieillard, le singulier caractère de Mme Chermidy.

L'autorité d'un esprit sain est toute-puissante sur un cerveau malade. Après deux heures de conversation, M. de La Tour d'Embleuse débrouilla le chaos de ses idées, pleura la mort de sa fille, craignit pour la santé de sa femme, regretta les sottises qu'il avait faites, et estima la veuve Chermidy à sa juste valeur. M. de Sanglié le reconduisit à sa porte, bien pansé, sinon bien guéri.

Le lendemain, de bonne heure, le baron fit une visite à la duchesse. Il arrêta sur le seuil de la porte le vieux duc qui voulait sortir, et il le força de rentrer avec lui. Il ne le quitta point des yeux pendant trois jours; il le promena, l'amusa, et parvint à le distraire de l'unique pensée qui l'agitait. Le 16 septembre, il le conduisit lui-même à l'hôtel de l'impitoyable Honorine, et lui prouva, parlant à la personne de son concierge, qu'elle était partie avec *le Tas* pour les îles Ioniennes.

Le duc fut moins ému de cette nouvelle qu'on n'aurait pu s'y attendre. Il vécut paisiblement enfermé chez lui, s'occupa beaucoup de sa femme, et lui démontra, avec une délicatesse extrême, que Germaine n'avait jamais été guérie et qu'on devait s'attendre à tout. Il s'intéressa aux moindres détails du ménage, reconnut la nécessité de quelques emplettes, puisa deux mille francs dans la bourse de son ami Sanglié, serra l'argent dans sa poche, et partit pour Corfou le 20 septembre au matin sans prendre congé de personne.

XII

LA GUERRE.

Le 8 septembre, Germaine, qui était condamnée sans appel, trompa les craintes de ses médecins et de ses amis : elle entra en convalescence. La fièvre qui la dévorait tomba en quelques heures, comme ces grands orages des tropiques qui déracinaient les arbres, culbutaient les maisons, ébranlaient les montagnes, et qu'un rayon de soleil arrête au milieu de leur course.

Cette heureuse révolution s'accomplit si brusquement, que don Gomez et la comtesse n'y pouvaient croire. Quoique l'homme s'accoutume plus vite au bonheur qu'à la peine, leurs cœurs restèrent quelques jours en suspens. Ils craignaient d'être dupes d'une fausse joie ; ils n'osaient pas se féliciter d'un miracle si peu attendu ; ils se demandaient si cette apparence de guérison n'était pas le suprême effort d'un être qui se cramponne à la vie, le dernier éclat d'une lampe qui s'éteint.

Mais le docteur Le Bris et M. Delvinotis reconnurent à des signes certains que les maux de ce pauvre petit corps étaient bien finis. L'inflammation avait réparé en huit jours tous les ravages d'une longue maladie; la crise avait sauvé Germaine; le tremblement de terre avait replacé la maison sur sa base.

La jeune femme trouvait tout naturel de vivre et d'être guérie. Grâce au délire de la fièvre, elle avait passé auprès de la mort sans l'apercevoir, et la violence du mal lui avait ôté le sentiment du danger. Elle s'éveilla comme un enfant sur la margelle d'un puits, sans mesurer la profondeur de l'abîme. Lorsqu'on lui annonça qu'elle avait failli mourir et que ses amis avaient désespéré d'elle, elle fut bien étonnée. Elle ne savait pas revenir de si loin. Quand on lui promit qu'elle vivrait longtemps et qu'elle ne souffrirait plus, elle regarda tendrement le Christ d'ivoire qui était suspendu auprès de son lit, et elle dit avec une gaieté douce et confiante : « Le bon Dieu me devait bien cela; mon purgatoire est fait. »

Elle répara ses forces en peu de temps, et la santé refleurit bientôt ses joues. Vous auriez dit que la nature se hâtait de la parer pour le bonheur. Elle rentra en possession de la vie avec la joie impétueuse d'un prétendant qui remonte d'un seul bond sur le trône de ses pères. Elle aurait voulu être partout à la fois, jouir en même temps de tous les plaisirs qui lui étaient rendus, du mouvement et du repos, de la solitude et de la compagnie, de la clarté éblouissante des jours et de la douce lueur des nuits. Ses petites mains s'attachaient joyeusement à tout ce qui l'entourait. Elle accablait de ses caresses son mari, sa belle-mère, son enfant et ses amis. Elle avait besoin d'épancher son bonheur en mille tendresses. Quelquefois elle pleurait sans raison. Mais c'étaient de douces larmes. Le petit Gomez venait les becqueter au bord de ses yeux comme un oiseau boit la rosée dans le calice d'une fleur.

Tout est plaisir aux convalescents. Les fonctions les plus indifférentes de la vie sont une source de jouissances ineffables pour l'homme qui a failli mourir. Tous ses sens vibrent délicieusement au moindre contact du monde extérieur. La chaleur du soleil lui paraît plus douce qu'un manteau d'hermine; la lumière réjouit ses yeux comme une caresse; le parfum des fleurs l'enivre, les bruits de la nature arrivent à son oreille comme une suave mélodie, et le pain lui semble bon.

Ceux qui avaient partagé les souffrances de Germaine se sentaient renaître avec elle. Sa convalescence eut bientôt rétabli tous les associés de ses douleurs. Il n'y eut plus autour d'elle que des fronts sans nuage, et la joie fit battre tous les cœurs à l'unisson. On oublia tout ce qu'on avait enduré de fatigues et d'angoisses; la gaieté fut reine au logis;

le premier beau jour effaça sur tous les visages la trace des veilles et des larmes. Les hôtes de la villa Dandolo ne songeaient pas à rentrer chez eux ; ils croyaient être de la maison. Unis par le contentement, comme ils l'avaient été par l'inquiétude, ils se tenaient autour de Germaine comme une famille bien assortie autour d'un enfant adoré. Le jour où l'on écrivit à la duchesse de La Tour d'Embleuse pour lui annoncer le salut de sa fille, chacun voulut dire son mot à l'heureuse mère, et la plume passa de main en main. Cette lettre arriva à Paris le 22 septembre, deux jours après l'éclipse du vieux duc.

Mme Chermidy et son inséparable *Tas* débarquèrent le 24 au soir dans la ville de Corfou. La veuve du commandant avait fait ses paquets en toute hâte. A peine avait-elle pris le temps de réunir cent mille francs pour le salaire de Mantoux et les dépenses imprévues. *Le Tas* lui conseillait d'attendre à Paris des nouvelles plus positives; mais on croit si volontiers ce qu'on désire, que Mme Chermidy tenait Germaine pour enterrée. De Trieste à Corfou, elle vécut sur le pont, la lorgnette à la main : elle voulait être la première à signaler la terre. Elle était tentée d'arrêter tous les navires qui passaient au large pour demander s'ils ne portaient pas de lettres à son adresse. Elle s'informa si l'on arriverait le matin, car elle ne se sentait pas de force à passer une nuit dans l'attente, et elle comptait aller tout droit à la villa Dandolo. Son impatience était si évidente, que les passagers de première classe la désignaient sous le nom de l'*héritière*. On racontait tout bas qu'elle allait recueillir à Corfou une succession importante.

La mer fut assez mauvaise pendant deux jours, et tout le monde fut malade, excepté l'héritière de Germaine. Elle n'avait pas le temps de sentir le roulis. Peut-être même ses pieds ne touchaient-ils pas le pont du navire. Elle était si légère, qu'elle planait au lieu de marcher. Lorsqu'elle s'endormit par hasard, elle rêvait qu'elle nageait dans l'air.

Le bateau mouilla dans le port à la nuit close, et il était plus de neuf heures lorsque les bagages et les gens descendirent à terre. La vue de petites lumières éparses qui brillaient çà et là par la ville produisit un effet désagréable sur Mme Chermidy. Lorsqu'on touche au terme d'un voyage, l'espérance, qui nous avait portés jusque-là sur ses ailes, nous manque, et nous tombons rudement sur la réalité. Ce qui nous paraissait le plus certain se voile d'un doute ; nous ne comptons plus sur rien, et nous commençons à nous attendre à tout. Un froid nous saisit, quelle que soit l'ardeur des passions qui nous animent ; nous sommes tentés de mettre toutes choses au pis, nous regrettons d'être venus, et nous voudrions retourner en arrière.

Cette impression est d'autant plus pénible, que nous ne sommes plus seuls et que nous arrivons dans un pays moins connu. Lorsque personne ne nous attend au port, et que l'embarcation nous jette en proie à ces faquins polyglottes qui bourdonnent autour des voyageurs, notre premier sentiment est un mélange de dépit, de dégoût et de découragement. Mme Chermidy arriva fort maussade à l'hôtel de Trafalgar.

Elle espérait y apprendre la mort de Germaine. Elle y apprit, avant tout, que la langue française n'est pas très-répandue dans les hôtels de Corfou. Mme Chermidy et *le Tas* ne possédaient entre elles deux qu'une langue étrangère, le provençal, qui leur fit peu d'usage en ce pays. Force leur fut d'attendre un interprète, et de souper en attendant. L'interprète arriva quand le maître de l'hôtel était couché; il se leva en grommelant, et trouva mauvais qu'on l'eût éveillé pour des affaires qui n'étaient pas les siennes. Il ne connaissait ni M. ni Mme de Villanera. Ces gens-là n'étaient jamais venus dans l'île, car tous les voyageurs de distinction descendaient à *Trafalgar Hôtel*. On ne pouvait supposer que M. et Mme de Villanera, s'ils étaient gens de bien, se fussent égarés ailleurs. L'hôtel d'Angleterre, l'hôtel d'Albion, l'hôtel Victoria étaient des établissements de dernier ordre, indignes de loger M. et Mme de Villanera.

L'hôtelier se coucha sur cette tirade, et l'interprète offrit de courir à la recherche des renseignements. Il resta absent une partie de la nuit. *Le Tas* s'endormit à l'attendre ; Mme Chermidy rongea son frein et s'étonna plus d'une fois qu'une personne qui avait cent mille francs dans sa cassette ne pût acheter un simple renseignement. Elle éveilla le pauvre *Tas*, qui n'en pouvait mais. *Le Tas* lui conseilla de dormir au lieu de se tourner le sang. « Tu comprends bien, lui dit-elle, que si la petite a déménagé dans l'autre monde, on ne s'est pas amusé à tendre la ville en noir. Nous n'aurons de nouvelles qu'à la campagne. Tout le monde doit connaître la villa Dandolo. Couche-toi tranquillement ; il fera jour demain. Qu'est-ce que tu risques ? Bien sûr que si elle est morte, elle ne ressuscitera pas dans la nuit. »

Mme Chermidy allait suivre le conseil de sa cousine, quand le domestique de place vint à grand bruit lui annoncer que M. et Mme de Villanera étaient débarqués dans l'île au mois d'avril avec leur médecin et toute leur maison ; qu'ils étaient tous très-malades ; qu'on les avait conduits à la villa Dandolo, et qu'ils devaient être morts depuis longtemps s'ils n'allaient pas mieux. La veuve impatiente mit le domestique à la porte, se jeta sur son lit et dormit assez mal.

Le lendemain, elle loua une voiture et se fit conduire à la villa Dandolo. Le cocher ne sut pas lui dire ce qui l'intéressait ; et les paysans qu'elle rencontra sur son passage écoutèrent ses questions sans les comprendre. Elle prit toutes les maisons de la route pour la villa Dandolo, car toutes les maisons se ressemblent un peu dans l'île. Lorsque son cocher lui indiqua un toit d'ardoises caché dans les arbres, elle serra son cœur à deux mains. Elle consultait attentivement la physionomie du pays pour y lire la grande nouvelle qu'elle brûlait d'apprendre. Malheureusement, les jardins, les chemins et les bois sont des témoins impassibles de nos plaisirs et de nos peines. S'ils s'intéressent à notre sort, ils le dissimulent bien, car les arbres du parc ne prennent pas le deuil à la mort de leur maître.

Mme Chermidy gourmandait la lenteur des chevaux. Elle aurait voulu monter au galop l'escalier qui conduisait à la villa. Elle ne tenait pas dans la voiture ; elle se jetait d'une portière à l'autre, interrogeant la maison et les champs et cherchant une figure humaine. Enfin elle sauta à terre, courut à la villa, trouva toutes les portes ouvertes et ne rencontra personne. Elle revint sur ses pas et parcourut le jardin du nord ; il était désert. Une petite porte et un escalier rapide conduisaient au jardin du midi. Elle se jeta jusqu'en bas et s'aventura dans les allées.

Elle aperçut à l'ombre d'un vieil oranger, du côté de la plage, une femme vêtue de blanc qui se promenait un livre à la main. Elle était trop loin pour reconnaître la figure, mais la couleur de la robe lui donna à penser. On ne s'habille pas de blanc dans une maison en deuil. Toutes les observations qu'elle avait recueillies depuis cinq minutes se combattaient dans son esprit. L'abandon presque absolu de la villa pouvait faire croire à la mort de Germaine. Les portes ouvertes, les domestiques absents, les maîtres partis, et pour où? Peut-être pour Paris! Mais comment n'en savait-on rien à la ville? Germaine était-elle guérie? Impossible, en si peu de temps. Était-elle encore malade? Mais alors on la soignerait, on ne laisserait pas les portes ouvertes. Elle hésitait à s'avancer vers la promeneuse blanche, lorsqu'un enfant enjamba l'allée en courant et s'enfonça sous les arbres, comme un lapin effarouché qui traverse un sentier de forêt. Elle reconnut son fils et reprit de l'audace. « Qu'est-ce que je crains? pensa-t-elle. Personne n'a le droit de me chasser d'ici. Qu'elle vive ou qu'elle meure, je suis mère et je viens voir mon fils. »

Elle marcha droit à l'enfant. Le petit Gomez eut peur lorsqu'il vit cette femme en deuil; il s'enfuit, en criant, vers sa mère. Mme Chermidy fit quelques pas à sa poursuite, et s'arrêta tout court en présence de Germaine.

Germaine était seule au jardin avec le marquis de los Montes de Hierro. Tous ses hôtes venaient de prendre congé d'elle; la comtesse et son fils reconduisaient Mme de Vitré; le docteur était parti pour la ville avec les Dandolo et M. Delviniotis. La maison était livrée aux domestiques, et ils faisaient leur sieste, suivant l'usage, partout où le sommeil les avait surpris.

Mme Chermidy reconnut du premier coup d'œil la femme qu'elle avait aperçue une seule fois, et qu'elle ne s'attendait plus à revoir en ce monde. Si délibérée qu'elle fût, et quoique la nature lui eût fait don d'une âme bien trempée, elle recula d'un bon pas, comme un soldat qui voit sauter le pont qu'il allait traverser. Elle n'était pas femme à se bercer de chimères; elle jugea sa position et courut tout d'un saut jusqu'aux dernières conséquences. Elle vit sa rivale guérie et bien guérie, son amant confisqué, son fils aux mains d'une autre et son avenir perdu. La chute fut d'autant plus rude, que la belle ambitieuse tombait de plus haut. Après avoir entassé montagne sur montagne jusqu'aux portes du ciel, les Titans de la fable ne sentirent pas plus durement le coup de foudre qui les aplatit.

La haine qu'elle nourrissait pour la jeune comtesse depuis le jour où elle avait commencé à la craindre s'éleva subitement à des proportions colossales, comme ces arbres de théâtre que le machiniste fait jaillir du sol et voler jusqu'aux frises. La première idée qui traversa son esprit fut celle d'un crime. Elle sentit tressaillir dans ses muscles une force centuplée par la rage. Elle se demanda pourquoi elle ne brisait pas de ses mains l'obstacle chétif qui la séparait du bonheur. Elle fut un instant la sœur de ces Thyades qui déchiraient en lambeaux les tigres et les lions vivants. Elle se repentit d'avoir oublié à l'hôtel Trafalgar un poignard corse, bijou terrible qu'elle étalait partout sur sa cheminée. La lame était bleue comme un ressort de montre, longue et pliante comme le buste d'un corset; la poignée était en ébène incrustée d'argent, et la gaîne en platine niellé. Elle courut par la pensée jusqu'à cette arme familière; elle la saisit en esprit, elle la caressa en imagination. Elle songea ensuite à la mer qui battait mollement la lisière du jardin. Rien n'était plus facile et plus tentant que d'y emporter Germaine comme l'aigle emporte un agneau blanc dans son aire, de l'étendre sous trois pieds d'eau, d'étouffer ses cris sous la vague et de comprimer ses efforts jusqu'au moment où une convulsion finale ferait une autre comtesse de Villanera.

Heureusement la distance est plus longue entre la pensée et l'action qu'entre le bras et la tête. D'ailleurs le petit Gomez était là, et sa présence sauva peut-être la vie de Germaine. Plus d'une fois, pour paralyser une main criminelle, il a suffi du regard limpide d'un enfant. Les êtres les plus pervertis éprouvent un respect involontaire devant cet âge sacré, et plus auguste même que la vieillesse. La vieillesse est comme une eau reposée qui a laissé tomber au fond toutes les impuretés de la vie; l'enfance est une source échappée de la montagne : on l'agite sans la troubler, parce qu'elle est pure jusqu'au fond. Les vieillards ont la science des biens et des maux ; l'ignorance des enfants est comme la neige sans tache de la Jungfrau, que nulle empreinte n'a souillée, pas même l'empreinte du pied d'un oiseau.

Mme Chermidy conçut, caressa, débattit et repoussa l'idée d'un crime en fermant son ombrelle et en saluant Germaine, qui ne la connaissait pas.

Germaine l'accueillit avec cette grâce épanouie et cette ouverture de cœur qui n'appartient qu'aux heureux du monde. La visite d'une inconnue n'avait pas lieu de la surprendre. Elle recevait presque tous les jours quelques bonnes gens du voisinage qui s'étaient intéressés à sa guérison et qui venaient se réjouir avec elle de sa santé. La veuve entra en propos par un bégayement confus qui se ressentait du tumulte de ses pensées.

« Madame, lui dit-elle, vous ne devez pas vous attendre.... je ne m'attendais pas moi-même.... Si j'avais su.... Madame, j'arrive de Paris. M. votre père, le duc de La Tour d'Embleuse, qui m'honore de son amitié....

— Vous connaissez mon père, madame? interrompit vivement Germaine; vous l'avez vu depuis peu?

— Il y a huit jours.

— Permettez donc que je vous embrasse. Mon pauvre père! Comment va-t-il? Il nous écrit bien rarement. Donnez-moi des nouvelles de ma mère! »

Mme Chermidy se mordit la lèvre.

« Mais vous, madame, reprit-elle sans répondre, je n'espérais pas vous trouver si bien portante. La dernière lettre que M. le duc a reçue de Corfou....

— Oui, madame; je m'étais laissée tomber bien bas, mais on n'a pas voulu de moi en paradis. Asseyez-vous donc auprès de moi. A l'heure qu'il est, mon père et ma mère n'ont plus d'inquiétude. Oh! je suis bien sauvée. Cela doit se voir, n'est-il pas vrai? Regardez-moi bien.

— Oui, madame. Après ce qu'on nous a dit à Paris, c'est un miracle.

— Un miracle de l'amitié et de l'amour, madame. La comtesse ma mère est si bonne! Mon mari m'aime tant!

— Ah!.. Voilà un bel enfant qui joue là-bas. Il est à vous, madame? »

Germaine se leva de son banc, regarda la veuve et recula épouvantée, comme si elle avait marché sur un serpent. « Madame, dit-elle à l'inconnue, vous êtes Mme Chermidy ! »

Mme Chermidy se leva à son tour et marcha droit à Germaine, comme pour lui passer sur le corps. « Oui, dit-elle, je suis la mère du marquis et la femme, devant Dieu, de don Diego. A quoi m'avez-vous reconnue ?

— Au ton dont vous avez parlé de l'enfant. »

Cela fut dit avec une telle douceur, que Mme Chermidy fut saisie d'un sentiment étrange. La colère, la surprise et toutes les émotions qui l'étouffaient éclatèrent en un vaste sanglot, et deux grosses larmes tombèrent sur ses joues. Germaine ne savait pas qu'on pleurait de rage. Elle plaignit son ennemie, et lui dit naïvement : « Pauvre femme ! »

Les deux larmes séchèrent instantanément, comme les gouttes de pluie qui tombent dans un cratère.

« Pauvre femme ! moi ! répliqua aigrement Mme Chermidy. Eh bien, oui, je suis à plaindre, parce que j'ai été trompée ! parce qu'on a abusé de ma bonne foi ! parce que le ciel et la terre ont conspiré ensemble pour me trahir ; parce qu'on m'a volé un nom, une fortune, l'homme que j'aime et le fils que j'ai enfanté dans les douleurs et dans les cris ! »

Germaine fut épouvantée de cette explosion de colère. Elle tourna les yeux vers la maison comme pour appeler du secours.

« Madame, dit-elle en tremblant, si c'est pour cela que vous êtes venue chez moi....

— Chez vous! n'allez-vous pas appeler vos gens pour me faire chasser de chez vous? En vérité, voilà qui est merveilleux! c'est moi qui suis chez vous! Mais vous n'avez rien qui ne vous vienne de moi! Votre mari, votre enfant, votre fortune et l'air même que vous respirez, tout vient de moi, tout m'appartenait, tout est un dépôt que je vous ai confié : vous me devez tout, et vous ne me rembourserez jamais! Vous végétiez à Paris sur un méchant grabat; les médecins vous condamnaient à mort, vous n'aviez plus trois mois à vivre; on me l'avait promis! Votre père et votre mère allaient mourir de faim! Sans moi, la famille de La Tour d'Embleuse ne serait plus qu'un tas de poussière dans la fosse commune. Je vous ai tout donné : père, mère, mari, enfant, et la vie; et vous osez me dire en face que je suis chez vous! Il faut que vous soyez bien ingrate! »

Il était difficile de répondre à cette éloquence sauvage. Germaine croisa ses bras devant sa poitrine et dit : « Mon Dieu! madame, j'ai beau sonder ma conscience, je ne me trouve coupable de rien, que d'avoir guéri. Je n'ai jamais contracté d'engagements envers vous, puisque je vous rencontre pour la première fois. Il est vrai que sans vous je serais morte depuis longtemps; mais si vous m'avez sauvée, c'est sans le vouloir : et la preuve, c'est que vous venez me reprocher l'air que je respire. Est-ce vous qui m'avez donnée pour femme au comte de Villanera? Peut-être bien. Mais vous m'avez choisie parce que vous me croyiez condamnée sans ressource. Je ne vous dois pour cela aucune reconnaissance. Maintenant, que puis-je faire pour vous être utile? Je suis prête à tout, excepté à mourir.

— Je ne vous demande rien; je ne veux rien, je n'attends rien.

— Mais alors qu'êtes-vous venue faire ici?... Dieu bon! Vous m'avez crue malade, et vous comptiez me trouver morte!

— J'en avais le droit. Mais j'aurais dû prendre des renseignements sur votre famille : les La Tour d'Embleuse n'ont jamais payé leurs dettes! »

A ce propos grossier, Germaine perdit patience.

« Madame, dit-elle, vous voyez que je me porte bien. Puisque vous n'êtes venue ici que pour me mettre en terre, votre voyage est terminé, rien ne vous retient plus. »

Mme Chermidy s'installa résolûment sur le banc de pierre en disant : « Je ne partirai point sans avoir vu don Diego.

— Don Diego! s'écria la convalescente. Vous ne le verrez pas! Je ne veux pas qu'il vous voie. Écoutez-moi attentivement, madame. Je suis encore bien faible, mais je trouverai la force des lionnes pour défendre mon bonheur. Ce n'est pas que je doute de lui : il est bon ; il m'aime comme une sœur ; il m'aimera bientôt comme une femme. Mais je ne veux pas que son cœur soit déchiré entre le passé et l'avenir. Il serait odieux de le condamner à choisir entre nous. D'ailleurs, vous voyez bien que son choix est fait, puisqu'il ne vous écrit plus.

— Enfant ! Tu n'as pas appris l'amour, au milieu de tes tisanes. Tu ne sais pas l'empire que nous prenons sur un homme à force de le rendre heureux ! Tu n'as pas vu quels fils d'or, plus fins et plus serrés que ceux de l'araignée, nous tissons autour de son cœur ! Je ne suis pas venue sans armes pour te déclarer la guerre. J'apporte avec moi le souvenir de trois années de passion satisfaite et jamais assouvie. Libre à toi d'opposer à tout cela tes baisers fraternels et tes caresses de pensionnaire ! Tu crois peut-être avoir éteint le feu que j'ai allumé ? Attends que j'aie soufflé dessus, et tu verras un bel incendie !

— Vous ne lui parlerez pas ? S'il était assez faible pour consentir à cette fatale entrevue, sa mère et moi nous saurions l'en empêcher.

— Je me soucie bien de sa mère ! J'ai des droits sur lui, moi aussi, et je les ferai valoir.

— Je ne sais pas quels droits peut avoir une femme qui s'est conduite comme vous, mais je sais que l'Église et la loi m'ont donné le comte de Villanera le jour où elles m'ont donnée à lui.

— Écoutez : je vous abandonne la libre disposition de tous les biens que vous possédez. Vivez, soyez heureuse et riche ; faites le bonheur de votre famille, soignez la vieillesse de vos parents, mais laissez-moi don Diego. Il ne vous est rien encore, vous me l'avez avoué vous-même. Il n'est pas votre mari, il n'est que votre médecin, votre infirmier, l'aide du docteur Le Bris.

— Il est tout pour moi, madame, puisque je l'aime.

— Ah ! c'est ainsi ! Eh bien, changeons de note. Rendez-moi mon fils ! il est à moi, celui-là. J'espère que vous n'en disconviendrez pas. Quand je vous l'ai cédé, j'ai fait mes conditions. Vous n'avez pas tenu votre parole ; je dégage la mienne.

— Madame, répondit Germaine, si vous aimiez le petit Gomez, vous ne songeriez pas à le dépouiller de son nom et de sa fortune.

— Peu m'importe ? Je l'aime pour moi, comme toutes les mères. J'aime mieux avoir un bâtard à embrasser tous les matins que d'entendre un marquis vous appeler maman ?

— Je sais, répondit Germaine, que l'enfant était à vous, mais vous l'avez donné. Il ne vous est pas plus permis de le réclamer qu'à moi de vous le rendre.

— Je le demanderai aux tribunaux. Je dévoilerai le mystère de sa naissance. Je ne risque plus rien à présent : mon mari est mort, il ne me tuera pas.

— Vous perdrez votre procès.

— Mais je gagnerai un bon scandale. Ah! Mme de Villanera tient à l'honneur de son nom! On a fait des infamies pour illustrer le nom des Villanera! Je le prendrai par les oreilles, ce beau nom que l'Italie dispute à l'Espagne. Je le traînerai de première instance en appel et en cassation; je l'imprimerai dans tous les journaux; j'en amuserai les estaminets de Paris; je les ferai insérer dans les *Petites causes célèbres*; et la vieille comtesse en crèvera de rage! Et les avocats auront beau dire, les juges auront beau faire! Je perdrai mon procès, mais tous les Villanera futurs seront entachés de Chermidy! »

Elle parlait avec tant de chaleur, que son discours attira l'attention du marquis. Il était à dix pas de là, gravement occupé à planter des branches dans le sable pour faire un petit jardin. Il quitta son travail et vint se camper devant Mme Chermidy, le poing sur la hanche. En le voyant approcher, Germaine dit à la veuve : « Madame, il faut que la passion vous ait rendue bien distraite. Depuis une heure que vous réclamez cet enfant, vous n'avez pas encore songé à l'embrasser? »

Le marquis tendit la joue d'assez mauvaise grâce. Il dit à sa terrible mère, dans le patois des enfants de son âge :

« Madame, quoi toi dis à maman?

— Marquis, répondit Germaine, madame veut t'emmener à Paris. Veux-tu t'en aller avec elle ? »

Pour toute réponse il se jeta dans les bras de Germaine et lança un regard en dessous à Mme Chermidy.

« Nous l'aimons tous, dit Germaine.

— Vous aussi, madame ? C'est habile.

— C'est naturel : il ressemble à son père. »

La veuve dit à son fils ; « Regarde-moi bien : tu ne me reconnais pas ?

— Non.

— Je suis ta mère.

— Non.

— Tu es mon fils. Mon fils !

— C'est pas-t-à-toi ; c'est à maman Germaine.

— Tu n'as pas une autre mère ?

— Si ; j'ai maman Néra. Elle est chez maman Vitré.

— Il paraît que tout le monde est sa maman, excepté moi. Tu ne te souviens pas de m'avoir vue à Paris ?

— Qui ça, Paris ?

— Je te donnais des bonbons.

— Où est-il, tes bonbons ?

— Allons, les enfants sont de petits hommes : l'ingratitude leur pousse avec les dents. Marquis de los Montes de Hierro, écoute-moi bien. Toutes ces mamans-là sont celles qui t'ont élevé. Moi, e suis ta vraie mère, ta seule mère, celle qui t'a fait ! »

L'enfant ne comprit rien, sinon que la madame le grondait. Il pleura à chaudes larmes, et Germaine eut de la peine à le consoler. « Vous voyez, madame, dit-elle à la veuve, personne ne vous retient ici, pas même le marquis.

— Voici mon ultimatum, » répondit-elle fièrement. Mais une voix bien connue lui coupa la parole. C'était le docteur Le Bris qui arrivait de Corfou à franc étrier. Il avait vu *le Tas* à une fenêtre de l'hôtel Trafalgar, et il apportait au galop cette grosse nouvelle. Le cocher de Mme Chermidy, qu'il trouva à la porte de la villa, lui fit une belle peur en lui contant qu'il avait amené une dame. Il parcourut la maison, éveilla du bout du pied tous les dormeurs qui se rencontrèrent sur son chemin, et descendit les escaliers du jardin quatre à quatre.

Le docteur ne pensait pas que Mme Chermidy fût capable d'un crime; cependant il poussa un soupir de satisfaction en trouvant Germaine comme il l'avait laissée. Il lui tâta le pouls avant tout autre propos, et lui dit :

« Comtesse, vous êtes un peu agitée, et je crois que la solitude vous ferait grand bien. Reposez-vous, s'il vous plaît, tandis que je reconduirai madame à sa voiture. »

Il dicta cette ordonnance en souriant, mais d'un

tel ton d'autorité que Mme Chermidy accepta son bras sans réplique.

Lorsqu'ils eurent fait ensemble quatre pas, il lui dit : « Çà, ma belle malade, j'espère que vous n'avez pas l'intention de défaire mon ouvrage! Que diable venez-vous chercher dans ce pays-ci? »

Elle répondit naïvement : « Quelle lettre avez-vous donc écrite au vieux duc?

— Ah! j'y suis! En effet, nous avons eu une semaine difficile; mais les beaux jours sont revenus.

— Plus de ressource, la Clef des cœurs?

— Aucune, ou je meure.

— Qu'est-ce que vous y gagnez?

— Mais la satisfaction du devoir accompli. C'est une belle cure, allez; les pareilles ne se comptent point par douzaines.

— Mon pauvre ami, on prétend que vous ferez votre chemin; moi, j'ai peur que vous végétiez toute la vie. Les gens d'esprit sont quelquefois bien bêtes.

— Que voulez-vous! on ne saurait contenter tout le monde. La Fontaine a dit cela en vers, je ne sais où.

— Qu'est-ce que je vais devenir? Je perds tout.

— Croyez-vous?

— Sans doute.

— Vous comptez donc les millions pour rien! Vous êtes femme de précaution : vous avez visé au solide.

— Est-ce votre opinion que vous exprimez là?

— La mienne et celle de quelques autres.

— Don Diego en est-il?

— Peut-être.

— On est bien injuste, allez! Pour un rien, je lui renverrais tout ce qu'il m'a donné.

— Vous savez bien qu'il ne le reprendrait pas. Adieu, madame.

— Avez-vous toujours ce Mathieu que le duc vous a envoyé de Paris?

— Oui; pourquoi?

— Parce que je vous ai dit de vous en défier.

— Aussi ai-je empêché qu'on le mît à la porte. »

Mme Chermidy revint précipitamment à la ville. Sa retraite ressemblait fort à une déroute, et *le Tas*, qui attendait les nouvelles à la fenêtre, devina du premier coup d'œil que le champ de bataille était resté aux ennemis. La veuve monta les escaliers à perte d'haleine, se jeta dans un fauteuil, et dit à sa complice : « Maudite journée!

— Elle a réchappé?

— Elle est guérie.

— L'effrontée! As-tu vu le comte?

— Ah bien oui! Elles me le cacheront si bien que je ne le dénicherai pas. Le Bris m'a presque mise à la porte.

— Si celui-là retrouve sa clientèle, j'y perdrai mon nom. Roule, roule, mon bonhomme, mais prends garde de verser! Et mon petit juif? c'est donc un imbécile?

— Ou un coquin. Il nous a trompées comme tous les autres.

— A qui se fier, grands dieux! si l'on ne peut plus compter sur un forçat? Après ça, ils l'ont peut-être mis à la porte.

— Non; il est encore chez eux.

— Alors, il y a de la ressource. Je lui parlerai. Tu ne vas pas jeter le manche après la cognée?

— Allons donc! Il faut que je voie don Diego.

— On te le trouvera.

— Nous allons louer une bicoque par là.

— Allons. Si jamais tu le tiens entre quatre yeux, tu en feras tout ce que tu voudras : tu es superbe!

— C'est la colère. J'ai réclamé le petit; j'ai parlé de procès. Il aura peur, il viendra.

— S'il vient, tu l'enlèves!

— Comme une plume!

— Tu as peut-être eu tort de parler de procès. Il est trop fier pour céder à ça. Attaquer un Espagnol par les menaces, c'est caresser un loup à rebrousse poil.

— Si les menaces ne servent de rien, j'ai une autre idée. Je fais mon testament en faveur du marquis, je rends les millions jusqu'au dernier sou, et je me tue.

— Voilà ton moyen? il est joli! et tu seras bien avancée!

— Es-tu bonne! Je me tue sans me faire de mal. Le testament montrera que je ne tiens pas à l'argent; le couteau prouvera que je ne tiens pas à la vie, mais je ne ferai mine de me poignarder que lorsqu'il tournera le bouton de la porte. »

Le Tas trouva l'invention excellente, quoiqu'elle ne fût pas précisément nouvelle. « Bon! dit-elle, c'est un naïf, un chevalier : il ne souffrira pas qu'une femme qu'il a aimée se suicide pour ses beaux yeux. Ces hommes! sont-ils bêtes! Si j'avais été jolie comme toi, je les aurais fait marcher!

— En attendant, ma fille, c'est nous qui marcherons, et dès demain.

— Eh bien! oui! En route, mauvaise troupe! »

Le lendemain, les deux femmes, escortées d'un domestique de place, se firent mener au sud de l'île. Elles trouvèrent dans le voisinage de la villa Dandolo une jolie maison à vendre ou à louer, avec le clos attenant. C'était le petit château que Mme de Villanera avait choisi pour M. de La Tour d'Embleuse dans le cas où il serait venu passer l'été à Corfou. C'était aussi le château en Espagne du pauvre Mantoux, dit *Peu-de-chance*. La maison fut louée le 24 septembre, meublée le 25, occupée le 26 au matin. On le fit savoir à don Diego.

Depuis trois jours, le comte était au supplice. Germaine lui raconta la visite qu'elle avait reçue. La pauvre enfant ne savait pas comment il prendrait cette nouvelle, et cependant elle voulut la lui porter elle-même. En annonçant à don Diego l'arrivée de son ancienne maîtresse, elle s'assurait en un instant s'il était bien guéri de son amour. Un homme étonné n'a pas le temps de composer sa physionomie, et la première impression qui se trahit sur son visage est la vraie. Germaine jouait gros jeu en soumettant son mari à une telle épreuve. Un éclair de joie dans les yeux du comte l'aurait tuée plus sûrement qu'un coup de pistolet. Mais les femmes sont ainsi faites, et leur amour héroïque préfère un danger sûr à un bonheur incertain.

M. de Villanera était bien guéri, car il apprit ce débarquement comme on reçoit une fâcheuse nouvelle. Son front se voila d'une tristesse qui n'avait rien d'exagéré, parce qu'elle était sincère. Il ne se montra ni indigné ni scandalisé; car la démarche de Mme Chermidy, impertinente aux yeux de tous, était excusable pour lui. Il ne fit pas la grimace d'un gouverneur de province qui apprend que l'ennemi a opéré une descente sur ses terres; il témoigna le chagrin des hommes qu'un accident prévu vient troubler dans leur félicité.

Germaine ne put lui répéter sans un peu de colère les propos insolents de cette femme et ses prétentions monstrueuses. Le docteur fit chorus avec elle, et la vieille comtesse regrettait hautement de n'avoir pas été là pour jeter cette drôlesse à la porte ou à la mer : la mer était une des portes du jardin. Mais don Diego, au lieu d'épouser la querelle de toute la maison, s'appliqua à calmer les colères et à panser les blessures. Il défendit son ancienne maîtresse, ou plutôt il la plaignit en galant homme qui n'aime plus, mais qui se flatte d'être encore aimé. Il remplit ce devoir avec une telle délicatesse, que Germaine lui en sut gré, car elle apprécia une fois de plus la droiture et la fermeté de son âme. Elle lui permit de donner sa pitié à Mme Chermidy, parce qu'elle était bien sûre de posséder tout son amour.

La douairière était beaucoup moins tolérante. La revendication de l'enfant et la menace d'un procès scandaleux l'avaient exaspérée. Elle ne parlait de rien moins que de livrer la veuve aux magistrats des Sept-Iles, et de la faire expulser honteusement comme aventurière. « M. Stevens est notre ami, disait-elle; il ne nous refusera pas ce petit service. » Elle trouvait que la visite de Mme Chermidy à Germaine avait tous les caractères d'une tentative de meurtre; car enfin la présence d'une créature si venimeuse pouvait tuer une convalescente. Le docteur ne dit pas non.

Le comte essaya de calmer sa mère. « Ne craignez rien, dit-il, elle ne fera pas de procès. Elle n'est pas dénaturée au point de compromettre son fils en même temps que nous. La colère l'égarait sans doute. Il nous est facile de parler sagement, à nous qui sommes heureux. Elle doit être indignée contre moi et me regarder comme un grand coupable, car je l'ai abandonnée sans avoir aucun tort à lui reprocher ; je ne lui ai pas écrit une lettre dans l'espace de huit mois, et j'ai donné toute mon âme à une autre. Elle m'en voudrait bien davantage si elle savait que les meilleurs jours de ma vie sont ceux que j'ai passés loin d'elle, auprès de ma Germaine ; si je lui disais que mon cœur est plein d'amour jusqu'aux bords, comme ces coupes qu'une goutte de plus ferait déborder. Laissez-moi la congédier avec de bonnes paroles. Pourquoi n'irais-je pas lui ouvrir mon cœur et lui montrer qu'il n'y reste plus de place pour elle ? Il ne faut qu'une heure de douceur et de fermeté pour changer cet amour aigri en amitié pure et durable. Elle ne songera plus à faire un éclat ; elle restera digne de nous rencontrer sans embarras dans le monde et de faire chercher quelquefois des nouvelles de son fils. Il y a bien peu de femmes qui ne soient exposées à coudoyer dans un salon une ancienne maîtresse de leur mari. Cependant on ne s'arrache pas les yeux ; le présent et le passé vivent en bonne harmonie, une fois que la frontière qui les sépare est bien tracée. Considérez, de plus, que notre situation n'est pas celle de tout le monde. Quoi que nous puissions faire; quoi que cette malheureuse femme fasse elle-même, elle sera toujours, aux yeux de Dieu, la mère de notre enfant. Elle n'aurait été que sa nourrice, nous nous ferions un devoir de l'assurer contre la misère. Ne refusons pas une démarche innocente et prudente qui peut la sauver du désespoir et du crime. »

Don Diego parlait de si bonne foi, que Germaine lui tendit la main et lui dit : « Mon ami, j'ai déclaré à cette femme qu'elle ne vous reverrait pas; mais si je vous avais entendu parler avec tant de raison et d'expérience, je serais allée vous chercher moi-même pour vous conduire à elle. Prenez la voiture sans perdre de temps, courez lui donner son congé, et pardonnez-lui le mal qu'elle m'a fait comme je lui pardonne.

— Tout beau! reprit Mme de Villanera. S'il montait en voiture, je dételleraís les chevaux de ma main. Don Diego, vous ne m'avez pas consultée quand vous avez pris une maîtresse; vous ne m'avez pas écoutée quand je vous ai dit que vous étiez tombé sur une coquine; mais puisque vous me consultez aujourd'hui, vous m'écouterez jusqu'au bout. C'est moi qui vous ai marié. Je vous ai laissé faire, dans l'intérêt de notre race, un traité qui srait odieux chez des bourgeois ; mais la grandeur des intérêts et le principe à sauver excusent bien des choses. Dieu a permis qu'une affaire si mal entamée tournât à bien : le ciel en soit loué ! Mais il ne sera pas dit que de mon vivant vous soyez sorti de chez votre femme sainte et légitime pour entrer chez votre ancienne maîtresse. Je sais bien que vous ne l'aimez plus, mais vous ne la méprisez pas assez pour que je vous tienne guéri. Cette Chermidy vous a eu trois ans dans ses griffes ; je ne vous exposerai pas à y retomber. Vous avez beau hocher la tête. La chair est faible, mon fils ; je le sais par votre expérience, à défaut de la mienne. Je connais les hommes, quoiqu'on ne m'ait jamais fait la cour. Mais quand on assiste au spectacle depuis cinquante ans, on sait un peu le secret de la comédie. Retenez bien ceci : le meilleur des hommes ne vaut rien. Le meilleur, c'est vous, si vous voulez ; je vous l'accorde. Vous êtes guéri de votre amour ; mais ces amours parasites sont de la famille de l'acacia. On arrache l'arbre, on brûle les racines ; et les rejetons sortent par milliers. Qui m'assure que la vue de cette femme ne vous fera pas perdre la tête ? Vous n'avez pas le cerveau si solide qu'il faille vous exposer à pareille secousse. Qui a bu boira ; et vous avez tant bu qu'on vous a cru noyé. Ah ! si vous étiez marié depuis trois ou quatre ans ; si vous viviez comme vous vivrez bientôt, avec l'aide de

Dieu; si le marquis avait un frère ou une sœur, je vous lâcherais peut-être la bride. Mais supposez que votre folie vous reprenne, j'aurais fait un beau métier en vous mariant à l'ange que voici! C'est pourquoi, mon cher comte, vous n'irez pas chez Mme Chermidy, même pour lui donner son congé, ou, s'il vous plaît d'y aller malgré moi, vous ne retrouverez ici ni votre mère ni votre femme! »

Don Diego se le tint pour dit, mais il fut mal à l'aise pendant les trois jours suivants. M. Le Bris avait changé de malade : il soignait le cerveau de son ami. Il essaya de déraciner les illusions obstinées que le comte gardait sur sa maîtresse. Il cassa impitoyablement les coquilles de toutes couleurs que le pauvre gentilhomme s'était laissé appliquer sur les yeux. Il lui raconta par le menu tout ce qu'il savait sur le passé de la dame; il la lui montra ambitieuse, cupide, rouée, enfin ce qu'elle était. « On m'appelle le tombeau des secrets, pensait le docteur en dévidant son écheveau de médisances, mais la justice a le droit d'ouvrir les tombeaux. » Il vit que don Diego doutait encore : il lui fit lire la dernière lettre qu'il avait reçue de Mme Chermidy. Le comte fut saisi d'horreur en y trouvant une provocation à l'assassinat, flanquée de cinq cent mille francs de récompense.

M. de La Tour d'Embleuse arriva là-dessus, et

l'on vit une preuve vivante de la scélératesse de Mme Chermidy. Le vieillard avait voyagé sans accident, grâce à cet instinct de la conservation qui nous est commun avec les bêtes; mais son esprit avait égrené toutes ses idées sur le chemin, comme un collier dont le fil est rompu. Il sut trouver la villa Dandolo, et tomba au milieu de la famille étonnée, sans plus d'émotion que s'il sortait de sa chambre à coucher. Germaine lui sauta au cou et l'accabla de tendresses; il se laissa caresser comme un chien qui joue avec un enfant.

« Que vous êtes bon! lui dit-elle. Vous m'avez sue en danger et vous êtes accouru! »

Il répondit : « Tiens! c'est vrai. Tu n'es donc pas morte? Comment as-tu fait ton compte? J'en suis bien content; c'est-à-dire pas trop : Honorine est furieuse contre toi. Elle n'est pas ici, Honorine? Elle était venue pour épouser Villanera. Pourvu qu'elle me pardonne! »

Personne ne put lui arracher un mot sur la santé de la duchesse; mais il parla d'Honorine tant qu'on voulut. Il raconta tout le bonheur et tout le chagrin qu'elle lui avait donnés. Tous ses discours roulaient sur elle; toutes ses questions tendaient vers elle : il voulait la voir à tout prix; il dépensa l'astuce d'une tribu indienne pour découvrir l'adresse d'Honorine.

L'arrivée inattendue de ce restant de vieillard fut une sérieuse douleur pour Germaine et un cruel enseignement pour don Diego. Mme de Villanera, qui n'avait jamais eu de sympathie pour le duc, s'intéressait médiocrement à la ruine de son intelligence, mais elle triomphait d'avoir sous la main une victime de Mme Chermidy. Elle s'établit assidûment auprès de M. de La Tour d'Embleuse; elle lui arrachait tous les secrets de sa misère et de sa décadence; elle jouait à tour de bras de cet instrument fêlé dont la musique était douce à ses oreilles maternelles.

Le duc radotait dans la maison depuis quelques heures, lorsque Mme Chermidy fit savoir à don Diego qu'elle était sa voisine et qu'elle l'attendait. Le comte montra la lettre à M. Le Bris :

« Que répondriez-vous à ma place? lui demanda-t-il en haussant les épaules.

— J'offrirais de l'argent. Elle est venue ici pour prendre votre nom, votre personne et votre fortune. Quand elle a vu que la comtesse n'était pas morte, elle a fait son deuil du nom et elle s'est rabattue sur le reste. Lorsqu'elle verra que votre personne se passe aisément de la sienne, elle se contentera de l'argent.

— Ce procès, ce scandale dont elle semblait nous menacer?

— Offrez-lui de l'argent.

— Mais son fils !

— De l'argent, vous dis-je ! Par exemple, il en faudra beaucoup. On donne deux sous au pauvre qui mendie en blouse, dix à celui qui mendie en veste, cent à celui qui mendie en habit noir : calculez ce qu'il convient d'offrir à ceux qui mendient en voiture à quatre chevaux.

— Voulez-vous aller voir ce qu'elle demande?

— Parbleu ! vous m'avez pris au mois : nous ne comptons pas les visites. »

Le docteur se fit mener chez Mme Chermidy. Lorsqu'il entra, elle était en scène. Assise languissamment dans un grand fauteuil, les bras pendants, les cheveux dénoués, elle laissait errer ses yeux mélancoliques, et

Rêveuse, regardait vaguement quelque part.

« Bonjour, madame, dit le docteur. Vous pouvez vous mettre à votre aise ; c'est moi. »

Elle se leva en sursaut, courut à lui, et lui dit :

« C'est vous, mon ami ! Vous m'avez fait de la peine l'autre jour. Est-ce ainsi que vous deviez m'accueillir après une si longue absence?

— Ne parlons pas de cela, voulez-vous? Je ne suis pas venu en ami, mais en ambassadeur.

— Je ne le verrai donc pas, lui?

— Non ; mais si vous êtes curieuse de voir quelqu'un, je puis vous montrer le duc de La Tour d'Embleuse.

— Il est ici?

— De ce matin. Un joli ouvrage que vous avez fait, sans le signer !

— Je ne suis pas responsable de tous les vieux fous qui perdent la tête pour moi.

— Ni des millions qu'ils perdent chez vous? D'accord.

— En bonne foi, la Clef des cœurs, vous croyez que je suis une femme d'argent?

— Massif! Combien voulez-vous pour retourner à Paris et rester tranquille?

— Rien.

— On payera votre passage, quand il coûterait un million.

— Nous sommes deux ; j'ai amené *le Tas*.

— On doublerait peut-être la somme.

— Qu'est-ce qu'on y gagnerait? Si je suis ce que vous supposez, je peux prendre l'argent aujourd'hui et faire un éclat demain. Mais je vaux mieux que vous tous.

— Bien obligé!

— Tenez, bel ambassadeur, portez ceci au roi votre maître, et dites-lui que s'il a des commissions pour l'autre monde, il peut me les envoyer ce soir.

— Comment! tout de suite aux grands moyens?

— Oui, mon ami. Ceci est mon testament et l'acte de ma dernière volonté. Le paquet n'est pas cacheté; vous pouvez lire.

— Au fait! ici ou là-bas! »

Il lut :

« Ceci est mon testament et l'acte de ma dernière volonté.

« A la veille de quitter volontairement une vie que l'abandon de M. le comte de Villanera m'a rendue odieuse.... »

— Méchante! dit le docteur, en interrompant sa lecture.

— C'est la vérité pure.

— Otez cette phrase-là. D'abord elle est mal écrite.

— Les femmes n'écrivent bien que les lettres. Elles n'ont pas la spécialité des testaments.

— Alors, je poursuis :

« Moi, Honorine Lavenaze, veuve Chermidy, saine de corps et d'esprit, je lègue tous mes biens meubles et immeubles à Gomez, marquis de los Montes de Hierro, fils unique du comte de Villanera, mon ancien amant. » C'est signé.

— Et demain matin, ça sera diablement parafé, allez!

— Je parie que non.

— Vous me défiez de mourir?

— Oui, certes.

— Et pourquoi ne me tuerais-je pas, s'il vous plaît?

— Parce que cela ferait trop de plaisir à trois ou quatre honnêtes gens de ma connaissance. Adieu, madame. »

La porte ne fut pas plutôt refermée sur le docteur, que *le Tas* sortit d'une chambre voisine en compagnie de Mantoux.

XIII

LE COUTEAU.

Mathieu Mantoux ne pouvait se consoler de la guérison de Germaine. Il accusait le droguiste de lui avoir vendu de l'arsenic frelaté et du poison de mauvais aloi. Dans sa douleur, il négligeait son service et s'égarait en rêvant autour de la villa. Le but de ses promenades était toujours ce joli petit domaine dont il avait été seigneur en espérance. A force de le contempler, il le connaissait dans ses moindres détails, comme s'il y avait été élevé dès l'âge le plus tendre. Il savait combien la maison avait de fenêtres, et il n'était pas un arbre dans le jardin qui ne lui rappelât quelque souvenir. Il avait franchi la clôture plus d'une fois; ce qui n'était pas difficile. Ce paradis terrestre était fermé d'une haie de cactus et d'aloès, formidable défense si l'on prend soin de l'entretenir; mais trois ou quatre aloès avaient fleuri au mois d'août, et la fleur tue la plante. Ainsi la barrière infranchissable était tombée en quelques endroits, et la livrée fluette de Mantoux se faufilait sans accroc dans l'enceinte prohibée.

Le 26 septembre, vers quatre heures du soir, ce coquin mélancolique rêvait à son malheur en longeant la clôture. Il se rappelait avec une douceur amère ses premières entrevues avec *le Tas* et l'accueil obligeant de Mme Chermidy. Lorsqu'il comparait sa situation présente à celle qu'il avait rêvée, il se trouvait le plus malheureux des hommes; car on croit avoir perdu ce qu'on a manqué de gagner. L'apparition d'une masse énorme qui se mouvait pesamment dans le jardin rompit le cours de ses idées. Il se frotta les yeux et se demanda un instant s'il voyait *le Tas* ou son ombre : mais les ombres n'ont pas tant de corps. *Le Tas* l'aperçut et lui fit signe d'accourir. Elle songeait justement au moyen de le rencontrer.

« Hé bien! lui dit-elle, vous voilà, bel infirmier? Vous avez bien soigné votre maîtresse; elle est guérie! »

Il répondit avec un gros soupir : « Peu de chance!

— Nous sommes seuls, reprit *le Tas*, personne ne peut nous entendre, et il n'y a pas de temps à perdre. Es-tu content de voir que ta maîtresse se porte bien?

— Certainement, mademoiselle. Pourtant votre dame m'avait promis autre chose.

— Qu'est-ce qu'elle t'avait promis?

— Que madame passerait bientôt, et que j'aurais douze cents francs de rente.

— Tu aurais mieux aimé ça, pas vrai?

— Dame! j'aurais été propriétaire, et me voilà chez les autres pour le reste de mes jours.

— Et l'idée ne t'est pas venue de donner un coup de main à la maladie?»

Mantoux la regarda entre les yeux avec un trouble évident. Il ne savait pas s'il avait affaire à un juge ou à un complice. Elle le tira d'embarras en ajoutant : « Je te connais; je t'ai vu à Toulon. Quand je t'ai déniché à Corbeil, je savais ton histoire.

— Mais alors vous en êtes! Vous aviez votre idée en m'envoyant ici?

— Bien sûr. S'il n'y avait pas eu de l'ouvrage a faire, j'aurais été chercher un honnête homme. Il y en a assez, Dieu merci! Il y en a même trop!

— Voilà donc le pourquoi des douze cents francs de rente?

— Parbleu!

— Je parie que c'est vous qui m'avez écrit la lettre anonyme!

— Qui serait-ce donc?

— Mais quel intérêt aviez-vous?

— Quel intérêt? Ta maîtresse a volé son mari à la mienne. Comprends-tu maintenant?

— Je commence.

— Il fallait commencer plutôt, imbécile!

— Je n'ai pas compris, c'est vrai. Pourtant j'ai travaillé.

— Avec quoi?

— J'ai acheté de l'arsenic; elle en a pris un peu tous les soirs.

— Ta parole?

— Sur mon honneur!

— Tu n'en auras pas mis assez.

— J'avais peur d'être pris. Ça se retrouve dans les corps morts.

— Lâche!

— Tiens! on ne se fait pas couper le cou pour douze cents francs de rente.

— Madame t'aurait donné tout ce que tu aurais voulu.

— Il fallait me le dire. Maintenant il est trop tard.

— Il n'est jamais trop tard. Viens parler à madame. »

C'est dans une chambre contiguë au salon que Mantoux attendit le départ de M. Le Bris. Quelques paroles de la conversation traversèrent la porte et vinrent à ses oreilles. Cependant, il ne comprenait encore qu'à moitié le marché qu'on voulait faire avec lui. Il aborda Mme Chermidy avec une méfiance respectueuse. La veuve ne jugea pas à propos d'entrer en explication avec lui tant qu'elle n'aurait pas reçu une réponse de don Diego. Elle était fort agitée, et elle arpentait le salon dans tous les sens. Elle écoutait *le Tas* sans l'entendre, et regardait le forçat sans le voir. La courtoisie du comte de Villanera lui était assez connue pour qu'elle vît dans son absence et son silence des symptômes effrayants.

« Il ne m'aime donc plus! disait-elle. Passe encore pour l'indifférence; je saurais bien réchauffer sa froideur! Mais il faut qu'on m'ait noircie à ses yeux, qu'on lui ait tout conté, qu'il me méprise! Sans cela, il ne m'aurait jamais traitée ainsi. M'offrir de l'argent par l'intermédiaire de cet odieux Le Bris! Et en quels termes, grands dieux! S'il me voit des mêmes yeux que son ambassadeur, s'il ne m'estime plus, j'aurai beau faire : il ne reviendra jamais. Veuf ou non, il est perdu pour moi. Alors! à quoi bon...? pure vengeance? Eh bien, soit : je me vengerai! Mais attendons. S'il n'accourt pas ici lorsqu'il aura lu mon message, c'est que tout est perdu!

— Madame, interrompit Mantoux, il faut que j'aille servir mon dîner, et si madame a quelque chose à me commander....

— Va servir ton dîner, lui dit-elle. Tu es à moi. Écoute bien tout ce qu'ils diront, pour me le répéter.

— Oui, madame.

— Un instant! Peut-être M. de Villanera viendra-t-il ici dans la soirée. En ce cas, je n'ai pas besoin de toi. Cependant, promène-toi dans nos environs demain matin. S'il ne devait pas me faire de visite.... mais c'est impossible! tu accourrais ici dès qu'il serait couché. L'heure n'y fait rien. *Le Tas* dormira peut-être; sonne toujours, je t'ouvrirai la porte.

— C'est inutile, madame; on a été serrurier, et j'ai encore mes outils.

— Bien; je t'attendrai. Mais je suis sûre que le comte viendra. »

Mantoux servit à table; mais il eut beau tendre ses deux oreilles à la conversation, le nom de Mme Chermidy ne fut pas même prononcé. On dînait en famille, avec un seul étranger, M. Stevens. La vieille comtesse lui demanda si la loi anglaise permettait aux magistrats d'expulser les vagabonds sans autre forme de procès. M. Stevens répondit que la législation de son pays protégeait la liberté individuelle jusque dans ses abus. Le docteur reprit en souriant :

« Voilà qui va bien; et *quid* quant aux aventurières?

— On les traite un peu plus sévèrement.

— Mais quand elles ont cinq ou six millions de capital?

— Si vous en connaissez beaucoup de cette espèce, docteur, envoyez-les toutes en Angleterre.

On leur ouvrira la porte à deux battants; on les couronnera de roses et elles épouseront des lords.»

Mme de Villanera fit la moue, et l'on parla d'autre chose.

Durant tout le repas, le vieux duc tint ses yeux attachés sur la figure de Mantoux. Cette cervelle impotente, ce vieillard perclus de la mémoire, sut reconnaître un homme qu'il avait vu une seule fois chez Mme Chermidy. Il le prit à part après le dessert et l'emmena mystérieusement dans sa chambre :

« Où est-elle? lui dit-il. Tu la connais, toi; tu sais où elle est cachée, car on me la cache!

— Monsieur le duc, reprit-il, je ne sais pas de qui....

— Je te parle d'Honorine! Tu sais bien, Honorine, la dame de la rue du Cirque?

— Mme Chermidy?

— Ah! tu vois que tu la connais. Je suis sûr que tu l'as vue. Ma fille aussi l'a vue! le docteur aussi! tout le monde, enfin, excepté moi!... Va me la chercher, je ferai ta fortune.»

Mantoux répondit :

« Je peux jurer à monsieur le duc que je ne sais pas où est Mme Chermidy.

— Dis-le-moi donc, nigaud! je n'en parlerai à personne : cela restera entre nous deux.» Il ajouta d'un ton de menace : « Si tu ne me la montres pas ce soir, je te ferai couper la tête.»

Le forçat tressaillit, comme si ce vieillard pouvait lire dans sa conscience. Mais le duc avait déjà changé de note : il pleurait.

« Mon enfant, disait-il, je n'ai pas de secret pour toi. Il faut que je te fasse part du malheur qui nous menace. Honorine veut se tuer cette nuit, elle l'a dit au docteur ; elle a envoyé son testament à mon gendre. Ils prétendent qu'elle n'en fera rien et qu'elle a voulu nous faire peur ; mais je la connais mieux qu'eux tous. Elle se tuera certainement. Pourquoi ne se tuerait-elle pas ? Elle m'a bien tué, moi qui te parle ! As-tu remarqué ce grand couteau qui était sur sa cheminée à Paris ? Elle me l'a enfoncé dans le cœur un jour, je m'en souviens bien. C'est avec ce couteau-là qu'elle se frappera cette nuit, si je n'arrive pas à temps. Veux-tu me conduire chez elle. »

Mantoux protesta qu'il ne savait point l'adresse de la dame, mais il ne parvint pas à persuader le vieil insensé. Jusqu'à dix heures du soir, M. de La Tour d'Embleuse le suivit partout, au jardin, à l'office, à la cuisine, avec la patience d'un sauvage. « Tu auras beau faire, lui disait-il ; il faudra bien que tu ailles chez elle, et je t'y suivrai ! »

On se couche de bonne heure aux îles Ioniennes. A minuit toute la maison dormait, excepté le duc et Mantoux. Le forçat descendit à pas de loup sans faire craquer l'escalier disjoint qui conduisait à sa chambre. En traversant le jardin du nord, il crut voir glisser une ombre entre les oliviers. Il se jeta dans la campagne et marcha le long des clôtures, par des sentiers détournés, vers la propriété qu'il connaissait si bien. L'ombre acharnée le suivit de loin jusqu'à la haie de l'enclos. Il se demanda si la peur n'avait pas troublé sa vue et s'il n'était pas victime d'une hallucination; il prit son courage à deux mains, revint sur ses pas et chercha l'ennemi : la route était déserte, et l'apparition s'était perdue dans la nuit.

Une obscurité profonde enveloppait la petite maison. La seule fenêtre éclairée était celle de Mme Chermidy, au rez-de-chaussée : Mantoux comprit qu'il était attendu. Il déroula un trousseau de fausses clefs qu'il avait enveloppé dans des linges pour étouffer le bruit du fer, mais il n'eut pas le temps de crocheter la porte : Mme Chermidy la lui ouvrit. « Parlez bas, dit-elle. *Le Tas* vient de s'endormir. »

Les deux complices entrèrent dans la chambre, et le premier objet qui frappa les yeux de Mantoux fut le poignard dont le duc lui avait parlé.

« Hé bien! demanda la veuve; M. de Villanera est couché!

— Oui, madame.

— L'infâme! Qu'est-ce qu'ils ont dit à dîner?

— Il n'ont pas parlé de madame.

— Pas un mot?

— Non; mais, après le dîner, M. le duc m'a demandé l'adresse de madame. Je l'ai trouvé bien baissé.

— Il n'a pas dit autre chose?

— Des bêtises. Que madame voulait se tuer, qu'elle avait écrit son testament.

— J'ai dit; j'ai écrit; pour forcer le comte à venir me voir. Et il est couché?

— Oh! bien certainement, madame. La chambre de monsieur est tout près des nôtres, dans le petit escalier. Monsieur a éteint sa bougie à onze heures.

— Écoute: s'ils avaient dit du mal de moi à table, il faudrait me le répéter sans crainte; je ne m'en fâcherais pas, j'en serais même heureuse.

— Ils n'ont pas ouvert la bouche sur madame.

— Ah! je leur annonce que je vais me tuer ce soir, et ils ne prennent pas seulement la peine de dire que c'est bien fait!

— Ils ne se sont pas plus occupés de madame que si madame n'était pas au monde.

— C'est bien; je leur rappellerai que je suis vivante. *Le Tas* m'a dit que tu avais donné de l'arsenic à la comtesse?

— Oui, madame; ça n'a pas pris.

— Si tu lui donnais un coup de couteau, ça prendrait peut-être.

— Oh! madame! un coup de couteau! c'est bien les affaires.

— Quelle différence y a-t-il?

— D'abord, madame, la comtesse était malade, et la maladie a bon dos. Tuer une personne qui se porte bien! il y a plus d'ouvrage.

— On te payera suivant l'ouvrage.

— Et si je suis pris!

— Trouve un bateau, gagne la Turquie : la justice ne te poursuivra pas jusque-là.

— J'avais dans l'idée de rester ici. Je voulais acheter un bien.

— La terre est pour rien chez les Turcs.

— C'est égal. Ça vaut cinquante mille francs, ce que madame demande.

— Cinquante mille?

— Ah ça, j'espère que madame ne va pas marchander!

— Soit. Marché conclu.

— Et argent comptant?

— Comptant.

— Avez-vous de quoi? Car enfin, si vous ne me payez pas la somme, je n'irai pas vous la réclamer à Paris.

— J'ai cent mille francs dans mon secrétaire.

— Je demande cinq minutes de réflexion.

— Réfléchis. »

Mantoux se tourna vers la cheminée, prit machinalement le poignard corse de Mme Chermidy, essaya la pointe sur le bout de son doigt, et fit ployer la lame sur le plancher. Mme Chermidy ne regardait même pas : elle attendait le résultat de sa délibération.

« J'ai mon affaire, dit-il. J'aimerais mieux rester ici que de m'en aller en Turquie, parce que nos gens sont mieux traités à Corfou; parce que j'ai appris un peu d'italien, et que je n'apprendrai pas le turc; enfin, parce que le jardin et la maison que vous avez loués sont à ma convenance.

— Comment diable veux-tu...?

— J'ai trouvé le moyen. Au lieu de donner le coup de couteau à madame, je vous le donne, à vous. D'abord, je touche cent mille francs et non plus cinquante mille. Ensuite, personne ne s'avisera de m'accuser ou de me poursuivre, puisque vous avez fait votre testament pour vous suicider cette nuit. On vous trouvera dans votre lit, percée de votre couteau, et l'on verra que vous êtes de parole. Enfin, soit dit sans vous offenser, j'aime mieux tuer une coquine comme vous qu'une honnête femme comme ma maîtresse, qui m'a toujours bien traité. C'est un premier pas que je vais essayer dans le bon chemin, et j'espère que le Dieu d'Abraham et de Jacob me saura gré d'avoir fait sa besogne.

XIV

LA JUSTICE.

L'ombre qui avait suivi Mantoux depuis la villa Dandolo jusqu'au jardin de Mme Chermidy était le duc de La Tour d'Embleuse.

Un instinct aussi infaillible que le raisonnement apprit à l'insensé que Mathieu était attendu chez la belle Arlésienne. Il guetta son départ ; il attendit l'heure au fond d'un corridor obscur de la villa. Lorsqu'il entendit le forçat ouvrir la porte de sa chambre, il sut étouffer sa voix et comprimer le rire nerveux qui secouait son vieux corps depuis la tête jusqu'aux pieds. Pour descendre l'escalier à la suite de son guide, il prit soin d'ôter ses chaussures, et il fit tout le chemin pieds nus, dans les cailloux et dans les herbes coupantes, dans les buissons qui ensanglantaient chacun de ses pas. Il ne s'aperçut ni de la longueur de la route, ni des détours interminables, ni de la fatigue, ni de la douleur. L'empire d'une idée fixe le rendait insensible à tout; il ne craignait rien au monde que de perdre son conducteur ou d'en être aperçu. Lorsque Mantoux doublait le pas, le duc courait derrière lui comme s'il avait eu des ailes; quand le forçat retournait la tête, le duc se couchait sur le ventre, rampait dans les fossés ou se glissait sous une haie épineuse de cactus ou de grenadiers.

Il s'arrêta enfin à la lisière de l'enclos. Une voix secrète lui dit que la seule fenêtre qui brillait au rez-de-chaussée de la maison était celle de Mme Chermidy. Il vit son guide s'arrêter à la porte. Une femme vint ouvrir, et ce vieux cœur bondit d'une joie désordonnée en reconnaissant la créature qui l'attirait.

Elle n'était donc pas morte! Il pourrait la voir, lui parler, et peut-être la rattacher à la vie! Son premier mouvement fut de s'élancer sur elle, mais il se retint et se blottit. Il était sûr qu'elle ne se tuerait pas en présence du domestique. Il se promit d'attendre qu'elle fût seule pour tomber chez elle, la surprendre, l'étonner, et lui arracher le poignard de la main.

Il garda son affût durant une grande heure, sans s'apercevoir de la longueur du temps. Il aimait Mme Chermidy comme il n'avait aimé ni sa femme ni sa fille. Il sentait germer dans son cerveau des idées de dévouement, d'abnégation, de petits soins désintéressés, d'humble esclavage. Cet amour absolu, irréfléchi, sans mesure et sans restriction, n'était pas un sentiment nouveau pour lui : c'est ainsi que depuis soixante ans il s'aimait lui-même. Son égoïsme avait changé d'objet sans changer de caractère. Il aurait immolé le monde entier au caprice de Mme Chermidy, comme autrefois à son propre intérêt ou à son plaisir.

Depuis le jour où l'ingrate l'avait quitté, il n'avait pas vécu. Son cœur ne pouvait plus battre qu'auprès d'elle; ses poumons ne respiraient que dans l'air qu'elle avait respiré. Il s'en allait à travers le monde comme un corps inerte lancé dans le vide.

Quelquefois une lueur de raison se glissait dans son esprit. Il se disait : « Je suis un vieux fou. Pourquoi me suis-je avisé de lui parler d'amour? En vérité l'amour sied bien à un barbon de mon âge! Qu'elle m'accorde un peu d'amitié, j'aurai tout ce que je mérite. Qu'elle me souffre dans sa maison comme un père, je trouverai dans un coin de mon cœur des sentiments paternels. Elle est malheureuse, elle pleure l'abandon de Villanera; je la consolerai par de bonnes paroles. » L'espérance de la voir bientôt lui donnait la fièvre. Ses yeux fatigués par l'insomnie le piquaient douloureusement, mais il espérait pleurer lorsqu'il tomberait aux pieds d'Honorine. Dans les grandes douleurs de la vie, nos yeux se désaltèrent avec des larmes. M. de La Tour d'Embleuse, assis dans un coin du jardin, en face de la maison, ressemblait à l'animal qui a couru trois jours dans le désert à la poursuite d'une eau fraîche, et qui s'arrête sur son dernier bond, devant la source convoitée, l'œil allumé, la langue pendante.

Le dernier flambeau s'éteignit dans la chambre, et la fenêtre qu'il couvait du regard se confondit avec toutes les autres dans l'obscurité. Mais la maison, invisible pour un indifférent, ne l'était pas pour M. de La Tour d'Embleuse, et la fenêtre où tendait sa dernière convoitise brillait comme un soleil à ses yeux illuminés. Il vit Mantoux sortir de la maison et s'enfuir à travers champs, d'une course éperdue, sans retourner la tête en arrière. Alors il sortit de sa cachette et s'avança à pas de loup jusqu'à la fenêtre bien-aimée, dont ses yeux fixes et hagards n'avaient pas encore démordu. Il ne s'avisa même pas d'aller voir si la porte était fermée, tant cette fenêtre le possédait! Il s'accouda sur le bord, il palpa les châssis et les carreaux; il appuya sa figure contre une vitre, y colla son nez et sa bouche, et rafraîchit au contact du verre ses lèvres embrasées.

Une nuit profonde régnait au dedans comme au dehors, mais les sens malades du vieux fou croyaient voir Mme Chermidy à genoux au pied de son lit, plongeant sa tête dans ses mains. et ouvrant à la prière ses belles lèvres roses. Pour attirer son attention vers lui, il frappa doucement à la fenêtre : personne ne répondit. Alors il crut la voir endormie ; car les hallucinations les plus contradictoires se succédaient dans son esprit. Il réfléchit longuement au moyen d'arriver jusqu'à elle sans l'éveiller en sursaut et sans lui faire peur. Pour atteindre son but, il se sentait capable de tout, même de démolir un pan de mur sans autres outils que ses dix doigts. En caressant la fenêtre, il sentit que les vitraux étaient enfermés dans un châssis de plomb. Il entreprit de déchausser un carreau avec ses ongles. Il se mit à la besogne et s'y escrima de si bon cœur, qu'il finit par en venir à bout. Ses ongles se retournaient quelquefois sur le plomb, ou se cassaient sur le verre ; ses doigts hachés par vingt petites entailles saignaient tous à la fois ; il n'en tenait compte, et s'il s'arrêtait de temps en temps, c'était pour lécher son sang, tendre l'oreille, épier les bruits du dedans et s'assurer qu'Honorine dormait toujours.

Lorsque le carreau fut déchaussé aux trois quarts, il le tira doucement par le bas, l'ébranla à petits coups, s'arrêtant chaque fois que le verre craquait un peu ou qu'une secousse trop vive faisait résonner toute la fenêtre. Enfin sa patience fut récompensée : la feuille transparente lui resta dans les mains. Il la déposa sans bruit sur le sable de l'allée, fit une gambade en appuyant l'index sur ses lèvres, et revint humer l'air de la chambre par l'ouverture qu'il avait faite. Il en gonflait sa poitrine avec une volupté avide: c'était la première fois qu'il respirait depuis dix jours.

Il allongea sa main dans la chambre, tâta la fenêtre à l'intérieur, trouva l'espagnolette et la saisit. Les carreaux étaient petits, l'ouverture étroite, le châssis lui coupait le bras et gênait ses mouvements; cependant la fenêtre céda en criant sur ses gonds. Le duc s'effraya de ce bruit et pensa que tout était perdu. Il s'enfuit jusqu'au fond du jardin et grimpa dans un arbre, les yeux fixés sur la maison, l'oreille ouverte à tous les bruits. Il écouta longtemps, et n'entendit pas autre chose que la plainte douce et mélancolique des crapauds qui chantaient au bord du chemin. Il redescendit de son observatoire et marcha des pieds et des mains jusqu'à la fenêtre, tantôt baissant la tête pour n'être pas vu, tantôt la levant pour voir et pour entendre. Il revint à la place d'où la peur l'avait chassé, et il s'assura qu'Honorine dormait toujours.

La croisée s'ouvrit toute grande et ne cria plus. L'air de la nuit entra dans la maison sans éveiller la belle dormeuse. Le duc enjamba la fenêtre et se coula subtilement dans la chambre. La joie et la peur le faisaient trembler comme un arbre secoué par le vent. Il chancelait sur sa base, sans oser se retenir aux meubles voisins. La chambre était encombrée d'objets de toute sorte, de malles ouvertes et fermées, et même de meubles renversés. Le duc se gouverna à travers ce désordre avec des précautions infinies. Il marchait à tâtons, effleurant chaque chose sans la toucher, et promenant dans l'ombre ses doigts meurtris. A chaque pas qu'il faisait, il murmurait à voix basse : « Honorine ! êtes-vous là ? m'entendez-vous ? C'est moi, votre vieil ami ; le plus malheureux, le plus respectueux de vos amis. N'ayez pas peur ; ne craignez rien, pas même que je vous fasse des reproches. J'étais fou à Paris, mais le voyage m'a changé. C'est un père qui vient vous consoler. Ne vous tuez pas : j'en mourrais ! »

Il s'arrêta, se tut et prêta l'oreille. Il n'entendit que les battements de son cœur. La peur le prit ; il s'assit un instant sur le plancher pour calmer son émotion et apaiser le bouillonnement de ses veines.

« Honorine ! cria-t-il en se relevant, êtes-vous morte ? » Ce fut la mort en personne qui lui répondit. Il trébucha contre un meuble et ses mains nagèrent dans une mare de sang.

Il tomba sur ses genoux, appuya ses bras sur le lit, et resta jusqu'au jour dans la même posture. Il ne se demanda point comment ce malheur avait pu arriver. Il n'éprouva ni surprise ni regret; le sang afflua au cerveau, et tout fut dit. Sa tête n'était plus qu'une cage ouverte d'où la raison s'était envolée. Il passa les dernières heures de la nuit, accoudé sur un cadavre, qui se refroidit graduellement jusqu'au matin.

Lorsque *le Tas* vint voir si sa belle cousine était éveillée, elle entendit à travers la porte un cri aigre et discordant comme le chant du geai. Elle vit un vieillard ensanglanté qui remuait la tête en tout sens, comme pour la jeter loin de son corps. Le duc de la Tour d'Embleuse criait : « Aca! aca! aca! » C'est tout ce qui lui restait du don de la parole, le plus beau privilége de l'homme. Sa figure grimaçait horriblement, ses yeux s'ouvraient et se fermaient par ressorts; ses jambes étaient paralysées, son corps cloué sur le fauteuil, ses mains mortes.

Le Tas n'avait jamais connu qu'un sentiment humain : elle adorait sa maîtresse. C'est le sort des parents pauvres de s'attacher furieusement à leur famille, soit pour l'aimer, soit pour la haïr. La monstrueuse fille se jeta sur le corps de sa maîtresse avec un cri dont on ne trouverait d'exemple que dans le désert. Elle la pleura comme les tigresses doivent pleurer leurs petits. Elle arracha le couteau d'une grande et profonde blessure qui ne saignait plus; elle emporta dans ses bras ce beau corps inanimé; elle le couvrit de caresses folles. Si les âmes pouvaient se partager en deux, elle eût ressuscité à ses frais sa chère Honorine. La rage succéda bientôt à la douleur. *Le Tas* ne douta pas un instant que le duc ne fût l'assassin. Elle rejeta le cadavre sur le lit et courut de toute sa masse sur M. de la Tour d'Embleuse. Elle le battit à tour de bras, lui mordit les mains, et chercha ses yeux pour les arracher. Mais le duc était insensible au mal physique. Il répondit à toutes ces violences par ce cri uniforme qui devait être désormais son seul langage. Les animaux ont des sons différents pour exprimer la joie ou la douleur; mais l'homme atteint de folie paralytique gît au dernier degré de l'échelle des êtres. *Le Tas* se lassa de le battre avant qu'il se doutât qu'il était battu.

Cependant Germaine, belle et souriante comme le matin, éveillait sa mère et son mari, assistait à la toilette de son fils, et descendait au jardin pour respirer l'air embaumé de l'automne. M. Le Bris et M. Stevens ne tardèrent pas à les rejoindre. La brise de la mer caressait doucement les feuilles luisantes de rosée. Les belles oranges et les cédrats énormes se balançaient au bout des ramilles vertes; les jujubes ridées et les pistaches sonores tombaient pêle-mêle au pied des arbres; les olives tachaient de noir le feuillage clairet des oliviers; les lourdes grappes de raisin jaune pendaient le long des treilles au milieu des pampres rougis par les premiers froids; les figues de la seconde récolte distillaient le miel à grosses gouttes, et quelques grenades oubliées riaient au milieu du feuillage, comme ces nymphes joufflues de Virgile qui se cachent pour se montrer. La saison des fleurs était passée, mais les beaux fruits jaunes et rouges sont les fleurs savoureuses de l'automne, et les yeux se réjouissent de les regarder.

Toute la famille était réunie autour du petit Gomez qui lutinait une tortue familière. M. de La Tour d'Embleuse manquait seul au rendez-vous matinal. Ses fenêtres étaient encore fermées, et l'on respectait son sommeil. Mathieu Mantoux, qui redoublait de zèle depuis que le docteur l'avait maintenu en place, lavait activement son linge au bord d'un petit ruisseau qui courait à la mer.

Le domestique de M. Stevens vint en toute hâte appeler son maître. Un crime avait été commis dans le voisinage; tout le canton était en émoi, et l'on courait au juge comme au feu. M. Stevens, en prenant congé de ses amis, demanda au messager quelques détails sur l'événement.

« Je ne sais rien, répondit l'homme. C'est, dit-on, une Française qu'on a trouvée morte dans son lit.

— Tout près d'ici ? interrompit le docteur.

— A un quart de lieue.

— Ne dit-on pas que c'est une nouvelle débarquée ?

— Je le crois; mais sa servante ne parle que le français, et l'on n'a pas pu comprendre....

— Vous avez vu la servante ? Une grosse femme ?

— Énorme.

— Voilà qui va bien, dit M. Le Bris. Cher monsieur Stevens, on sonne le déjeuner, et, si vous m'en croyez, vous viendrez vous mettre à table. La morte se porte bien, je vous le garantis. »

M. Stevens, homme grave, ne comprit pas la plaisanterie. Le docteur ajouta : « La loi anglaise punit-elle les gens qui promettent de se suicider et qui ne tiennent pas leur parole ?

— Non ; mais elle punit le suicide lorsqu'il est prouvé.

— Allons, je n'ai pas de bonheur avec la loi anglaise. »

M. Stevens reprit : « Sérieusement, docteur, avez-vous quelque motif de croire à une fausse alerte ?

— Je vous donne mon billet que la dame en question n'a pas reçu une égratignure. Je la connais de reste, et elle est trop amoureuse de sa peau blanche pour y faire des trous.

— Mais si elle a été assassinée !

— N'en croyez rien, mon excellent ami. Vous connaissez-vous en oiseaux de volière ?

— Pas trop.

— Alors vous ne savez pas quelle différence il y a entre les mésanges à tête bleue et les mésanges à tête noire ?

— Non.

— Les mésanges à tête bleue sont de jolies petites bêtes qui se laissent tuer sans résistance ; les mésanges à tête noire sont celles qui tuent les autres. Eh bien ! la dame en question est une mésange à tête noire. Allons déjeuner.

— Je ne comprends pas, dit M. Stevens. Pourquoi me ferait-on appeler ?

— Juge très-subtil, si l'on vous fait chercher ici, ce n'est pas pour avoir le plaisir de causer avec vous. C'est pour attirer une autre personne qui ne se dérangera pas. Qu'en dites-vous, cher comte ?

— Il a raison, » dit la douairière.

Le comte ne répondait pas. Il était plus ému qu'il ne voulait le paraître. Germaine lui tendit la main et lui dit : « Allez avec M. Stevens, mon ami ; et espérons que le docteur aura dit vrai.

— Parbleu ! dit M. Le Bris, j'y vais aussi ; je me mets de la partie, quoiqu'on ne m'ait pas invité. Mais, si la dame n'est pas morte sans rémission, je jure sur mon bonnet de docteur que le comte ne lui dira pas un mot. »

M. Stevens, le comte et le docteur montèrent en

voiture. Dix minutes après, ils s'arrêtaient devant la maison de Mme Chermidy. Du plus loin qu'ils l'aperçurent, le docteur changea d'avis et pensa qu'un malheur était arrivé. Une foule compacte assiégeait l'enclos, et les Maltais de la police, accourus à la nouvelle du crime, ne suffisaient pas à contenir la curiosité publique.

« Diable ! dit M. Le Bris, est-ce que la petite dame se serait tuée pour nous faire pièce ? Je ne la croyais pas si forte que cela. »

M. de Villanera mangeait sa moustache sans rien dire. Il avait aimé Mme Chermidy pendant trois ans, et il s'était cru sincèrement aimé. Son cœur se déchirait à l'idée qu'elle avait pu se tuer pour lui. Les souvenirs du passé se révoltaient contre toutes les affirmations du docteur et plaidaient victorieusement la cause d'Honorine.

La foule ouvrit un passage à M. Stevens et à ses compagnons. Ils arrivèrent, sous la conduite des agents de police, à la chambre mortuaire. Mme Chermidy était sur son lit, dans la toilette qu'elle portait la veille. Sa jolie tête grimaçait horriblement. Ses lèvres entr'ouvertes laissaient voir deux rangées de petites dents, serrées par la dernière convulsion de l'agonie. Ses yeux, qu'une main pieuse n'avait pas fermés à temps, semblaient regarder la mort avec épouvante. Le poignard était au milieu de la chambre, à la place où *le Tas* l'avait jeté. Le sang avait jailli sur les vêtements, sur les draps, sur les meubles et partout. Une large mare figée devant la cheminée annonçait que la malheureuse s'était frappée là. Une traînée d'un rouge sombre montrait qu'elle avait eu la force de marcher jusqu'à son lit.

La femme de chambre, qui avait appelé la justice et ameuté le voisinage, ne criait plus. On aurait dit qu'elle avait dépensé sa fureur en épuisant ses forces. Accroupie dans un coin de la chambre, les yeux attachés sur le cadavre de sa maîtresse, elle regardait aller et venir les hommes de loi. L'arrivée du comte et du docteur Le Bris ne l'éveilla point de sa torpeur.

M. Stevens, suivi de son greffier qui l'avait devancé sur le théâtre du crime, releva l'état des lieux et dicta la description du cadavre avec l'impassibilité de la justice. Le docteur fut prié de concourir à l'enquête. Il commença par déclarer tout ce qu'il savait, exposa sommairement les causes qui avaient pu pousser Mme Chermidy à se donner la mort, raconta la conversation qu'il avait eue avec elle, et récita le testament qu'il avait porté lui-même à M. de Villanera. Les déclarations de la morte, l'endroit où son corps avait été trouvé, l'arme qui l'avait frappée et qui lui appartenait, les portes de la maison fermées, enfin le voisinage de la femme de chambre qui n'avait entendu aucun bruit, toutes les circonstances connues confirmaient l'idée d'un suicide.

Ce mot, prononcé à demi-voix, produisit sur *le Tas* l'effet d'une commotion électrique. Elle se leva en sursaut, courut au docteur, le regarda en face et s'écria : « Suicide ! C'est vous qui avez parlé de suicide ? Vous savez bien qu'elle n'était pas femme à se suicider ! Pauvre ange ! Elle avait la vie si belle ! Elle se portait si bien ! Elle aurait vécu cent ans si vous ne l'aviez pas assassinée. D'ailleurs, est-ce que le vieux n'est pas là ? où l'a-t-on mis ? Allez le voir, ou dites qu'on l'apporte : vous le verrez tout couvert de son sang ! » Elle aperçut le comte de Villanera qui s'était jeté dans un fauteuil et qui pleurait sans rien dire. « Vous voilà donc ! lui dit-elle. Il fallait venir plus tôt ! Ah ! monsieur le comte ! vous payez drôlement vos dettes d'amour ! On vous en donnera, du bonheur ! »

Tandis que le juge et le docteur entraient dans la pièce voisine, où une douloureuse surprise les attendait, *le Tas* entraîna le comte auprès du lit, le força de regarder son ancienne maîtresse et d'entendre une oraison funèbre qui lui fit dresser les cheveux sur la tête. « Voyez ! voyez ! criait-elle au milieu des sanglots; voilà ces beaux yeux qui vous souriaient si tendrement, cette jolie bouche qui vous a donné de si bons baisers, ces grands cheveux noirs que vous vouliez dénouer vous-même :

car vous faisiez mon ouvrage! Vous rappelez-vous la première fois que vous êtes venu rue du Cirque? Quand ils ont tous été sortis, vous vous êtes mis à genoux pour baiser cette main-là! Brr! Qu'elle est froide! Et le jour de ses couches, vous en souvenez-vous? Qui est-ce qui pleurait? Qui est-ce qui riait? Qui est-ce qui lui jurait fidélité jusqu'à la mort? Embrassez-la donc un peu, chevalier fidèle! »

Le comte, immobile, roide et plus froid que le cadavre qu'il regardait en face, expia en une minute trois ans de bonheur illégitime.

On apporta le duc de La Tour d'Embleuse, qui payait, et bien cher, une vie d'égoïsme et d'ingratitude.

Le sang dont il était couvert, sa présence chez Mme Chermidy, le carreau qui manquait à la fenêtre, les écorchures de ses mains et surtout la perte de sa raison firent croire un instant qu'il était l'assassin. Le docteur examina la blessure de Mme Chermidy, et reconnut que le poignard avait traversé le cœur de part en part. La mort avait dû être instantanée : il était donc impossible que la victime se fût traînée elle-même jusqu'à son lit. M. Stevens, en dînant la veille avec le duc, avait pu remarquer l'affaiblissement de ses facultés mentales. M. Le Bris lui expliqua en quelques mots comment la monomanie homicide avait pu germer en une nuit dans ce cerveau dérangé. S'il était vrai qu'il eût commis le crime, la justice n'avait rien à faire contre un fou. La nature l'avait condamné à une mort prochaine, après quelques mois d'une existence pire que la mort.

Mais, en examinant de plus près le cadavre de Mme Chermidy, on trouva dans sa main crispée quelques cheveux plus courts et plus rudes que ceux d'une femme, et d'une couleur plus naturelle que ceux du vieux duc. Le greffier, en relevant un meuble renversé, ramassa un bouton de livrée aux armes des Villanera. Enfin, le tiroir où Mme Chermidy avait serré pour cent mille francs de valeurs, se trouva vide. Il fallait donc chercher un autre assassin que M. de La Tour d'Embleuse. On interrogea *le Tas*, mais on n'en put tirer aucune lumière. Elle se frappa le front et dit : « Que j'étais bête ! c'est lui. Le misérable ! je le ferais bien écorcher vif; mais à quoi bon ? Il parlerait. Enterrez ma maîtresse ; jetez-moi aux ordures. Quant à lui, qu'il aille au diable ! »

La justice se transporta le jour même à la villa Dandolo. Mathieu Mantoux venait de coudre un bouton à sa veste de panne rouge. On remarqua que le bouton était neuf, et que ses cheveux ressemblaient à l'échantillon trouvé chez Mme Chermidy. En se voyant arrêter, il s'écria par une vieille habitude : « Peu de chance ! » M. Stevens le fit conduire au château Guilfort, à l'ouest de la ville, sur le bord de la mer. Il fut assez heureux pour s'évader pendant la nuit ; mais il tomba dans un de ces grands filets que les pêcheurs tendent le soir pour les relever au matin.

XV

CONCLUSION.

Si vous avez vu la mer dans la saison des équinoxes, lorsque les vagues jaunes montent en écumant jusqu'au sommet de la jetée, que les galets s'entre-choquent avec fracas sur la rive, que le vent hurle dans le ciel noir et que le flot roule, au travers des varechs déracinés, les épaves informes et le débris des naufrages, retournez la voir en été : vous ne la reconnaîtrez plus. Les galets luisants sont rangés côte à côte au bord de la plage ; la mer s'étend comme une nappe bleue sous l'azur riant du ciel; les grands bœufs couchés sur la falaise tendent nonchalamment leurs naseaux à la brise salée ; on voit filer au loin les voiles blanches, et, sur la jetée, les Parisiennes ouvrent leurs ombrelles roses.

Le comte et la comtesse de Villanera, après un long voyage dont Paris n'a jamais su l'histoire, sont rentrés, il y a trois mois, dans leur hôtel du faubourg Saint-Honoré. La comtesse douairière qui était partie avec eux, et la duchesse de La Tour d'Embleuse qui les avait rejoints à la mort du vieux duc, se partagent sans jalousie le gouvernement d'une grande maison et l'éducation d'un bel enfant. C'est une fille de deux ans : elle ressemble à sa mère. Elle est donc plus belle que son aîné, feu le marquis de los Montes de Hierro.

Le docteur Le Bris est encore le médecin et le meilleur ami de la maison. M. de La Tour d'Embleuse et le petit Gomez sont morts dans ses bras, l'un à Corfou, l'autre à Rome, où il avait pris la fièvre typhoïde.

Le petit marquis avait, dit-on, une fortune personnelle de six ou sept millions, provenant des libéralités d'une parente éloignée. A la mort de l'enfant, la famille a vendu tous ses biens pour en dépenser le prix en bonnes œuvres.

Une chapelle s'élève au sud de l'île de Corfou, sur l'emplacement de la villa Dandolo. Elle est desservie par un jeune prêtre d'une sagesse et d'une tristesse exemplaires, M. Gaston de Vitré.

FIN.

TABLE.

FIN DE LA TABLE

1263 02. -- Coulommiers. Imp. Paul BRODARD. — 12-02.

LIBRAIRIE HACHETTE ET Cie

BOULEVARD SAINT-GERMAIN, 79, A PARIS.

ROMANS, NOUVELLES

ŒUVRES DIVERSES

Format in-16, broché.

BIBLIOTHÈQUE VARIÉE

1re SÉRIE, A 3 FR. 50 LE VOLUME

About (Edm.) : *Alsace* (1871-1872); 8e édition. 1 vol.
— *La Grèce contemporaine*; 11e édit. 1 vol.
— *Le turco.* — *Le bal des artistes.* — *Le poivre.* — *L'ouverture au château.* — *Tout Paris.* — *La chambre d'ami.* — *Chasse allemande.* — *L'inspection générale.* — *Les cinq perles*; 7e édit. 1 vol.
— *Madelon*; 11e édit. 1 vol.
— *Théâtre impossible*; 2e édit. 1 vol.
— *L'ABC du travailleur*; 5e édit. 1 vol.
— *Les mariages de province*; 9e édit. 1 vol.
— *La vieille roche* :
1re partie : *Le mari imprévu*; 6e édit. 1 vol.
2e partie : *Les vacances de la comtesse*; 5e édit. 1 vol.
3e partie : *Le marquis de Lanrose*; 4e édit. 1 vol.
— *Le fellah*; 6e édit. 1 vol.
— *L'infâme*; 3e édit. 1 vol.
— *Le roman d'un brave homme*; 53e mille. 1 vol.

Barine (Arvède) : *Portraits de femmes* (Mme Carlyle. — George Eliot. — Une détraquée. — Un couvent de femmes en Italie au XVIe siècle. — Psychologie d'une sainte). 2e édit. 1 vol.
— *La jeunesse de la Grande Mademoiselle* (1627-1652). 1 vol.

Ouvrages couronnés par l'Académie française.

— *Essais et fantaisies.* 1 vol.
— *Princesses et grandes dames.* 3e édit. 1 vol.
— *Bourgeois et gens de peu.* 1 vol.
— *Névrosés.* 1 vol.
— *Saint François d'Assise* et la Légende des trois compagnons. 1 vol.

Bertin : *La Société du Consulat et de l'Empire.* 1 vol.

Cherbuliez (V.), de l'Académie française : *Le comte Kostia*; 15e édit. 1 v.
— *Prosper Randoce*; 5e édit. 1 vol.
— *Paule Méré*; 7e édit. 1 vol.
— *Le roman d'une honnête femme*; 13e édit. 1 vol.
— *Le grand œuvre*; 4e édit. 1 vol.
— *L'aventure de Ladislas Bolski*; 9e éd. 1 vol.
— *La revanche de Joseph Noirel*; 5e édit. 1 vol.
— *Meta Holdenis*; 7e édit. 1 vol.
— *Miss Rovel*. 12e édit. 1 vol.
— *Le fiancé de Mlle Saint-Maur*; 6e éd. 1 vol.
— *Samuel Brohl et Cie*; 8e édit. 1 vol.
— *L'idée de Jean Têterol*. 9e édit. 1 vol.
— *Amours fragiles*; 4e édit. 1 vol.
— *Noirs et Rouges*; 8e édit. 1 vol.
— *La ferme du Choquard*; 9e édit. 1 vol.
— *Olivier Maugant*; 7e édit. 1 vol.
— *La bête*; 8e édit. 1 vol.
— *La vocation du comte Ghislain*; 6e édit. 1 vol.
— *Une gageure*; 7e édit. 1 vol.
— *Le secret du précepteur*; 6e éd. 1 vol.
— *Après fortune faite*; 2e édit. 1 vol.
— *Profils étrangers*; 2e édit. 1 vol.
— *L'Espagne politique* (1868-1873). 1 vol.
— *L'art et la nature.* 1 vol.
— *Jacquine Vanesse.* 1 vol.

Cottin (P.) et **M. Hénault** : *Mémoires du sergent Bourgogne.* 3e édit. 1 vol.

Coynart (Ch. de) : *Une sorcière au XVIIIe siècle.* Marie-Anne de la Ville (1680-1725.) 1 vol.

Du Camp (M.), de l'Académie française : *Paris, ses organes, ses fonctions, sa vie*; 8e édit. 6 vol.

Du Camp (M.) (suite) : *Les convulsions de Paris;* 7e édit. 4 vol.
— *La charité privée à Paris;* 5e édit. 1 vol.
— *La croix rouge de France.* 1 vol.
— *Souvenirs littéraires.* 2 vol.
— *Le crépuscule;* 2e édit. 1 vol.
Dugard (M.). *La société américaine.* 2e édit. 1 vol.
Ferry (G.) : *Le coureur des bois;* 13e éd. 2 vol.
— *Costal l'Indien;* 6e édit. 1 vol.
Filon (A.) : *Violette Mérian;* 2e éd. 1 v.
— *Mérimée et ses amis.* 1 vol.
— *La caricature en Angleterre.* 1 vol.
Funck-Brentano : *Légendes et archives de la Bastille;* 4e édit. 1 vol.
— *Le drame des poisons;* 4e édit. 1 vol.
— *L'affaire du Collier.* 1 vol.
— *La mort de la reine.* 1 vol.
Gebhart (E.) : *d'Ulysse à Panurge.* Contes héroï-comiques. 1 vol.
Larchey (L.) : *Les cahiers du capitaine Coignet* (1776-1850). 1 vol.
— *Journal du canonnier Bricard* (1792-1802). 1 vol.
Liégeard (S.) : *Les grands cœurs,* poésies. 1 vol.
Liégeard (suite) : *Au caprice de la plume.* 1 vol.
— *Rêves et combats.* 1 vol.
Lynch (Miss Anna) : *Histoire très véridique d'une petite fille.* 1 vol.
Maulde-la-Clavière (de) : *Les Mille et une Nuits d'une ambassadrice sous Louis XIV.* 1 vol.
Mézières (A.), de l'Académie française. *Hors de France;* 2e édit. 1 vol.
— *Morts et vivants.* 1 vol.
Michelet (J.) : *L'insecte;* 12e édit. 1 vol.
— *L'oiseau;* 17e édit. 1 vol.
Millet (P.) : *La France provinciale.* Vie sociale. — Mœurs administratives. 1 v.
— *Souvenirs des Balkans.* 1 vol.
Peradowska (Mme Marguerite) : *Marylka.* 1 vol.
Ralston : *Contes populaires de la Russie.* 1 vol.
Rosebery (Lord) : *Napoléon,* la dernière phase. 1 vol.
Saintine (X.-B.) : *Picciola;* 53e éd. 1 v.
— *Seul!* 6e édit. 1 vol.
Valbert : *Hommes et choses d'Allemagne.* 1 vol.
— *Hommes et choses du temps présent.* 1 vol.
Verconsin : *Saynètes et comédies.* 2 vol.

2e SÉRIE, A 3 FR. LE VOLUME

Du Mesnil (A.) : *Souvenirs de lectures.* 1 vol.
Erckmann-Chatrian : *L'ami Fritz;* 14e édition. 1 vol.
Tolstoï (comte) : *La guerre et la paix* (1805-1820). Roman historique traduit par une Russe; 7e édit. 3 vol.
— *Anna Karénine.* Roman traduit du russe; 9e édit. 2 vol.
— *Souvenirs.* 3e édit. 1 vol.

3e SÉRIE, A 2 FR. LE VOLUME

About (Edm.) : *Germaine;* 65e mille. 1 vol.
— *Le roi des montagnes;* 83e mille. 1 vol.
— *Les mariages de Paris;* 84e mille. 1 vol.
— *L'homme à l'oreille cassée;* 51e mille. 1 vol.
— *Maître Pierre;* 11e édit. 1 vol.
— *Tolla;* 55e mille. 1 vol.
About (suite) : *Trente et quarante. — Sans dot. — Les parents de Bernard;* 46e mille. 1 vol.
Énault (L.) : *Histoire d'amour.* 1 vol.
Gérard (J.) : *Le tueur de lions;* 14e édit. 1 vol.
Joliet (Ch.) : *Mille jeux d'esprit;* 5e édit. 1 vol.
— *Nouveaux jeux d'esprit.* 1 vol.
Zaccone : *Nouveau langage des fleurs,* avec 12 gravures en couleur. 1 vol.

4e SÉRIE, A 1 FR. LE VOLUME

Arnould (A.) : *Les trois poëtes*. 1 vol.

Barnum : *Les millions de Barnum*. 1 vol.

Bernardin de Saint-Pierre : *Paul et Virginie*. 1 vol.

Berthet (Élie) : *Les houilleurs de Polignies*; 7e édit. 1 vol.

Chapus (E.) : *Le turf*; 2e édit. 1 vol.

Charnay (D.) : *A travers les forêts vierges*. 1 vol.

Duruy (G.) : *Andrée*. 1 vol.
— *Le garde du corps*. 1 vol.
— *L'unisson*. 1 vol.
— *Victoire d'âme*. 1 vol.

Énault (L.) : *Histoire d'une femme*; 6e édit. 2 vol.
— *La vierge du Liban*; 5e édit. 1 vol.
— *Les perles noires*; 3e édit. 2 vol.
— *Un amour en Laponie*; 2e édit. 1 vol.
— *Un drame intime*; 3e édit. 1 vol.
— *Le baptême du sang*; 2e édit. 2 vol.
— *L'amour et la guerre*. 2 vol.
— *Jours d'épreuves*. 1 vol.
— *La tresse bleue*. 1 vol.
— *Pour un*. 1 vol.
— *Le rachat d'une âme*.

Énault (L.) (suite) : *Myrto*. 1 vol.
— *Un drame au Marais*. 1 vol.

Filon (A.) : *Amours anglais*. 1 vol.
— *Contes du centenaire*. 1 vol.
— *Violette Mérian*. 1 vol.

Guizot (F.) : *L'amour dans le mariage*; 12e édit. 1 vol.
— *Édouard III et les Bourgeois de Calais*; 7e édit. 1 vol.

Houssaye (Arsène) : *Galerie de portraits du dix-huitième siècle* : Sculpteurs. — Peintres. — Musiciens. 1 v.

Las Cases : *Souvenirs de l'Empereur Napoléon Ier*; 7e édit. 1 vol.

Marco de Saint-Hilaire (E.) : *Anecdotes du temps de Napoléon Ier*. 1 vol.

Marmier (X.), de l'Académie française :
— *Passé et Présent*. 1 vol.
— *Voyages et littérature*. 1 vol.
— *Au Nord et au Sud*. 1 vol.

Topffer (R.) : *Nouvelles genevoises*. 1 vol.
— *Rosa et Gertrude*. 1 vol.
— *Le presbytère*. 1 vol.
— *Réflexions et menus propos d'un peintre genevois, ou Essai sur le beau dans les arts*. 1 vol.

Trognon : *Histoire de France*. 5 vol.

PETITE BIBLIOTHÈQUE DE LA FAMILLE

PREMIÈRE SÉRIE

Format in-16, illustré, à 3 fr. 50 le volume broché.
Relié en percaline, tranches dorées, 5 fr.

Armand-Blanc (May) : *Bibelot*. 1 vol. avec 44 gravures.
— *La maison des roses*. 1 vol. avec 30 gravures.
Beauregard (G. de) : *Ordre du roi*. 1 vol. avec 38 gravures.
Bovet (Mlle de) : *Le beau Fernand*. 1 vol. avec 40 gravures.
Caro (Mme E.) : *Aimer c'est vaincre*. 1 vol. avec 40 grav.
Crawford (Marion) : *Insaisissable amour*. 1 vol. avec 64 gravures.
— *Le baiser sur la terrasse*. 1 vol. avec 60 gravures.
Deschamps (F.). *Au lys d'argent*. 1 v. avec 38 gravures.
Dourliac (A.). *Le supplice d'une mère*. 1 vol. avec 35 gravures.
— *Liette*. 1 vol. avec 35 gravures.
Fogazzaro : *Un petit monde d'autrefois*. 1 vol. avec 50 gravures.
Korraden (Hémerico) : *L'oiseleur*. 1 vol. illustré de 40 gravures.
Lescot (Mlle) : *Un peu, beaucoup, passionnément*. 1 vol. avec 38 gravures.
— *Fêlure d'âme*. 1 vol. avec 36 grav.
Longard de Longgarde (Mme) : *Une reine des fromages à la crème*. 1 vol. avec 47 gravures.
— *Jouets du destin*. 1 vol. avec 44 grav.
Morel (Jacques) : *Muets aveux*. 1 vol. avec 30 gravures.
Pape-Carpantier (Mlle) : *Kernevez*. 1 vol. illustré de 30 gravures.
Rosny (J.-H.), de l'Académie des Goncourt : *Les Retours du cœur*. 1 vol. illustré de 50 gravures.
Winter (J.-S.) : *Mademoiselle Mignon*. 1 vol. illustré de 50 gravures.

DEUXIÈME SÉRIE

Format petit in-16, à 2 fr. le volume broché.
Relié en percaline gris-perle, tranches rouges, 2 fr. 50.

Arthez (D. d') : *Une vendetta*. 1 vol.
Castells (Yan de) : *Le moulin du diable*, 1 vol.
Chabrier-Rieder (Mme) : *Les écolières de Crescent-House*. 1 vol.
Dombre (R.) : *La garçonnière*. 1 vol.
— *Un oncle à tout faire*.
Fleuriot (Mlle Z.) : *La vie en famille*; 11e édit. 1 vol.
— *Tombée du nid*; 5e édit. 1 vol.
— *Raoul Daubry*, chef de famille; 5e édit.
— *L'héritier de Kerguignon*; 4e édit. 1 v.
— *Réséda*; 12e édit. 1 vol.
— *Ces bons Rosaëc!* 5e édit. 1 vol.
— *Le cœur et la tête*; 3e édit. 1 vol.
— *Au Galadoc*; 2e édit. 1 vol.
— *Bengale*; 3e édit. 1 vol.
— *Sans beauté*; 19e édit. 1 vol.
— *De trop*; 2e édit. 1 vol.
— *La clef d'or*; 8e édit. 1 vol.
— *Loyauté*; 3e édit. 1 vol.
— *La glorieuse*. 1 vol.
— *Un fruit sec*. 1 vol.
— *Les Prévalonnais*. 1 vol.
Fleuriot (Mlle Z.) (suite) : *Sans nom*; 7e édit. 1 vol.
— *Souvenirs d'une Douairière*. 1 vol.
— *Faraude*. 1 vol.
— *Le théâtre chez soi*. Comédies et proverbes; 2e édit. 1 vol.
Fleuriot-Kérinou : *De fil en aiguille*. 1 v.
— *Zénaïde Fleuriot*, sa vie, ses œuvres, sa correspondance. 1 vol.
Girardin (J.) : *Les théories du docteur Wurtz*. 1 vol.
— *Miss Sans-Cœur*; 5e édit. 1 vol.
— *Les braves gens*. 1 vol.
— *Mauviette*. 2e édit. 1 vol.
Giron (Aimé) · *Braconnette*. 1 vol.
Leo Dex : *Vers le Tchad*. Voyage aérien au long cours. 1 vol.
Maël (P.) : *Fleur de France*. 1 vol.
— *Le trésor de Madeleine*. 1 vol.
Verley : *Une perfection*. 1 vol.
Ouvrage couronné par l'Académie française.
— *Dernier rayon*. 1 vol.

D'autres volumes sont en préparation.

LIBRAIRIE HACHETTE ET Cie

BOULEVARD SAINT-GERMAIN, 79, A PARIS

ROMANS, NOUVELLES

ŒUVRES DIVERSES

Format in-16, broché.

BIBLIOTHÈQUE DES MEILLEURS ROMANS ÉTRANGERS

Traductions françaises à 1 fr. le volume broché.

Alarcon (A. de) : *L'enfant à la boule*, traduit de l'espagnol. 1 vol.
— *La prodigue*. 1 vol.

Alexander (Mrs) : *Le choix de Mona*, traduit de l'anglais. 1 vol.
— *L'erreur de Catherine*. 1 vol.

Anonymes : *Portia*, traduit de l'anglais. 1 vol.

Beecher-Stowe (Mrs) : *La case de l'oncle Tom*, traduit de l'anglais. 1 vol.
— *La fiancée du ministre*. 1 vol.

Blind (M.) : *Tarantella*, traduit de l'anglais. 1 vol.

Braddon (Miss) : *Œuvres*, traduites de l'anglais.
Lady Lisle. 1 vol.
La chanteuse des rues. 2 vol.
Le chêne de Blatchmardean. 1 vol.

Bulwer Lytton (Sir Ed.) : *Œuvres*, traduites de l'anglais.
Ernest Maltravers. 1 vol.
Les derniers jours de Pompéi. 1 vol.
Mémoires de Pisistrate Caxton. 2 vol.
Mon roman. 2 vol.
Qu'en fera-t-il? 2 vol.
Eugène Aram. 2 vol.
Alice, ou les Mystères. 1 vol.
Pelham, ou Aventures d'un gentleman. 2 vol.

Conan-Doyle (A.) : *La marque des quatre*, traduit de l'anglais. 1 vol.
— *Un crime étrange*. 1 vol.

Cummins (Miss) : *L'allumeur de réverbères*, traduit de l'anglais. 1 vol.
— *Mabel Vaughan*. 1 vol.
— *La rose du Liban*. 1 vol.

Currer-Bell (Miss Brontë) : *Jane Eyre*, traduit de l'anglais. 2 vol.
— *Shirley*. 2 vol.

Dickens (Ch.) : *Œuvres*, traduites de l'anglais, 28 volumes :
Aventures de M. Pickwick. 2 vol.
Bleak-House. 2 vol.
Contes de Noël. 1 vol.
David Copperfield. 2 vol.
Dombey et fils. 3 vol.
La petite Dorrit. 2 vol.
Le magasin d'antiquités. 2 vol.
Les temps difficiles. 1 vol.
Nicolas Nickleby. 2 vol.
Olivier Twist. 1 vol.
Vie et aventures de Martin Chuzzlewit. 2 vol.
Les grandes espérances. 2 vol.
L'ami commun. 2 vol.
Le mystère d'Edwin Drood. 1 vol.

Dickens et Collins : *L'abîme*, traduit de l'anglais. 1 vol.

Eliot (G.) : *Adam Bede*, traduit de l'anglais. 2 vol.
— *La conversion de Jeanne*. 1 vol.
— *Le moulin sur la Floss*. 2 vol.
— *Silas Marner*, le tisserand de Raveloe. 1 vol.

Fullerton (Lady) : *L'oiseau du bon Dieu*, traduit de l'anglais. 1 vol.

Gaskell (Mrs) : *Ruth*, traduit de l'anglais. 1 vol.

Gogol (N.) : *Les âmes mortes*, traduit du russe. 2 vol.

Goldsmith : *Le vicaire de Wakefield*, traduit de l'anglais. 1 vol.

Gray (M.) : *Le silence du doyen*, traduit de l'anglais. 1 vol.

Hall Caine : *Jason*, scènes d'Irlande, traduit de l'anglais. 2 vol.

Hamilton-Aïdé : *Présentée*, traduit de l'anglais. 1 vol.

Hardy : *Tess d'Urberville*, traduit de l'anglais. 2 vol.

Hauff : *Nouvelles*, traduites de l'allemand. 1 vol.

— *Lichtenstein*. 1 vol.

Hedenstjerna : *Le seigneur de Halleborg*, traduit du suédois. 1 vol.

Heimbourg : *L'autre*, traduit de l'allemand. 1 vol.

Howells : *La passagère de l'Aroostook*, traduit de l'anglais. 1 vol.

Hume (F. G.) : *Le mystère d'un hansom cab*, traduit de l'anglais. 1 vol.

— *Miss Méphistophélès*. 1 vol.

Hungerford (Mrs) : *Molly Bawn*, traduit de l'anglais. 1 vol.

— *La conquête d'une belle-mère*. 1 vol.

— *Premières joies et premières larmes*. 1 vol.

Manzoni : *Les fiancés*, traduit de l'italien. 2 vol.

Marchi (E. de) : *Démétrius Pianelli*, traduit de l'italien. 1 vol.

— *L'accusateur imprévu*. 1 vol.

Mayne-Reid : *La piste de guerre*, traduit de l'anglais. 1 vol.

— *La quarteronne*. 1 vol.

— *Le doigt du destin*. 1 vol.

— *Le roi des Séminoles*. 1 vol.

— *Les partisans*. 1 vol.

Mügge (Th.) : *Afraja*, traduit de l'allemand. 1 vol.

Neera : *Thérèse*, traduit de l'italien. 1 vol.

Ouida : *Amitié*, traduit de l'anglais. 1 vol.

Rider-Haggard : *Jess*, traduit de l'anglais. 1 vol.

— *Le colonel Quaritch*. 1 vol.

Savage : *Un mariage officiel*, traduit de l'anglais. 1 vol.

Smith (J.) : *L'héritage*, traduit de l'anglais. 3 vol.

Thackeray : *La foire aux vanités*. 2 vol., traduit de l'anglais.

Tolstoï : *Les Cosaques*, traduit du russe.

Tourguenell (I.) : *Mémoires d'un seigneur russe*, traduit du russe. 2 vol.

— *Scènes de la vie russe*. 1 vol.

— *Nouvelles Scènes de la vie russe*. 1 vol.

Trollope (A.) : *Le domaine de Belton*, traduit de l'anglais. 1 vol.

Trollope (Mrs) : *La pupille*, traduit de l'anglais. 1 vol.

Wilkie Collins : *Œuvres*, traduites de l'anglais.

La pierre de lune. 2 vol.
Mademoiselle ou Madame? 1 vol.
La morte vivante. 1 vol.
La piste du crime. 2 vol.
La fille de Jézabel. 1 vol.
Je dis non. 2 vol.
C'était écrit. 1 vol.

questions qui passionnent notre temps. Mais le lecteur exige aussi une grande distraction de l'esprit. Il aime les surprises de l'imagination, il se prend volontiers aux aventures, aux douleurs, aux remords et aux joies des héros et des héroïnes; les fictions de la poésie, du roman, du drame ou de la comédie l'émeuvent et le captivent. Nous donnerons satisfaction à ces aspirations légitimes.

Tous nos articles pourront être lus par des jeunes filles. Plusieurs seront destinés aux enfants qui aiment les récits d'aventures et les contes qui les transportent dans le monde d'imagination où ils se plaisent.

Coulommiers. — Imp. Paul BRODARD. — 8-1902.

www.ingramcontent.com/pod-product-compliance
Lightning Source LLC
Chambersburg PA
CBHW050155030726
47505CB00005B/1382
9782013537650